Gotthard Feustel

Gotthard
Feustel

Käufliche
Lust

KÄUFLICHE LUST

**Eine Kultur-
und Sozialgeschichte
der Prostitution**

Edition Leipzig

Frontispiz:
Der Sündenfall.
Als Symbol des sünd-
haften weiblichen
Wesens trägt die
Schlange einen
Frauenkopf.
Ausschnitt aus der
»Biblia Pauperum«

Die Deutsche Bibliothek
– CIP-Einheitsaufnahme
Feustel, Gotthard:
Käufliche Lust:
eine Kultur- und Sozial-
geschichte der
Prostitution/
Gotthard Feustel. –
Leipzig:
Ed. Leipzig, 1993
ISBN 3-361-00407-1

© 1993 by Edition
Leipzig
Gestaltung:
Dietmar Kunz, Leipzig
Reproduktion: Hans Herr
Urspringen
Satz: Satz Repro Grafik
GmbH, Leipzig
Druck und Buch-
binderei: Jütte Druck
GmbH, Leipzig
Printed in Germany
ISBN 3-361-00407-1

Inhalt

Einleitung

Wirrwarr um eine Definition

Wann beginnt Prostitution? Die Frage zielt weniger auf den historischen Ursprung, sondern zunächst auf den Fakt selbst.

Ein Mädchen gibt sich einem jungen Mann hin, nicht allein, weil es ihn liebt, sondern vor allem, weil er ihm ein kostbares Geschenk mitgebracht hat. – Zwei Väter schließen einen Ehevertrag. In ihm wird eine reichliche Mitgift der Braut fixiert. – Eine Ehefrau verschenkt ihre Gunst an den Vorgesetzten ihres Mannes, weil sie sich davon ein Avancement ihres Gatten verspricht. – Ein Mitgiftjäger heiratet eine ältere, reiche Frau und hat dabei mehr deren Konto als deren Person im Auge.

Handelt es sich bei all diesen Fällen nicht auch um Prostitution oder zumindest um einige ihrer Vorformen? Darüber gab und gibt es unter den Sexualsoziologen und den Sittenhistorikern keineswegs eine einheitliche Auffassung. Der Streit darüber befand sich seinerzeit so in der Sackgasse, daß sich Hirschfeld und Götz 1929 in ihrer »Sexualgeschichte der Menschheit« wissenschaftlich einer bedingungslosen Kapitulation unterwarfen, indem sie schrieben: »Wir machen daher den Vorschlag, von einer Definition überhaupt abzusehen.«

Wie aber will man beschreiben, was nicht definiert ist?

Glücklicherweise verfügt die Wissenschaftsgeschichte der Prostitution über einen »Klassiker«, dessen moralische Keulenschläge gegen die käufliche Liebe und die Homosexualität heutzutage einigermaßen einfältig wirken, der aber mit dem Bienenfleiß des akademischen Materialsammlers Fakten in einer Fülle zusammengetragen hat, die noch in der heutigen Zeit ihresgleichen sucht.

Es handelt sich um Pierre Dufour, der zu Beginn unseres Jahrhunderts eine »Geschichte der Prostitution« in sechs Bänden vorlegte. Damals war das Thema wissenschaftlich noch so anrüchig, daß sich der Autor hinter einem Pseudonym verstecken zu müssen glaubte und sein inzwischen zur bibliophilen Kostbarkeit herangediehenes Mammutwerk in Leipzig und später in Berlin ohne Jahreszahlen erschien.

Dufour macht es sich nicht so einfach wie Hirschfeld und Götz, er wagt eine Definition: »Die Prostitution hat an dem Tage ihren Einzug in die Welt gehalten, an dem das erste Weib sich als Ware verkaufte; und dieser Austausch hat seitdem, wie der Handel überhaupt, eine Fülle der verschiedensten Formen angenommen. Solange das Weib nur im Drange seines Herzens oder in Sinnenlust sich hingab, war dies noch keine Prostitution, die rechnet und handelt.« Immerhin zeigt sich der Autor Pierre Dufour mit dieser (in manchen Punkten freilich auch anfechtbaren) Erklärung seinen zeitgenössischen Kollegen um einiges überlegen.

Diese setzten Statistikkolonnen in Marsch, scheuten keine wortreiche Polemik und schoben die Fakten so lange hin und her, bis sie hatten, was sie wollten: Die Prostitution war aus ihrem sozialhistorischen und moralgeschichtlichen Kontext herausgelöst und wurde zur reinen Charakterfrage oder gar zur psychopathischen Veranlagung. Das liest sich dann so:

»Da die echte Not im allgemeinen sich als ein Hauptgrund für das Bestehen der Prostitution nicht aufrechterhalten ließ, ist man auf den Gedanken gekommen, die Prostituierte als ein *psychopathisches* Individuum aufzufassen.« Und Bonhöffer läßt sich lakonisch vernehmen: »Die Prostitution ist in vielen Fällen lediglich als Symptom des psychischen Defektzustandes zu betrachten.« Schließlich setzt Karl Schneider der Sache die Krone auf, wenn er die Ursachen der Prostitution lapidar formuliert: »Ganz obenan steht ohne Frage die Faulheit.«

Wie will man angesichts dieser »Phänomendeutungen« erklären, daß Frauen dieses Gewerbes, faul und psychisch defekt wie sie waren, bedeutende Maler, Bildhauer und Dichter zu unvergänglichen Kunstwerken anregten, daß sie gelegentlich Weltpolitik machten, daß ihr gesellschaftliches Ansehen keineswegs immer so tief abgesunken war wie zu Zeiten der zitierten Sexualpsychologen? Wie will man angesichts solcher »Gelehrtenvereinfachungen« verstehen, daß es sich bei den Prostituierten – gleich welchen Geschlechts und unabhängig auch von ihrer individuellen historischen Existenz – keineswegs um eine homogene Gruppe handelte, sondern daß es auch in diesen Kreisen zu allen Zeiten Lumpenproletarier und Aristokraten gab.

Da kommt Dufour dem Kern der Sache schon näher, indem er die Prostitution in die Nähe des Handels und des Warenaustauschs bringt. Allein das Wort gibt ein Indiz für diesen Sachverhalt, es kommt vom lateinischen »preisgeben«, was im Kern nichts anderes bedeutet als »sich zu einem Preis (hin)geben«. Der Begriff des Preises ist jedoch mit ökonomischen Wertvorstellungen verbunden, und er tritt geschichtlich erst auf, wenn wenigstens primitive Formen des Handels (also schon jene, die auch ohne das Medium Geld funktionieren) vorhanden sind. In den Frühzeiten der Menschheit, als es noch nicht einmal einen Tauschhandel gab, konnte keine Prostitution existieren – freilich auch aus einem zweiten Grund nicht. Den urgeschichtlichen Zeiten fehlte die Institutionalisierung der zwischengeschlechtlichen Beziehungen. Die Gemeinschaft der Sippe wurde eindeutig von der Mutter geführt, nicht aber beherrscht, wie der Begriff Matriarchat schon von der Wortherkunft assoziieren könnte.

In einer Zeit, in der sich der Mensch noch keine Vorräte anlegen konnte, wo jeder von allen und alle von jedem abhängig waren, gab es schlechterdings keinen Besitz. Die dominierende Stellung der Mutter ergab sich einfach aus der Tatsache, daß die Beziehung Mutter–Kind sowohl genetisch wie sozial eindeutig definiert war, die zwischen Kind und Vater jedoch nicht.

Erst als nach Jahrhunderten schwerer Auseinandersetzungen, von denen die alten Mythologien ein faszinierendes Spiegelbild geben, das Patriarchat obsiegte (hier trifft das Wort zu, denn es war eine Herrschaft des Mannes), konnte dank einer höheren Produktivität der Arbeit ein zwischenmenschliches Beziehungsgefüge entstehen, in dem der Besitz eine immer wichtigere Rolle spielte, nicht nur der Besitz an Gütern, sondern auch an Menschen, allen voran der Besitz an der Frau. Die monogame Ehe entstand.

Zwar ist die Ehe nie die Ursache der Prostitution gewesen, aber sie ist in den verschiedensten Formen stets ihr sozialgeschichtlicher Kontrapunkt geblieben. In diesem Sinne ist die von Bernsdorf gegebene Definition der Prostitution die einleuchtendste und genaueste: »Die Prostitution ist eine geregelte und sozial gebilligte oder geduldete in herrschaftlich organisierten Gesellschaften (Stände- oder Klassengesellschaften), die dem Manne und der Frau außerhalb monogamer oder polygamer Eheformen in historisch wechselnder Gestalt neben- und außerehelichen Geschlechtsverkehr ermöglicht, wobei der eine Partner seinen Körper gewerbsmäßig oder gelegentlich preisgibt, wenn ihm materielle Vorteile dafür gewährt werden.«

Der »historisch wechselnden Gestalt« der Prostitution wollen wir in diesem Buch nachgehen, ohne dabei die enge Bindung der käuflichen Liebe an den größeren Zusammenhang geschichtlicher, machtstruktureller und soziologischer Entwicklungen aus dem Auge zu verlieren.

> »Hat doch der Vogel sein Liebchen, der Fisch auch mitten im Wasser
> findet sein Weibchen heraus, dem er in Lust sich vereint.
> Hindin folgt ihrem Hirsch, es umschlingt sich Schlange mit Schlange,
> und in schamloser Lust hängt an der Hündin der Hund.
> Gern läßt das Schaf sich bespringen, die Jungkuh auch vom Stiere,
> selbst die plattnasige Geiß duldet den schmutzigen Bock.
> Stuten schüttelt die Brunst, sie verfolgen den Hengst auf der Weide,
> der von ihnen getrennt grast, über Stock und Stein ...«

So beschreibt uns Ovid in seiner berühmten »Liebeskunst« das Sexualverhalten bei den Tieren. Und beim Menschen? Derselbe Dichter in demselben Werk:

> »Einige gehen so vor, daß von heißer Liebe sie schwindeln,
> und auf solcherlei Art suchen sie schamlos Gewinn ...
> Manche Namen auch gibt es von zweifellos schändlichem Rufe,
> viele klagen den Freund, pfui, des Betruges gar an.
> Lernt durch fremden Verlust euch klug vor dem eignen bewahren:
> vor dem betrügenden Mann haltet verschlossen die Tür ...
> Schmeichelt sie euch mit Versprechen, versprecht mit den nämlichen Worten,
> geben sie aber, so gebt auch den bedungenen Genuß!«

Vom bedungenen Genuß

Was bei den Tieren pure triebhafte Gier ist, wird beim Menschen zu einem Vorgang, in dessen Beschreibung es von ökonomischen Begriffen wimmelt: Gewinn, Betrug, Verlust – und schließlich der Tauschhandel in seiner bündigsten Form:

»... geben sie aber, so gebt auch den bedungenen Genuß!«

Auch wenn es umgangssprachlich Mode geworden ist, von der Prostitution als »ältestem Gewerbe« zu sprechen, sie hat sich nie über den Zustand des Tauschhandels erhoben. Wo hätte es je ein Gewerbe gegeben, in dem Händler und Ware identisch sind, was ja im Falle des Dirnentums zweifelsfrei der Fall ist? Wo gab es je eine Ware, die nicht wie alle anderen von vornherein bestimmt ist, den Eigentümer zu wechseln? Mögen die Dichter davon singen, sie hätten eine Dirne besessen, ihr Eigentümer waren sie deshalb noch lange nicht.

Die Beziehung zwischen Genuß und Bedingung, von der Ovid spricht, stellt wohl die entscheidendste Voraussetzung der Prostitution dar. In diesem Lichte lesen sich die eingangs angeführten Beispiele schon ganz anders.

Hat das junge Mädchen das kostbare Geschenk zur Bedingung ihrer Hingabe ge-

9

macht, dann hat sie sich dem Partner prostituiert. Das gleiche trifft für die Ehefrau hinsichtlich des Avancements ihres Gatten zu. Der Mitgiftjäger macht das Vermögen des Partners zur Bedingung der Ehe, zur Bedingung der sozialen Beziehungen. Wenn zwei Väter einen Ehevertrag aushandeln, sind zwei (möglicherweise sehr unterschiedliche) Familienvermögen im Spiel, keinesfalls aber das Sexualverhalten der jungen Partner. In zwei Fällen kann es sich also um Prostitution handeln, in den anderen scheidet sie wegen der sexuellen Konditionslosigkeit der Situation aus.

Obwohl der Begriff seine sachliche Eingrenzung bereits in der Antike erfahren hat, reicht die Neigung bis in die Gegenwart, ihn für Lebenshaltungen in Anspruch zu nehmen, die zur Prostitution nur eine sehr entfernte Beziehung haben. In ländlichen Gegenden wird noch heute ein Mädchen mit häufigerem Partnerwechsel als »Hure« bezeichnet, und dem einen oder anderen eifersüchtigen Mann reicht der harmlose Flirt seiner Ehefrau aus, sie im Zorn als »Nutte« zu titulieren. Und mancher junge Mann, der ein Bordell noch nie von innen gesehen hat, ist schon ein »Hurenbock«, nur weil er mit mehr als einem Mädchen befreundet ist. Aber auch die Fachgelehrten gingen und gehen gelegentlich mit dem Begriff sehr großzügig um. So beginnen manche sittengeschichtlichen Betrachtungen der Prostitution mit der Schilderung eines frühgeschichtlichen Tatbestandes, der unter der Bezeichnung »Gastprostitution« zu unverdienter Bedeutung gelangt ist.

Die Frau für den Fremden

Der Brauch, von dem die Rede ist, kann für einige Gebiete Afrikas, Asiens und nördlich des Polarkreises als eindeutig nachgewiesen betrachtet werden. Er besteht darin, daß der Fremdling, der die Schwelle des Hauses, der Hütte oder des Zeltes überschreitet, nicht nur mit Speise und Trank gelabt wird, sondern daß er auch die Ehefrau oder die Tochter als Lagergenossin zur Verfügung gestellt bekommt. Selbst wenn aus dieser einmaligen Sexualbegegnung zwischen ihr und dem Gast eine Schwangerschaft hervorging, wurde das als nichtbeklagenswerte Fügung hingenommen.

Es ist unklar, wann dieser Brauch (den es in einigen Regionen noch heute geben soll) entstanden ist. Feststeht jedoch, daß er aus einer nachmatriarchalischen Zeit stammen muß. Dafür spricht die unangefochtene Domination des Hausherrn, die die Verfügbarkeit über die Frau einschließt. Hirschfeld/Götz schreiben in diesem Zusammenhang: »Das Weib verliert nichts von seinem Wert, wenn es einem Fremden den Körper darbietet; es *verliert* nichts vom Wert, weil im höheren, geistigen Sinne ihm ein solcher kaum beigemessen wird.«

Trifft diese Feststellung auf die damaligen Sozialbeziehungen zwischen Mann und Frau zu – und man muß wohl davon ausgehen – , dann befinden wir uns bereits in patriarchalischen Hoch-Zeiten. Es handelt sich aber auch um eine Zeit tiefer, naiver Frömmigkeit. Denn der Fremde wird in diesem Ritus als ein Abgesandter Gottes, wenn nicht gar als seine Inkarnation empfunden. Der Beischlaf der Ehefrau mit dem Gast erfährt also primär eine religiöse Wertung, ihre mögliche Schwängerung wird umfunktioniert in einen göttlichen Gnadenakt. Lange bevor zwischen Gläubigkeit und Sex die künstlichen Mauern christlicher Moral aufgerichtet wurden, gab es einen fließenden Übergang von körperlicher Sinnenlust und transzendenter Verinnerlichung.

Wie immer man diesen alten Brauch nennen mag, ihn als »Gastprostitution« zu bezeichnen, ist reine Begriffsverwirrung, denn die Frau wurde dem Fremden bedingungslos dargeboten, und sie wird wohl kaum etwas für ihre sexuelle Gastfreundschaft erhalten haben.

Wird manchem Moraltheologen der Gedanke schon zuwider sein, daß Religiosität und Sexualität dereinst zwei Seiten einer Sache waren, so glaubt er sich nötigenfalls mit der Zuversicht zu trösten, daß wenigstens die Prostitution nichts mit Gottesgläubigkeit zu tun haben dürfte. Doch auch darin wird ihm eine Enttäuschung nicht erspart bleiben. Denn die Geschichte der käuflichen Hingabe beginnt weder in den Dirnengassen der griechischen Hafenmetropole Korinth, noch auf der Via Appia des antiken Roms – sondern in den Heiligtümern frommer Jenseitsbesinnung.

Die Tempeldienerinnen der Liebe

Münzen für die Jungfrauen

Der Vorgang, von dem die Rede ist, wird von zahlreichen Autoren als »Tempelprostitution« beziehungsweise als »sakrale Prostitution« bezeichnet. Die Termini treffen zu, wenn man nur den Schauplatz der Handlung im Auge hat. In der Tat fand die geschlechtliche Vereinigung mit einem Fremden im Tempel oder einem anderen sakralen Bau statt – und zwar gegen Geld und zu Ehren eines Gottes, meist aber einer Göttin.

Dennoch birgt der Begriff der »Tempelprostitution« etwas Pauschalisierendes in sich, denn unter ihm werden zwei sozialgeschichtliche Erscheinungen vereinigt, die nur wenig miteinander zu tun haben: zum einen die einmalige Prostitution zum Zwecke der Entjungferung und zum anderen die permanente Prostitution zum Zwecke der – Vorwand oder nicht – göttlichen Huldigung. Da die erste Form weltweit nachweisbar ist, also auch in Ländern, die gar keine Tempel besaßen, ist es wohl besser von »Deflorationsprostitution« zu sprechen. Wie diese im alten Babylon vonstatten ging, schildert der griechische Historiker Herodot in sehr anschaulicher Weise:

»Jedes Weib des Landes muß sich in seinem Leben einmal vor den Tempel der Aphrodite setzen und von einem Fremden beschlafen lassen. Viele, die sich mit den andern nicht gemein machen wollten, weil sie sich auf ihr Geld etwas einbildeten, fahren zu dem Heiligtum in bedecktem Wagen und werden von zahlreicher Dienerschaft begleitet. Die meisten aber sitzen im heiligen Hain mit einem Kranz von Stricken um den Kopf. Die einen kommen, die anderen gehen. Und mitten zwischen den Weibern durch verlaufen schnurgerade Gassen, durch die die Fremden gehen, um ihre Wahl zu treffen. Wenn ein Weib hier einmal sitzt, darf sie nicht wieder nach Hause gehen, bis ihr ein Fremder Geld in den Schoß geworfen und sie außerhalb des Heiligtums beschlafen hat. Wenn er das Geld hinwirft, muß er sagen: ›Im Namen der Göttin Mylitta!‹ (Aphrodite heißt nämlich bei den Assyriern Mylitta.) Die Münze mag groß sein oder klein, sie darf sie nicht verschmähen, denn das ist durch Gesetz verboten, denn wenn sie erst einmal geworfen wurde, ist sie geheiligt. Mit dem ersten besten, der ihr Geld hinwirft, mit dem muß sie gehen, und sie darf keinen abweisen. Wenn sie sich nun hat beschlafen lassen und so der Göttin Genüge getan hat, kehrt sie wieder nach Hause zurück. Fortan kann man ihr noch soviel bieten, sie tut es nie wieder. – Die Frauen, die groß und schön sind, brauchen nicht lang zu warten, bis sie erlöst werden, die Häßlichen aber müssen lange dableiben, bis sie das Gesetz erfüllen können. Manche bleiben drei bis vier Jahre im Tempelbereich.«

Nun spricht Herodot zwar nicht ausdrücklich von Jungfrauen, die sich da vor dem Tempel versammeln. Was er aber anschließend über die Sittenstrenge der babylonischen Ehe sagt, läßt ziemlich ausgeschlossen erscheinen, daß es sich dabei um Mädchen mit sexuellen Erfahrungen gehandelt haben könnte. Die männliche Dominanz war so stark, daß des antiken Historikers Bemerkung, daß sie es später nie wieder taten, eigentlich richtiger hätte heißen müssen: Sie durften es später nie wieder tun.

Deflorationsprostitution kam auch auf Zypern vor, im Libanon und in verschiedenen anderen Teilen Kleinasiens. Da es sich dabei um den Enstehungsraum der Heiligen Schrift handelt, müßte sie mit ausgesprochen hoher Wahrscheinlichkeit auch in der Bibel Erwähnung finden. Und das ist in der Tat so.

Das Buch Baruch enthält den Brief, den Jeremias an die Gefangenen zu Babel schrieb. In ihm beschreibt er verschiedene »Abgöttereien«, unter anderen diese: »Die Weiber aber sitzen vor der Kirche mit Stricken umgürtet und bringen Obst zum Opfer. Und wenn jemand vorübergehet und eine von ihnen hinwegnimmt, und bei ihr schläft, rühmt sie sich gegenüber den andern, daß jene nicht seien wert gewesen wie sie, daß ihr der Gurt aufgelöset würde.«

In anderen Ländern gab es zahlreiche Variationen dieser Prostitutionsart. In Ägypten und Phönizien ließen – vor allem die Höhergestellten – ihre Töchter zu Ehren der Liebesgötter entjungfern, bevor sie sie verheirateten. In Neu Guinea und in Ostafrika wurde während der Hochzeitsfeier ein Deflorationsritual durchgeführt, in dessen Verlauf alle männlichen Gäste der Braut beischliefen, wobei der Stammesälteste den koitalen Reigen eröffnete. Mußten vor den babylonischen Tempeln die Mädchen auf den erlösenden Münzwurf warten, konnten sich in Brasilien und Grönland die weiblichen Heiratskandidatinnen im Rahmen eines sakralen Zeremoniells die Männer aussuchen, die die Entjungferung an ihnen vornahmen, bevor sie dem Ehemann ins Brautgemach folgten. In anderen Län-

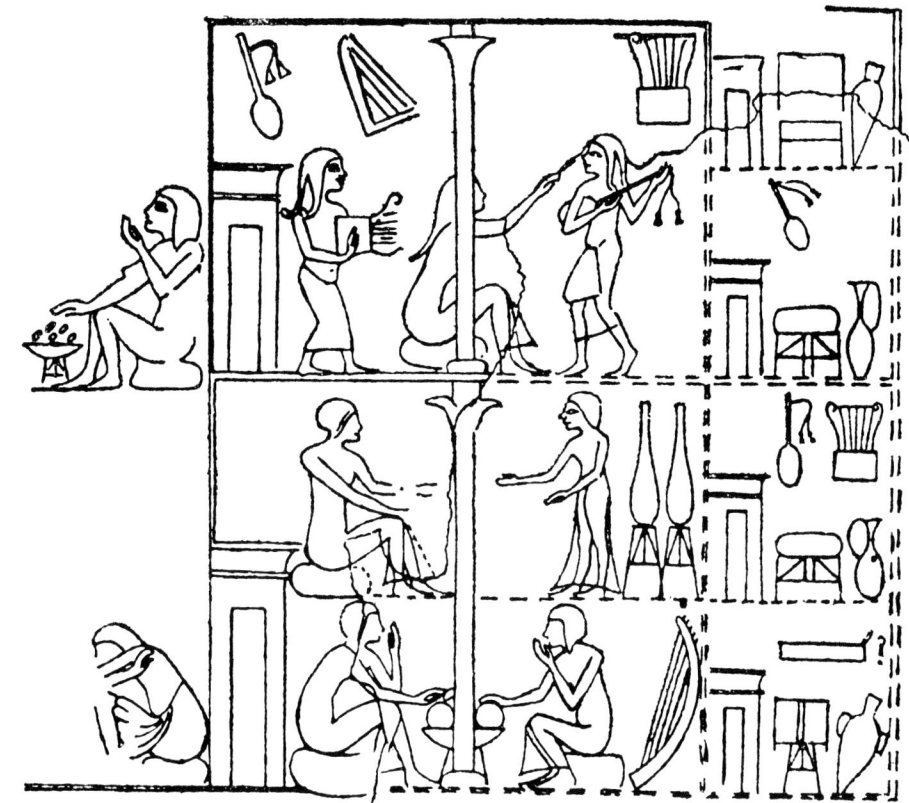

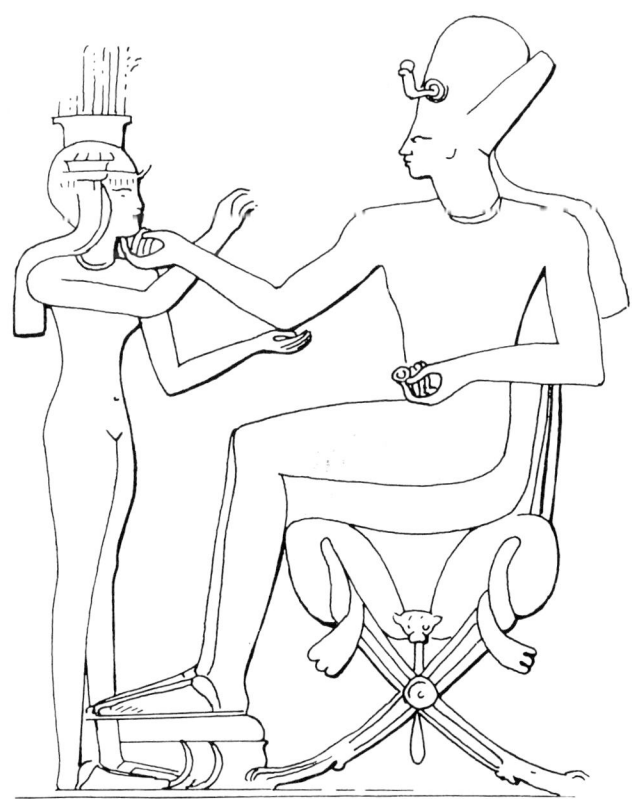

Darstellung eines Harems aus dem alten Ägypten des 2./1. Jahrt. v. Chr.

Ein ägyptisches Haremsmädchen aus der Zeit des 2./1. Jahrt. v. Chr.

13

Die »Tempelprostitution« fand u. a. auch zu Ehren der Fruchtbarkeitsgöttin statt. Hier ist eine solche Göttin auf dem Deckel einer Büchse dargestellt. Elfenbein, 14./13. Jh. v. Chr. Musée du Louvre, Paris

Als Symbol der Fruchtbarkeit läßt die Göttin Milch aus ihrer Brust schießen. Relief mit Oberkörper einer Fruchtbarkeitsgöttin. Terrakotta, 2./1. Jh. v. Chr. Musée du Louvre, Paris

14

dern übernahmen die Priester und ihre Gehilfen die Pflicht des ersten Beischlafs.

Es gab zwei Gründe, die – sozusagen weltweit – zu diesem sonderbaren Brauch der sakralen Defloration führten. Zum einen glaubte man, daß die Priester, die Höhergestellten oder die Fremden Beauftragte oder Abgesandte der Götter wären. Die Vereinigung mit ihnen sollte der Frau Fruchtbarkeit verleihen. Hinter dem sexuellen Zeremoniell stand letztlich ein alter Fruchtbarkeitsritus.

Aber die Sache hatte noch eine andere Seite. Bei den alten Völkern machte man keinen Unterschied zwischen der Menstruation und der bei der Defloration vorkommenden Blutung. Man hielt jede vaginale Blutung für höchst giftig, und die Männer fürchteten sie wie weniges sonst. Die Männer glaubten, daß die schädlichen Folgen weiblichen Blutes von Höhergestellten oder von Fremden leichter überwunden werden könnten als von einem normalen Sterblichen. Bei der kollektiven Defloration ging man davon aus, daß sich die giftige Wirkung auf mehrere verteile und so leichter erträglich sei.

Prostitution ist dieser Vorgang nur insofern, als dabei Geld oder andere materielle Güter mit im Spiele waren. Die freilich mußten ganz oder teilweise dem Priester oder den Tempeldienerinnen abgegeben werden.

Doch bald kam man dahinter, daß auf diese Weise leicht Geld zu verdienen war. Die Prostitution ging über die Entjungferung hinaus, obwohl sie zunächst noch im Tempel oder seiner unmittelbaren Umgebung blieb. Was sie verlor, war ihre Einmaligkeit, ihre rituelle Würde. Allmählich, aber unaufhaltsam kroch aus dem Schoß des sinnlichen Genusses die Hydra kalter, geschäftlicher Berechnung. Die Frau machte ihren Körper zur Ware, gegen die sie zunächst nur Geld, Schmuck oder nützliche Gegenstände eintauschte. Doch lange sollte sie sich damit nicht begnügen.

Die Bräute mit zwanzig »Andenken«

In den Tempeln Armeniens und Persiens wurden die Töchter vor ihrer Heirat für längere Zeit der Prostitution preisgegeben. Mit den – meist höhergestellten – Freiern tauschten sie Geschenke aus, wobei die Mädchen verständlicherweise darauf achteten, mehr zu erhalten, als zu geben.

Wie bei jedem Brauchtum läßt sich auch das mit der Prostitution verbundene in den Ländern am leichtesten zurückverfolgen, die sich der fortschreitenden Zivilisation gegenüber besonders resistent erweisen. Tibet zum Beispiel gehört dazu. Deshalb ist der Bericht, den Marco Polo vom »Dach der Welt« gab, sicher noch für viel frühere Zeiten zutreffend.

Wenn ein Wanderer des Weges kommt, erzählt er, nehmen Frauen ihre Töchter (aber auch andere junge weibliche Verwandte) und bringen sie ihm zum Beischlaf. Manchmal warten in den Dörfern 20 bis 30 Mädchen auf den Ankömmling. Es ist üblich, daß jedes Mädchen nach dem Geschlechtsverkehr ein Andenken erhält. Diese Souvenirs der Liebe werden sorgfältig gesammelt, und wer nicht mindestens 20 dieser amourösen Präsente besitzt, braucht sich auf eine baldige Hochzeit keine Hoffnung zu machen.

Hier hat der Brauch seine kultischen Aspekte fast völlig verloren. Zwar spielt auch in diesem Zusammenhang der Glaube eine Rolle, der Sexualakt mit dem Fremden würde die Fruchtbarkeit des Mädchens steigern, doch herrscht daneben Pragmatischeres vor. Der tibetanische Ehemann, der nach der Hochzeit von seiner Frau unerbittlich strengste Sittsamkeit verlangte, fand es sehr angenehm, daß die Erwählte über eine ausreichende sexuelle Erfahrung verfügte und daß sie diese bei jemand erwarb, der nicht zum eigenen sozialen Umkreis gehörte und von dem man sicher sein konnte, daß er die Grenze des Dorfes nicht ein zweites Mal überschreiten würde.

Obwohl die bisher geschilderten Vorgänge geographisch weit auseinander liegen, haben sie einige deutliche Gemeinsamkeiten, und sie dürften damit ein gemeinsames sozialgeschichtliches Niveau repräsentieren.

Zunächst diente – so sonderbar es uns heute vorkommen mag – die temporäre Prostitution der Vorbereitung auf die Ehe. Ihr religiöses Element hing mit dem Glauben zusammen, daß der sexuelle Akt zu Ehren der jeweiligen Gottheit eine Art Garantie auf spätere Fruchtbarkeit bot. Diese Garantie wurde erhöht, wenn der Priester selbst den Initialakt vornahm. So zogen zum Beispiel in Marokko und Armenien Priester von Dorf zu Dorf und schlossen Ehekontrakte auf Zeit. Mädchen, denen diese Ehre einer priesterlichen Kurzehe zuteil wurde, galten als besonders gesegnet. (Ähnliches ist aus einigen Regionen Indiens überliefert.)

Erotische Darstellungen der »Heiligen Hochzeit«, des Festes der Liebe und der Fruchtbarkeit, sollten auf magische Weise die Fruchtbarkeit sowie die Sexualkraft anregen und stärken. Liebespaar bei der »Heiligen Hochzeit« mit symbolischer Geste der Fruchtbarkeit. Plastisches Terrakottabett, Anfang 2. Jahrt. v. Chr. Slg. Frau Prof. Dr. Erlenmeyer, Basel

Noch ein Liebespaar bei der »Heiligen Hochzeit«. Plastisches Terrakottabett, Anfang 2. Jahrt. v. Chr. Slg. Frau Prof. Dr. Erlenmeyer, Basel

Eine Hierodule, die soeben der Göttin der Liebe dient. Plakette mit erotischer Darstellung. Blei, 8./7. Jh. v. Chr. Staatliche Museen zu Berlin, Preußischer Kulturbesitz, Vorderasiatisches Museum

Relief mit einer Tempeldienerin. Geschmückt und geschminkt erwartet sie einen Liebhaber. Elfenbein, 8. Jh. v. Chr. British Museum, London

S. 17: Erotische Szene. Vermutlich handelt es sich hier um einen »Liebeszauber« mit Beschwörungspriester. Siegelabrollung. 3. Jahrt. v. Chr. Musée du Louvre, Paris

16

Die sakrale Prostitution hat gewiß auch materielle Aspekte, aber im Gegensatz zu später spielten sie eine völlig untergeordnete Rolle. Die betroffenen jungen Frauen hätten mit dem, was ihnen da vor dem Tempel von Babylon in den Schoß geworfen wurde, auch nicht annähernd ihren Lebensunterhalt bestreiten können. Im Gegensatz zu ihren späteren Nachfahren blieben diese zeitweiligen »Tempeldienerinnen der Liebe« (Hierodulen) stets mit ihrer Sippe aufs engste verbunden. Niemand wäre auf die Idee gekommen, ihr Tun als anstößig oder gar unmoralisch zu empfinden. Im Gegenteil:

Die sakrale Prostitution beraubte die Frau nicht ihrer Würde, sie wurde durch sie ihrer erst teilhaftig.

Es ist heute schwer zu klären, wann die sakrale Prostitution mit all ihren lokalen Facetten in die gewöhnliche käufliche Liebe überging und wie das im einzelnen geschah. Unzweifelhaft ist lediglich, daß zwischen beiden Formen ein oftmals »gleitender Übergang« bestand. Ein Beispiel aus Westafrika gibt dafür anschauliche Eindrücke.

Dort hatten die Tempelprostituierten ihre eigene Organisation. Sie lebten in speziellen Häusern oder Hütten, die von einem Zaun umgeben waren. In diese Gemeinschaft konnten neben ledigen auch verheiratete Frauen aufgenommen werden. Während der Zeit ihrer Zugehörigkeit zu den Tempelprostituierten (sie war auf drei Jahre begrenzt) durften die Frauen das Haus ihrer Eltern oder ihres Ehemannes nicht betreten. Dennoch waren sie in der Gesellschaft hoch angesehen, und wenn sie in dieser Zeit ein Kind bekamen, betrachtete man es als Abkömmling der Gottheit. Obwohl die Tempeldienerinnen Bräute der Gottheit waren, konnten sie sich beliebig oft mit allen Männern, die es wünschten, prostituieren und die dabei erzielten Einnahmen zu einem guten Teil für sich behalten.

Hier scheinen Tempel und Gottheit nur noch Vorwand gewesen zu sein. Die meisten Umstände deuten auf eine gewöhnliche Prostitution. Das trifft sowohl auf die Getthoisierung zu wie auf die Trennung von der Familie, von den systematisch angestrebten Einnahmen ganz zu schweigen.

Alles in allem sind die verschiedenen Formen der sakralen Prostitution offenbarlich nur die Vorspiele zu jener langen Geschichte, die nun ihren Anfang nahm – und zwar in Griechenland, dem Land, dem die moderne Zivilisation nicht nur die Grundlagen ihres philosophischen Denkens, ihrer Kunst und ihrer politischen Kultur schuldet, sondern eben auch die lange, unausrottbare Tradition der käuflichen Liebe.

Die Sünderinnen der Antike

Des weisen Solon Staatsbordell

Die gesellschaftliche Szenerie Griechenlands im letzten Jahrtausend v. Chr. war voller Gegensätze und Widersprüche. Das bezog sich nicht allein auf die freilich viel bedeutsameren wirtschaftlichen und politischen Zustände, sondern auch auf das praktizierte Sexualverhalten der athenischen Bürger.

Fügt man die verstreuten Zeugnisse zu einem Gesamtbild zusammen, fällt zunächst eine starke homoerotische Freizügigkeit auf. Mann und Frau, deren Welten nur selten einander begegneten, richteten sich

Antikes Zechgelage mit Hetären. Symposium. Kampanischer Glockenkrater, 4. Jh. v. Chr. Museo Nazionale, Neapel

auch sexuell auf die Trennung vom anderen Geschlecht ein. Die Männer befanden sich fast pausenlos auf Kriegszügen und waren zu den anstehenden Festen nur selten zu Hause. So vergnügten sich die Frauen selbst miteinander. Die Feiern zu Ehren der Liebesgöttin Aphrodite, deren mythologischer Lebenslauf nicht eben ein Musterbild weiblicher Treue ist, boten für diese Eruptionen gleichgeschlechtlicher Leidenschaft aller vier Jahre dem der Sache selbst angemessenen Rahmen. Die Männlichkeit spielte dabei in Form gewaltiger Phallus-Darstellungen lediglich eine dekorative Rolle. Die Tänze steigerten sich zur Flagellation und endeten in einer exzessiven Orgie.

Die Frauen, denen es nicht reichte, sich nur aller vier Jahre einmal hemmungslos auszuleben, ergriffen die Gelegenheit, ähnliches zu Ehren Dionysos' zu tun – und zwar jährlich.

Ansonsten aber wurden die griechischen Ehefrauen hinter Schloß und Riegel gehalten. Ihre gesellschaftliche Stellung war gleich Null, und ihre mäßige Bildung befähigte sie kaum zu einem gehobeneren Gedankenaustausch. Andererseits: Mit wem sollten sie reden, wenn ihre Männer ihr Kriegshandwerk mit solch großem zeitlichen Aufwand betrieben?

Und manches Kampfbündnis zweier Krieger, das sich im Schlachtengetümmel zu bewähren hatte, beruhte – zumindest während der Kriegszeiten – auf einer homosexuellen Beziehung. Die ausgedehnten Feldlager waren stets Stätten auch der gleichgeschlechtlichen Sexualbegegnung. Unter diesen Umständen kann es nicht wundernehmen, daß vor allem anderen die Knabenliebe zu einem Grundmuster erotischer Beziehungen zu werden drohte.

Dem aber glaubte der athenische Staat Einhalt gebieten zu müssen. Die Lösung des Problems fand Solon, einer der bedeutendsten Politiker und Dichter der griechischen Antike, der 594 v. Chr. zum Archon mit Sondervollmachten ernannt worden war, um die seit längerer Zeit während Krise auf wirtschaftlichem und staatlichem, aber auch auf moralischem Gebiet zu beenden.

Solons Idee fand unter seinen Zeitgenossen keineswegs nur Zustimmung, doch der Mann war es gewohnt, mit der Gefahr des Scheiterns zu leben. Jedenfalls erwarb er auf Staatskosten ein eigenes Gebäude, ließ es notdürftig einrichten und quartierte darin liebeswillige junge Damen ein, die die levantinischen Sklavenhändler in Fülle, aber ohne Hülle anboten.

Solon setzte die Preise persönlich fest, die ein großer Teil der Zeitgenossen ausgesprochen volkstümlich fand. Ein vergleichsweise hoher Prozentsatz der Einnahmen aber mußte an die Staatskasse abgeführt werden.

Sehr schnell stellte sich heraus, daß Solons Bordell-Erfindung ein durchschlagender Erfolg war. Der syrakusische Komödienschreiber Philemon lobte den dichtenden Staatsmann emphatisch: »O Solon, du wurdest dadurch zum Wohltäter deiner Mitbürger; du erkanntest in einer solchen Anstalt nur das Heil und die Ruhe des Volkes. Es war auch unbedingt nötig in einer Stadt, in der die stürmische Jugend sich nicht mehr enthalten konnte, dem stärksten Gebot der Natur wild nachzugeben. Du hast großes Unheil und unvermeidliche Unordnung dadurch verhindert, daß du in gewissen Häusern Weiber untergebracht hast.«

Die Hierarchie der Freudenmädchen

Dem ersten Solonschen Freudenhaus folgten bald mehrere, ihre Ausstattungen zeigten sich komfortabler, und auch den Mädchen wurde mehr abverlangt als bloßes Gewährenlassen. Bald bildete sich unter den Prostituierten eine Art Kastensystem heraus, etablierte sich eine Hierarchie.

Auf ihrer untersten Stufe standen die *Dikteriaden*. Sie waren kleinen »Beamten« unterstellt, die sich vom späteren Zuhälter nur darin unterschieden, daß sie im Staatsdienst standen oder als Steuerpächter ihren Unterhalt verdienten. Sie beschützten die Dirnen und nahmen ihnen den Umsatzanteil ab, der der Verwaltung oder ihnen selbst zustand. Nicht zuletzt achteten sie darauf, daß die Mädchen – es waren ausnahmslos Sklavinnen – die Restriktionen beachteten, die ihnen der Staat aus durchaus egoistischen Gründen auferlegt hatte.

Die Finanzen Athens lagen derart darnieder, daß man auf die Einnahmen aus der Prostitution auf keinen Fall hätte verzichten können. Deshalb sah man sich außerstande, auch nur eines der niederen Liebesmädchen laufen zu lassen. So waren die Dikteriaden angehalten, eine Art »Gewerbeuniform« zu tragen, die sie für jedermann kenntlich machte – sowohl für die potentiellen Kunden als auch für die Polizei. Um keinerlei Mißverständnisse aufkommen zu lassen, wurden die Huren-Quartiere mit einem großen Phallus als »Zunftwappen« gekennzeichnet. Die Dikteriaden durften ihre Häuser nur nach Einbruch der Dunkelheit verlassen – der anständigen Frauen wegen, die sich nur bei Tageslicht in der Öffentlichkeit zeigten. Wollten die Mädchen die Grenzen des Stadtstaates überschreiten, mußten sie um eine entsprechende Erlaubnis nachsuchen, die ihnen oft nur gegen Hinterlegung entsprechender Sicherheiten gewährt wurde. Die Dikteriaden waren gesellschaftlich so diskriminiert, daß jedermann mit der Todesstrafe rechnen mußte, der eine frei geborene Frau in einem Solonschen Unterklassen-Bordell arbeiten ließ.

Ein solches zu etablieren gestaltete sich nicht schwierig. Der zukünftige Bordellwirt (*pornobosceion*) hatte eine einmalige Steuer zu entrichten. Mit der Erteilung der Lizenz ging er zwar der athenischen Bürgerrechte verlustig – aber dafür genoß er eine ganze Reihe anderer Vorzüge. Die athenischen Bordelle, die sich besonders im Hafen von Piräus im Umfeld der Burg konzentrierten, befanden sich nämlich in einer Art Immunitätssphäre. Diese erstaunliche Tatsache bezeugt, wie sehr Prostitution ihrer Herkunft nach als eine Sache der Tempel empfunden wurde, für die ja bekanntlich das gleiche galt. Jeder, der sich unter dem nunmehr staatlich sanktionierten Sündendach aufhielt, konnte absolut sicher sein – sowohl vor der Polizei als auch vor der geifernden Ehefrau oder den aufsässigen Gläubigern. Es wird von Fällen berichtet, bei denen Männer weniger aus sexueller Abenteuerlust die Bordelle aufsuchten, sondern mehr, um dem Gewüte ihrer Gattinnen zu entfliehen. Das alles machte der Bordellwirt mit lächelnder Grandezza und aufgehaltener Hand möglich. Die Dikteriaden allerdings bekamen diese Hand mehr in geballtem Zustand zu spüren. Sie waren ihren Wirten auf Gedeih und Verderb ausgeliefert.

Neben diesen domestizierten Dikteriaden gab es bereits in Athen das, was man heute »Straßenstrich« nennen würde. Die Mädchen waren heruntergekommene ehemalige freie Bürgerinnen, geschiedene Ehefrauen oder nächtliche Freizeit-Amateurinnen. Oftmals handelte es sich auch um »ältere Damen«, für die die Bordellwirte keine Verwendung mehr hatten und die sich mittels dicker Schminke notdürftig verjüngten. Wie verzweifelt gerade sie um Kunden kämpfen mußten, bezeugt ein Schuh, der die Jahrhunderte überdauert hat und erhal-

ten geblieben ist. Auf seiner Sohle ist die Buchstabenreihe »AKOLOUTHI« (»Folge mir«) eingraviert. Die Schrift hinterließ Abdrücke im Schmutz und Staub der Athener Straßen – und die Freier wußten Bescheid. Viele dieser Straßenmädchen waren so heruntergekommen, daß sie sich schon für etwas Essen oder etwas Wein hingaben.

Da ging es den *Auletriden*, den Flötenspielerinnen und Tänzerinnen, schon besser. Sie unterschieden sich von ihren niedriger klassifizierten Kolleginnen zunächst durch ihre künstlerische Ausbildung. Sie waren nicht nur Musikantinnen und Balletteusen, sondern oft auch Artistinnen, Zierat und Höhepunkt der zahllosen griechischen Feste.

Nachdem man ausgiebig gegessen und getrunken hatte, boten die Auletriden ihre Künste dar. Sie betraten nackt den Saal des Gelages, oder sie trugen jene legendären Chitons aus Koz, deren Durchsichtigkeit selbst heutigen Textilingenieuren unlösbare Rätsel aufgeben würde. Daß dem Kunstgenuß der Sinnengenuß folgte – und zwar der kollektiv-orgiastische –, verstand sich nach den gegebenen Umständen von selbst.

Erhielt die Dikteriade von ihrem individuellen Kunden ihren Lohn, so wurden die Dienste der Auletriden (die künstlerischen und die sexuellen) vom jeweiligen Gastgeber bezahlt. Damit trat zum ersten Mal ein Phänomen auf, das die Geschichte der Prostitution über Jahrhunderte begleitete, sozusagen eine ihrer gehobenen Spezialvarianten: Die Dikteriade empfing ihren Kunden allein, Leistung und Gegenleistung wurden unter diesen zweien abgemacht. Die Auletriden spielten für viele und schliefen mit vielen, das Geschäftliche jedoch besorgte ein einzelner, der »Veranstalter«, der Gastgeber.

Viele Chronisten lobten vor allem die figürliche Makellosigkeit der musizierenden Prostituierten, ein Umstand, der sich aus berufsspezifischen Gründen ergab. Denn die Dikteriaden übten ihr Gewerbe in der Regel im Halbdunkel aus, die Auletriden jedoch agierten im vollen Licht.

Während die Dikteriaden ihrem niederen sozialen Status in den seltensten Fällen zu entkommen vermochten, gelangten manche Auletriden nicht nur zu beachtlichem Reichtum, sondern auch zu politischem Einfluß über ihre hochgestellten Verehrer. Ihr Honorar bestand oft nicht nur in klingender Münze, sondern in kostbaren Präsenten aus Silber und Gold. Zwei der schönsten Häuser Alexandrias trugen die Namen zweier Flötenspielerinnen. Sie hatten sie von dem Lagiden Ptolemaios II. zum Geschenk erhalten.

Das alles aber wurde in den Schatten gestellt durch das, was zwei Auletriden zuwege brachten. Beide hörten auf den Namen Lamia.

Die »Hyänen der Nacht«

Die Duplizität der Namen, bei denen es sich vermutlich um berufsbedingte Pseudonyme handelte, ist sicher kein Zufall. Lamia heißt auf Griechisch »Verschlingerin«, »Hyäne der Nacht«, was auf die Leidenschaftlichkeit der beiden Damen unmißverständliche Rückschlüsse zuläßt.

Im Jahre 303 v. Chr. wurde Sikyon, die berühmte Erzgießerei- und Kunststadt an der Nordküste des Peloponnes, von dem späteren makedonischen König Demetrios Poliorketes zerstört; die Gemäldegalerie, eine der schönsten der damaligen Zeit, ging in Flammen auf.

In diesem Augenblick konnten die beiden Flötenspielerinnen ihren Wohlstand demonstrieren. Die eine Lamia, die dank ihrer Musizier- und Liebeskünste zur Spitzenverdienerin ihres Gewerbes geworden war, verfügte inzwischen über einen solchen Reichtum, daß sie es sich leisten konnte, den ihrer Ausstellungshalle beraubten

Künstlern tatkräftig unter die Arme zu greifen. Sie ließ die zerstörte Gemäldegalerie von Sikyon auf eigene Kosten wieder aufbauen.

Die andere Lamia, aus Athen gebürtig, machte ebenfalls eine große Karriere, zeigte sich aber nicht so uneigennützig. Sie war ursprünglich am ägyptischen Lagidenhof des bereits erwähnten, spendablen Ptolemaios II. tätig gewesen. Lamia II begleitete den Herrscher, als dessen Flotte 306 v. Chr. auf die Kriegsschiffe von Demetrios Poliorketes traf. Der Ägypter verlor die Schlacht, und Demetrios machte reiche Beute: Zypern und die Auletride Lamia. Diese sprang sozusagen vom Schiff des Besiegten in das Bett des Siegers. Nun war Demetrius mit seinen 30 Jahren gewiß alles andere als ein unerfahrener Jüngling gewesen. Aber was die inzwischen fast vierzigjährige Lamia ihm an Sinnesfreuden geboten haben muß, dürfte alles Bisherige weit übertroffen haben.

Ein Jahr später zog der erfolgreiche Krieger gegen Athen, den Geburtsort seiner Geliebten, besiegte die Stadt und verlangte von ihr die ungeheuerliche Kontribution von 250 Talenten Silber. Den gewaltigen Betrag legte er Lamia als Geschenk zu Füßen.

So befanden sich die beiden Lamias auf verschiedenen Seiten des Krieges. Während sich Lamia I im kontributionsgebeutelten Athen noch das Geld zusammenverdiente, das sie später dem vom gleichen Demetrios zerstörten Sikyon spendieren wird, begann Lamia II in der gleichen Stadt die Manieren und die Prunksucht einer orientalischen Herrscherin anzunehmen. Das brachte natürlich die Athener zunächst gegen die angebliche Verräterin gehörig auf. Andererseits beeindruckte sie, daß eine Frau aus dem besiegten Volk den Sieger so offenkundig und vollständig in der Hand hatte, daß sie Prunkorgien veranstalten konnte, die alles überboten, was man je in dieser Hinsicht gesehen hatte. Als schließlich die »Hyäne der Nacht« während eines ihrer ausschweifenden Gelage tot umfiel, begann die öffentliche Meinung vollends zu ihren Gunsten umzuschlagen. Legenden woben sich um ihr Schicksal, und es verging nicht allzuviel Zeit, da wurde ihr zu Ehren ein Tempel errichtet. Die Flötenspielerin stieg in den Olymp der Götter auf. Als Aphrodite-Lamia gab sie Zeugnis davon, zu was es eine Prostituierte bringen konnte.

Gräber als Briefkästen der Liebe

Das Schicksal von Aphrodite-Lamia ist unter den Auletriden sicher als eine Ausnahme anzusehen. Das war bei den *Hetären* schon etwas anderes. Sie standen in der Hierarchie der antiken Sünderinnen ohne Zweifel auf der obersten Stufe, nicht nur, was ihre Bildung und ihren Charme, sondern vor allem, was die Eigenverfügbarkeit über die persönliche Lebensform anlangte. Eine Hetäre schlief nicht heute mit dem und morgen mit jenem. Oftmals dauerten die Beziehungen Monate und Jahre. Eine Dikteriade konnte sich so gut wie jeder leisten, eine Hetäre die wenigsten. Einer Dikteriade

Tanzende Hatäre. Innenbild einer Schale des Epiktet, 6. Jh. v. Chr. British Museum, London

22

mußte man ein finanzielles Angebot machen, um eine Hetäre hatte man sich in teilweise zeit- und geldaufwendigen Liebesbeteuerungen zu bewerben.

Alle anderen griechischen Prostitutionsformen agierten im Dunkel der Nacht oder zumindest im Halbschatten des sozialen Beziehungsgeflechts. Die Hetäre aber nahm voll am gesellschaftlichen Leben teil, brauchte keinerlei öffentliche Mißachtung zu fürchten und konnte in dem berechtigten Selbstbewußtsein leben, den meisten verheirateten Frauen nicht nur an körperlicher Schönheit, sondern vor allem an Geist überlegen zu sein.

Sonderbarerweise fungierten die Friedhöfe Athens und deren unmittelbare Umgebung als bevorzugte Kontaktstellen für Hetären. Die Gräber dienten als geheime Briefkästen. Dort hinterlegten die potentiellen Freier ihre Episteln, die meist hochtrabende Liebesbeteuerungen – und nüchterne finanzielle Angebote – enthielten. »Die Königinnen der Liebe« (Dufour) waren nicht selten außerordentlich wählerisch, und abgewiesene Bewerber mußten sich oft arge Demütigungen gefallen lassen.

Während es zwischen Dikteriaden und Hetären keinerlei Kommunikation gab, ließen sich die Hetären gelegentlich herab, zu ihren Festen die Flötenspielerinnen einzuladen. Manchmal gab es sogar lesbische Freundschaften zwischen den Angehörigen der beiden Dirnenstände. Eine solche Situation schildert Alkiphron in einem seiner »Hetärenbriefe«. In ihm macht die Flötenspielerin Megara ihrer Freundin, der Hetäre Bakchis, heftige Vorwürfe, daß sie eines Mannes wegen am letzten lesbischen Gelage nicht teilgenommen hatte: »Was war das für ein herrliches Gelage! (Warum soll ich dein Herz nicht verwunden?) Wie voll von Reizen! Gesang, Spaß, Trinken bis zum Hahnenschrei, dazu Düfte, Kränze, Konfekt. Unsere Tafel war von Lorbeerbäumen beschattet, kurz, es fehlte uns nichts als du. Wir zechten oft, aber so hübsch war es selten. Am meisten Vergnügen bereitete uns jedoch der Wettstreit zwischen Thryallis und Myrrhina, welche wohl die schönere Kehrseite habe. – Es wurden noch andere Wettstreite ausgefochten, so einer um den Busen. Nur was den Bauch betraf, so wagte sich keine mit Philumena zu vergleichen, deren Leib durch keine Geburt verunstaltet und kernfest ist.«

Das Hetärenwesen bestimmte in keiner Zeit das öffentliche Leben Griechenlands so nachhaltig wie zu jener Epoche, von der der athenische Historiker Thukydides sagte, sie sei »dem Namen nach eine Demokratie, in Wirklichkeit die Herrschaft des ersten Mannes« gewesen. Dieser »erste Mann« war Perikles. Unter seiner staatsmännischen Führung erlebte Athen im 5. Jahrhundert v. Chr. die glänzendste Zeit seiner Geschichte. Er hatte in zweiter Ehe die schöne Hetäre Aspasia geheiratet.

Die »Dienerin der Liebe« als Flötenspielerin. Linke Seite des »Ludovisischen« Thrones, um 460 v. Chr. Museo Nazionale Romano, Rom

Die Prostituierten an den Hebeln der Macht

Aspasia war als junges Mädchen aus Milet, einer griechischen Stadt im westlichen Kleinasien, nach Athen gekommen. Sie wurde bald eine vielbegehrte Hetäre. Wann und wie sie Perikles kennenlernte, ist unbekannt. Jedenfalls muß sie den Staatsmann so geschickt umgarnt haben, daß er sich ihretwegen von seiner ersten Frau scheiden ließ. Aspasia leitete damals bereits eine berühmte Hetärenschule, deren Reputation durch die neue Liaison noch weiter stieg. Allerdings wurde die Ehe zwischen den beiden nicht voll anerkannt, was keinesfalls an Aspasias Liebesgewerbe lag, sondern an der Tatsache, daß sie keine athenischen Bürgerrechte besaß.

Aspasia avancierte an der Seite Perikles' zur meist verehrten, aber auch meist gehaßten Frau Griechenlands. Zu ihren pro-minentesten Gegnern gehörte Aristophanes, der sie in seinen Komödien als Edelprostituierte verspottete. Aspasia verstand ihr Fach wie keine zweite. War ein Mädchen Absolventin ihres Dirnen-Kollegiums, öffneten sich die Türen der prominentesten Schlafzimmer. Oftmals konnten die Elevinnen es gar nicht erwarten, in das einträgliche Berufsleben entlassen zu werden. Da ist beispielsweise von zwei Liebesschülerinnen die Rede, die sich nach Samos davonmachten, bevor sie von ihrer berühmten Direktorin das Abschlußzeugnis erhalten hatten. Ob daraufhin sich Perikles tatsächlich von Aspasia zum Krieg gegen Samos hat verleiten lassen, wie das Aristophanes behauptet, ist nicht nachweisbar. Es kann sich ebensogut auch um einen der bitterbösen Sarkasmen des Komödienschreibers handeln.

So süß die Nächte sein mochten, die Aspasia Perikles bereitete, am Tage war es keineswegs nur Sonnenschein, den sie ihm **23**

schenkte. Zwar gehörten sowohl Sokrates wie auch Platon zu den Verehrern der schönen Hetäre, doch andererseits unterließ die Opposition gegen Perikles nichts, um ihn an der wunden Stelle seiner Verbindung mit einer Nobelprostituierten zu treffen. Man warf – wohl nicht zu Unrecht – Aspasia vor, daß sie sich in unstatthafter Weise in Staatsgeschäfte einmischte, und Perikles, daß er das zuließ. Das Kesseltreiben gegen die Hetäre erreichte 432 v. Chr. seinen Höhepunkt, als es der Opposition gelang, die Schöne vor Gericht zu stellen, das sie der Gottlosigkeit und Kuppelei anklagte. Perikles mußte seine ganze Autorität und Rhetorik einsetzen, um einen Freispruch zu erringen. Aspasia erwies sich gegenüber diesem Engagement nicht sonderlich dankbar. Als der Staatsmann drei Jahre später an der Pest starb, trauerte sie ihm nicht lange nach. Schon wenig später hatte sie sich unter zahlreichen Bewerbern einen Nachfolger für ihr Sünden-und Schlafgemach ausgewählt, einen Mann, der dank ihrer politischen Raffinesse bald eine beachtliche öffentliche Karriere machte und ebenfalls Volkstribun wurde.

Ein Wechsel von Bett zu Bett aus berechnenden politischen Karrieregründen ist auch lange vor Aspasia durchaus typisch für die griechischen Spitzenhetären gewesen. Thais zum Beispiel war eine Hetäre Alexanders und begleitete diesen auf seinem siegreichen Zug durch Persien. Ihretwegen ließ er den Palast des Xerxes in Brand stecken. Thais hatte selbst den Vorschlag gemacht, und zwar im Rahmen einer patriotischen Rede, deren indirekte Wiedergabe wir der Überlieferung Plutarchs verdanken: »Für alle Mühen«, soll sie dem Bericht nach gesagt haben, »die sie im Troß Alexanders habe hinnehmen müssen, sei dieser Tag der schönste Lohn, da sie der stolzen Königsburg der Perser Hohn sprechen könne. Aber noch mehr Freude würde es ihr machen, wenn sie, lustig durch die Straßen schwärmend, den Palast des Xerxes, der einst Athen in Asche gelegt, nun selbst in Brand stecken könnte, mit eigener Hand und vor Alexanders Augen. Dann würde die Kunde durch alle Lande gehen, daß ein schwaches Weib aus Alexanders Gefolge für Griechenland an Persien härtere Rache genommen als einst die Führer griechischer Heere und Flotten.«

Das ließ sich Alexander nicht zweimal sagen. Thais war von ihrem Herrscher begeistert. Daß er in den restlichen sieben Jahren, die ihm noch zu leben blieben, gleich drei Frauen heiratete – aber nicht sie, das störte sie wenig. Aber daß sich der starke, unwiderstehliche Mann einem lächerlichen grippalen Infekt für immer beugte, das brachte sie sehr in Harnisch. Sie wandte umgehend ihre Gunst dem in Alexanders Diensten stehenden General Ptolemaios Soter (Ptolemaios I.) zu und gebar ihm ein Kind. So wurde sie zur Stammesmutter der Lagiden-Dynastie. Daß sich ihr inzwischen zum ägyptischen König avancierter Gatte auch Flötenspielerinnen hielt, fand Thais nicht sonderlich beunruhigend. Auch beider Sohn leistete sich später zahlreiche »Gespielinnen«. Eine von ihnen war ein junges Mädchen aus Athen. Es hieß Lamia, eben jene, der später die gewaltige Kontributionssumme aus der Staatskasse ihrer Heimatstadt zu Füßen gelegt werden sollte. Der Kreis hatte sich geschlossen.

Loblieder auf die »Kröte«

Weit weniger gefährlich lebten die Hetären, die nicht auf das wechselnde Kriegsglück und die politische Fortune der Staatsmänner setzten, sondern auf die dauerhafte Wirkung der Kunst. Freilich gab es auf diesem Gebiet weit weniger Geld zu verdienen, denn Maler, Bildhauer und Dichter gehörten schon im alten Griechenland nicht zu den Großverdienern.

Aber – so sonderbar es klingen mag – in diesen Fällen ging es den Hetären gar nicht so sehr um Geld. Das konnten sie bei anderen einfältigen, aber reichen Gönnern verdienen. Was sie zu den Künstlern zog, war die Möglichkeit, sich mit ihnen körperlich und geistig zu vereinen. Sie konstituierten auf diese Weise eine Beziehung zwischen Künstler und Modell, wie es später in der Geschichte der Kunst nur noch ganz selten vorkommen wird: nämlich das einer gleichwertigen Partnerschaft. Das sind nicht die armseligen Mädchen, die sich dereinst für ein kümmerliches Entgelt in den Ateliers auf dem Montparnasse ausziehen werden, damit der ebenso armselige Maler etwas Nacktes zu malen hat. Die sich im klassischen Griechenland der Kleider vor dem Künstler entledigten, sind Frauen von hoher Bildung, bedeutendem öffentlichen Ansehen und nicht selten von beachtlichem Reichtum. Was heute manche Museumsführer an den Plastiken der Antike als die »Göttlichkeit des weiblichen Körpers« preisen, sind in Wirklichkeit die makellosen Formen griechischer Hetären. Das trifft auch auf jene berühmte Statue zu, die erstmals Aphrodite völlig nackt darstellte. Ihr Schöpfer war Praxiteles, und die Hetäre Phryne hatte ihm dazu Modell gestanden.

Wer je einmal vor dieser »Aphrodite von Knidos« im Vatikanischen Museum gestanden hat, kann sicher die antiken Dichter verstehen, die für die originale Frauengestalt nur Worte der Schwärmerei fanden, und er wird lächelnd begreifen, daß hier

Aphrodite von Knidos. Die Hetäre Phryne stand Praxiteles Modell für seine Statue. Römische Kopie nach dem Original des Praxiteles. Marmor, um 350 v. Chr. Museo Vatikano, Rom

Name und Erscheinung so weit auseinanderliegen wie selten. Phryne heißt nämlich auf deutsch Kröte.

Phryne durchlebte, was man heute eine Bilderbuchkarriere nennen würde. Sie stammte aus dem Städtchen Thespiae, einem Gemeinwesen, dessen Einwohner mit Kapern-Sammeln ihren kärglichen Unterhalt verdienten. Eine solche Kapern-Sammlerin ist Phryne als Kind und junges Mädchen gewesen.

Wie sie nach Athen kam, ist unbekannt; doch muß sie dort mit ihrer überdurchschnittlichen Schönheit schnell Aufsehen erregt haben. Dafür sorgten vor allem ihre öffentlichen Auftritte. Während der Eleusischen Mysterien erschien sie im Tempeltor und ließ dort vor der bewundernden Menge vollständig ihre Hüllen fallen. Legte sie dann um ihre Schultern den kostbaren Purpur-

25

schleier, bedeutete dies das Ende des Festes; ein unübertroffenes Schauspiel.

Eine Göttin konnte nicht schöner sein, dachten die Leute – ein Umstand, der Phryne bald einen höchst heiklen Prozeß einbringen sollte. Während der Feiern für Neptun und Venus wiederholte sie diesen »mythischen Striptease« und schritt anschließend, nur von ihrem schwarzen Haar umhüllt, durch die Gasse, die ihr das Volk gebildet hatte, zum Strand und tauchte ins Meer, dem sie als Aphrodite wieder entstieg.

Der Prozeß und die Hetärenbriefe

Doch wer so viele Bewunderer hat, braucht nach den Neidern nicht lange zu suchen. Sie fanden ihren Sprecher in einem Mann namens Euthias. Der klagte Phryne der Asebie, der Lästerung der Götter, an. Entsprechende Paragraphen, bereits 432 v. Chr. geschaffen, sahen hohe Strafen dafür vor. Der Philosoph Anaxagoras mußte wegen einer Asebie-Anklage zwei Jahre in die Verbannung, und der berühmte Sokrates wurde deswegen sogar zum Tode verurteilt.

Phryne war also in höchster Gefahr. Da besann sie sich auf den Rhetoriker Hypereides, mit dem sie früher eine Liaison verband, der sich inzwischen aber zwei anderen Hetären zugewandt hatte, nämlich Bacchis und Myrrhina. Hypereides entschloß sich, die schier unlösbare Aufgabe zu übernehmen, vor der mehr als hundert Mitglieder umfassenden Geschworenenversammlung die ehemalige Geliebte zu verteidigen. Doch obwohl er nach Demosthenes der bedeutendste Redner seiner Zeit war, schien er Phrynes Verurteilung nicht verhindern zu können. Da entschloß er sich als letztes Mittel zu einer dramatischen Geste. Er ging auf Phryne zu und riß ihr die Kleider vom Leibe, so daß die Hetäre in ihrer ganzen makellosen Schönheit vor den Richtern stand. Von ihrer Nacktheit muß soviel Zauber, so-

viel Faszination ausgegangen sein, daß es zu einem für das damalige Athen sensationellen Freispruch kam. Hypereides war der Held des Tages. Die ihm auch in Liebesdingen zugetane Hetäre Bacchis machte sich zur Sprecherin ihres Standes und schrieb ihm: »Wir Hetären sind dir alle dankbar, jede von uns ist es wie Phryne selbst. Der Prozeß, der von diesem Schurken Euthias angestrengt worden war, betraf zwar nur Phryne allein, aber er bedeutete Gefahr für uns alle; denn wenn wir unsere Liebhaber um Geld bitten und keines bekommen oder wenn wir einen zahlenden Kunden finden, aber dann dafür der Gottlosigkeit angeklagt werden – dann sollten wir unsere Art zu leben lieber aufgeben, um uns selbst Sorgen zu ersparen und auch denen, die uns des öfteren Gesellschaft leisten ...« Myrrhina scheint über den Schurken Euthias anders gedacht zu haben, denn sie wurde nach dem Prozeß die Geliebte des Denunzianten. Nun verliert Bacchis jede Zurückhaltung: »Möchtest Du, bei der Herrin Aphrodite, doch niemals einen feineren Liebhaber finden, sondern mit Euthias, den Du so verehrst, bis an Dein Lebensende zusammenleben! Weib, diese Dummheit ruiniert Dich! Wie konntest Du nur auf solch einen Bock hereinfallen! ... Merke Dir: Uns allen, die wir in Aphrodite eine gütige Göttin verehren, bist Du verhaßt!«

Während sich die anderen stritten, gab sich Phryne der Liebe zu dem Bildhauer Praxiteles hin, der sie dereinst unsterblich machen sollte. Ein Brief bezeugt, daß nicht nur der Körper, sondern auch die Denkart dieser Frau makellos war: »Sei unbesorgt, Du hast ein Werk geschaffen, wie es unter den Werken menschlicher Hände noch niemand gesehen hat: das Bild Deiner Geliebten, das Du im Tempelhain aufstellst. Ich stehe dort in der Mitte zwischen Deiner Aphrodite und Deinem Eros. Mißgönne mir diese Ehre nicht, denn alle, die mich ansehen, preisen den Praxiteles, und wegen Deiner Kunst, die mich schuf, halten die

Tespier mich für würdig, zwischen Göttern zu stehen. Nur eines fehlt noch, um Dein Geschenk voll zu machen: Komm zu mir, und laß uns im Hain zur Liebe zusammenliegen. Wir werden die Götter nicht entweihen, die wir selbst geschaffen haben.«

So steil auch der Stern ihres Ruhmes stieg, eine Affinität zu ihrer Heimatstadt, die sie als armes Mädchen verlassen hatte, scheint Phryne nie verloren zu haben. Nicht nur, daß sie sie selbst in Liebesbriefen erwähnt, sie hat auch die wertvollsten Geschenke, die sie von dem damals hochbezahlten Praxiteles erhielt, großzügig an Thespiae weitergegeben. Dazu gehört vor allem die berühmte Eros-Statue.

Phryne soll als Frau in den besten Jahren gestorben sein. Vor ihrem Tod wollte sie sich und ihrem Thespiae ein Denkmal setzen, das nicht frei von Häme war.

Zwischen Thespiae und dem viel berühmteren Theben hatte es seit langer Zeit erhebliche Rivalitäten gegeben. Im Jahre 335 v. Chr. schien sich das Schicksal gegen Theben zu stellen. Die Stadt hatte sich gegen den jungen Alexander empört und wurde von diesem daraufhin im Sturm genommen. 6 000 Mann starben, 30 000 Thebaner wurden in die Sklaverei verkauft und die Stadtmauern dem Erdboden gleichgemacht.

Später wandte sich die reiche Phryne an den Rat der gebeutelten Rivalenstadt und bot an, die Stadtmauer auf eigene Kosten wiedererrichten zu lassen. Allerdings stellte sie eine Bedingung. Am Haupttor sollte eine Tafel angebracht werden, und darauf sollte stehen: »Zerstört von Alexander, wiederaufgebaut von Phryne, der Hetäre.«

Soweit wollte sich der Rat nun doch nicht demütigen lassen. Er schlug das Angebot der berühmten thespischen Prostituierten aus und nahm lieber in Kauf, 20 Jahre ohne Stadtmauer zu sein.

Phryne sind alle Bezeugungen des Ruhms, die eine Frau in Athen hat empfangen können, zuteil geworden. Nur diese eine ist ihr versagt geblieben.

Zwei Olympiasieger in einer Nacht

Phryne war nicht nur von Bildhauern als Modell begehrt, sondern auch Maler haben sie als die Inkarnation ihres Schönheitsideals hoch geschätzt. Apelles, der berühmteste Maler der griechischen Antike, hatte sich an ihrer Grazie berauscht. Er muß sehr beeindruckt gewesen sein von dem, was die Hetäre während der Feste zu Ehren Neptuns bot, denn seine später weltberühmt gewordene Aphrodite Anadyomene (»die aus dem Meer auftauchende«) zeigt genau die Szene, die dem athenischen Volk als erstes vor Augen trat, wenn der Name Phryne fiel.

Mehr noch als mit Phryne wird Apelles jedoch mit einer anderen Hetäre in Zusammenhang gebracht, ja es wird ihm sogar rühmend nachgesagt, daß er die erstaunliche Karriere dieses Mädchens überhaupt erst ermöglicht hat.

Es handelt sich um Lais, eine dunkelhaarige Schönheit, die in der kleinen nordsizilianischen Küstenstadt Hykkara (dem heutigen Carini) geboren und als Sklavin nach Griechenland verschleppt worden war. Dort begegnete ihr der Maler, kaufte sie frei und schickte sie nach Korinth. Noch nach Jahrhunderten regte Lais von Korinth zur künstlerischen Auseinandersetzung an. Im Jahre 1526 setzte sich Hans Holbein d. J. mit dem Thema der käuflichen Liebe auseinander und schuf das Gemälde »Lais Corinthiaca«.

Hatte Athen bereits ein die gesamte Stadt überziehendes, in alle gesellschaftliche Bereiche eindringendes System der Prostitution, so wurde es darin von Korinth noch übertroffen. Auch später werden die Hafenstädte in allen Teilen der Welt der käuflichen Liebe einen breiteren Raum einräumen als jene anderen Gemeinwesen, in denen nicht ganze Scharen liebeshungriger Seeleute Tag für Tag an Land gehen. Und dennoch ist schwer vorstellbar, daß je wieder eine andere Handelsmetropole so eindeutig vom Dirnentum geprägt wird wie jene, die sich sperrend zwischen den Korinthischen und den Saronischen Golf legte und die auf diese Weise eigentlich zwei Häfen besaß. Wer als Prostituierte schnell zu Geld kommen wollte, hier gab es bessere Gelegenheiten als selbst in Athen.

Dorthin nun verschlug es Lais. Sie war zunächst eine unter Tausenden »leichter Mädchen«, und sie muß neben ihrer Schönheit schon ein erstaunliches Liebestalent besessen haben, daß sie so schnell aus der Menge ihrer Konkurrentinnen aufstieg. Über Lais gibt es heute zahllose Anekdoten, von denen man in den wenigsten Fällen überprüfen kann, auf welche wirklichen Sachverhalte sie zurückgehen. Doch sie haben fast alle zwei Gemeinsamkeiten: Es tauchen in ihnen berühmte Namen auf, und Lais tritt in ihnen als eine überaus selbstbewußte Person hervor. Bei ihr ist nichts zu hören von den zärtlichen Tönen echter Liebe, die Phryne für Praxiteles empfand. Zu ihr paßte eher jener Satz, den man der Hetäre Mania in den Mund legte: »Ich habe mit dir, Leontius, ebensogut geschlafen wie mit Atenor, denn ich wollte doch einmal wissen, was zwei Olympiasieger mir in einer einzigen Nacht antun können.«

Das war der Ton, den auch Lais geliebt hat. Demosthenes soll sie schockiert haben, indem sie von ihm einen ungeheuerlichen Preis für eine Nacht verlangte. Darauf Demosthenes: »So teuer erkaufe ich nicht die Schande, etwas bereuen zu müssen.« Und Lais schlagfertig: »Und ich gebe mich dir nicht billiger, denn sonst wäre die Reue an mir.«

In ähnlicher Weise soll sie zunächst auch Euripides begegnet sein. Doch beinahe noch drastischer benahm sie sich gegenüber dem berühmten Bildhauer Myron. Er muß schon sehr alt gewesen sein, als sich Lais auf dem Höhepunkt ihrer Hetärenkarriere befand. Doch der Meister hielt sich auch noch als Greis für unwidersteh-

lich. Obwohl er ihr angeblich sein ganzes Vermögen angeboten hatte, erhielt er von Lais einen unmißverständlichen Korb. Darauf unterzog Myron seine Garderobe und seine Haarfarbe einer Verjüngungskur und sparte auch nicht an Parfüm, um am nächsten Tag erneut werbend vor der Tür der Hetäre zu erscheinen. Doch Lais war unerbittlich: »Was willst du, mein Guter! Habe ich erst gestern das Angebot deines Vaters abgeschlagen. Es wäre unschön von mir, nun den Sohn zu erhören.« Und um der Seelenquälerei die Krone aufzusetzen, soll sie dem Meister wenig später nackt Modell gestanden und ihn damit begreiflicherweise fast um den Verstand gebracht haben.

Will man den Anekdoten glauben, zeigte Lais ihren Bewerbern nur die kalte Schulter. Aber das kann wohl kaum sein. Denn sonst wäre sie nicht zu solchem Reichtum und zu solcher Berühmtheit gekommen.

Trotz des Anekdotengestrüpps, das sich um das Leben dieser Frau rankt, erlangt ihre wirkliche Biographie erst im letzten Abschnitt eine gewisse kulturhistorische Bedeutung. Lais lebte nämlich bereits in »heidnischen Zeiten« ein Schicksal vor, das das Christentum später begierig aufgreifen und in Hunderten Legenden-Varianten gestalten sollte: das der reuigen Sünderin, dem Wesen also, das aus den Abgründen der Verkommenheit zu moralischer Läuterung findet.

Lais war nicht mehr ganz jung, als sie einen Thessalier kennenlernte, in den sie sich unsterblich verliebte. An seiner Seite zog sie nach Norden, an die Gestade des Flusses Peneios. Das war die Heimat dieses Unbekannten, als dessen Ehefrau sich die Hetäre von einst betrachtet wissen wollte.

Doch Lais wurde auch hier, fast 300 Kilometer von der Sündenstadt Korinth entfernt, von ihrer Vergangenheit eingeholt. Sie kam bald bei den gesitteten Thessalierinnen ins Gerede. Unter einem Vorwand wurde Lais in den Aphrodite-Tempel gelockt und dort von den aufgebrachten Weibern mit einem Schemel erschlagen. Was auf dem Grabstein stand, ist überliefert. Der Text verschweigt die hysterische Tat, aber er bezeugt die moralische Unfähigkeit zur Verzeihung. Er lautet: »Das unbezwingliche Griechenland, so reich an Helden, wurde geknechtet durch die Schönheit der Lais, geboren vom Liebesgott, aufgezogen in der Schule Korinths, gebettet in die Erde Thessaliens.« Daß die letzte Lebensphase der Hetäre Lais tatsächlich so verlief, wird mehrfach von verschiedenen Quellen bezeugt. Plutarch gibt eine entsprechende Beschreibung der Vorgänge und schildert das Schicksal in seinen zehn Büchern der »Beschreibung von Hellas«.

Ob Dikteriade, Auletride oder Hetäre – sie alle fühlten sich in erster Linie als Dienerinnen der Liebesgöttin Aphrodite, die sie anzurufen gewohnt waren, wenn es Gewichtiges über ihr Leben und Treiben auszusagen galt. Natürlich waren sie in der Mehrheit gewöhnliche Prostituierte, aber sie postulierten – ob zu Recht oder Unrecht – für sich und ihr Gewerbe eine göttliche Legitimation. Die Sachse selbst und der Weg der Zeiten führt uns nach Rom.

Kassiert wird im voraus

Ähnlich wie in Griechenland hatten auch im antiken Rom die Mädchen des Liebesgewerbes verschiedene Namen. Aber sie schlossen hier keine Klassifikation, keine soziale Hierarchie ein. Sie hoben vielmehr jeweils einen besonderen Aspekt des Gewerbes hervor.

Am eindeutigsten und am vordergründigsten ist die Bezeichnung *meretrix*, die sich von dem Wort *merenda*, die Vesperstunde, herleitet, also von der Zeit, zu der diese Damen aktiv zu werden begannen. Die *meretrices* müssen, wenn man den Dichtern glauben darf, wahre Geldjäger

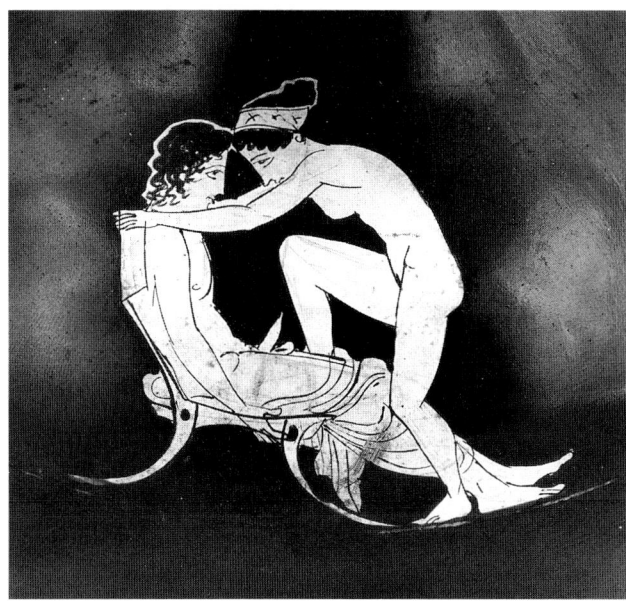

gewesen sein. In der Tat wird der materielle Aspekt des Liebesgewerbes in der römischen Literatur weit deutlicher hervorgehoben als in der griechischen. Während die Poeten Athens – zumindest was die Hetären anlangt – Schönheit und Charme der käuflichen Geliebten verherrlichten und das für sie zu zahlende Honorar – wenn überhaupt – verschlüsselt und nebenbei erwähnten, kamen die römischen Literaten in diesem Punkt viel direkter zur Sache. So erteilte der bedeutende römische Dichter Properz in seinem Elegienbuch »Chynthia«, nachdem er Loblieder auf die Treue gesungen hat, den *meretrices* ziemlich drastische Ratschläge. Sie sollten sich, belehrt er die Mädchen, ja nicht einfallen lassen, an Treue zu denken, sie sollten die Männer vielmehr ausnutzen, wo sie könnten. Bescheidenheit sei nicht gefragt, jeder besondere Wunsch, jede Extravaganz des Freiers müsse zu Geld gemacht werden. Zöge ein in Wut geratener Kunde das Mädchen an den Haaren, dann müsse er danach tiefer in den Geldbeutel greifen. Selbst Sklaven könnten von der *metrix* eingelassen werden, wenn sie über die nötigen Mittel verfügten. Auch die Weisheiten der Kupplerin, die uns Ovid in seinen »Amores«

29

vorstellt, gehen in diese Richtung. Da wird der Liebeselevin geraten, dem jungen Liebhaber so schnell wie möglich das Geld abzunehmen, denn die Schönheit vergeht, und sie muß sich bezahlt machen, ehe sie vergeht.

Die *meretrices* hatten eine scharfe Konkurrenz in den *famosae*. Das waren die Gelegenheitsarbeiterinnen des Gewerbes, die keine Steuer zahlten, sondern sich einfach etwas Geld hinzuverdienen wollten oder dem lasziven Reiz des Milieus erlagen. Sie begründeten die lange Ahnenreihe jener Damen, die sich der sogenannten unkontrollierten Prostitution hingeben und die später ganze Generationen von Juristen, Sittenpolizisten und Sozialhygienikern beschäftigen sollten.

Die Doppeldeutigkeit des lateinischen *prostituo* ist sicher absichtsvoll. Sich preisgeben bedeutet ja nicht nur »sich für einen Preis geben«, sondern eben auch etwas aufdecken, etwas entblößen. Auch das haben die Dirnen Roms tatsächlich getan.

Was darunter zu verstehen ist, wird deutlich, wenn man zusammenträgt, was verschiedene Autoren über das Treiben der sogenannten Doriden (*dorides*), einer anderen Variante des reichhaltigen römischen Dirnenspektrums, überliefert haben.

Die meisten der öffentlichen Häuser befanden sich in der Nähe der Stadtmauer, an der Via Sacra, vor allem aber waren sie im Umfeld des Circus Maximus konzentriert. Das ist schon deshalb einleuchtend, weil sich hier die meisten Menschen, also auch die meisten potentiellen Kunden, versammelten. In den Bordellen herrschte ein solcher Gestank, daß man den Kunden noch nach Stunden »anroch«, woher sie kamen. Die Etablissements waren in einzelne kleine Räume aufgeteilt (*cellae*). An den verschiedenen Türen hingen Schilder. Sie verzeichneten den Namen der Insassin, meist auch den Mindestpreis, den das Mädchen für seine Dienste verlangte. Kassiert wurde im voraus – man wußte ja nie. Die Zimmer

enthielten Liegen, manchmal befand sich auch nur eine Decke auf dem Boden. Hatte ein Freier Einlaß gefunden, wurde das Namensschild an der Tür umgedreht, denn auf der Rückseite stand das Wort »Besetzt« (*occupata*).

Die Bordelle waren tagsüber geschlossen. Sie öffneten erst am späten Nachmittag, doch selbst dann begann das Geschäft nur zögerlich anzulaufen. Um es in Schwung zu bringen, stellten oder setzten sich die Doriden splitternackt in auffordernder Pose vors Haus, sie gaben sich preis: *prostitute*.

Das antike Rom kannte auch schon das, was wir heute als »Edelhure« bezeichnen würden. Das waren die *delicatae*, Mädchen, die – wie der Name schon sagt – besonders hübsch, jung und wohlgewachsen waren und die sich all ihre Reize hoch bezahlen ließen. Natürlich konnten diese Höchstpreise nur in einem relativ kurzen Lebensabschnitt realisiert werden, denn das Altern macht auch vor der Schönsten nicht halt. Überhaupt schieden die römischen Dirnen früher aus dem Gewerbe aus als ihre griechischen Kolleginnen. Das lag vor allem daran, daß der Nachschub an frischem Blut aus den zahllosen Kolonien in Rom weit besser funktionierte als in Athen oder in Korinth.

Mit den *delicatae* ist aber der römische Hurenkatalog noch keineswegs erschöpft. Da gab es noch die *alicariae*, die Müllerinnen, die Opferbrote feilboten, die der Venus oder dem Priap geweiht waren, und die – wenn es dem frommen Tempelbesucher danach war – nicht nur ihr Backwerk, sondern auch sich selbst verkauften.

Besonders strapaziert wird unsere christlich geprägte Begriffswelt von den *bustuariae*, die ihr Gewerbe auf den Friedhöfen, in offenen Gräbern und ungesicherten Grüften ausübten und die sozusagen das Areal, das die griechischen Hetären als Briefablage nutzten, zum Ort der Handlung selbst machten. Von dem Wort Brunnen beziehungsweise Zisterne (*puteus*) leiteten die *putae* ihre Berufsbezeichnung her, ein Name, von dem man vermuten kann, daß der Schauplatz der Freudenspende auf die Freudenspenderinnen überging. Das ist um so einleuchtender, wenn man bedenkt, daß bei vielen Völkern – vor allem bei den afrikanischen und slawischen – die dörfliche Wasserstelle noch heute Begegnungsstätte der Geschlechter ist. Jedenfalls hat das Wort *putae* in beträchtlicher Weise begriffsbildend gewirkt. In allen romanischen Sprachen heißen die Dirnen so.

In einer Gesellschaft, in der die Prostitution eine so breite synonymische Auffächerung erfährt, muß die Sachse selbst eine überdurchschnittlich große Rolle gespielt haben. Mehr noch: Da die römischen Dirnen relativ früh aus dem »Beruf« ausschieden, tauchten sie in den prostitutionellen Nebengewerben unter. Sie bildeten die große Schar der Trunkmischerinnen und Salbenherstellerinnen. Was von den Bordellmatronen angeboten wurde, war zu allem gut: zur Potenzsteigerung, zur Verjüngung und – zum Mord. Roms Giftmischerinnen waren bereits in der Lage, langsam wirkende und deshalb schwer nachweisbare Todestränke herzustellen. Bordell und Verbrechen gingen hier eine Jahrhunderte währende Ehe ein, die käufliche Liebe zog in die dunklen Gemächer der Unterwelt.

Dirnen gab es natürlich auch auf der Straße, in Schenken und billigen Herbergen. Aus Aesernia ist eine Beherbergungsrechung erhalten geblieben. Darin heißt es: »Sie haben erhalten: Eine Pinte Wein ... 1 As, Brot ... 1 As, Eine Mahlzeit ... 2 As, Ein Mädchen ... 8 As, Heu für den Esel ... 2 As« Anmerkung des Gastes: Dieser Esel stürzt mich noch in den Ruin!

Dabei scheint die Schankhure in diesem Fall recht teuer gewesen zu sein. Auf der Straße oder auf dem Friedhof konnte man Mädchen für 2 As haben. In den Augen der »ehrbaren« Römer waren diese Frauen liebestolle Kriminelle, denen nichts Gutes zuzutrauen war und die nur ihren eigenen Vergnügungen lebten. Meist war ihr sozialer Status schon durch die Tatsache vorbelastet, daß es sich um importierte Unfreie handelte, die oft aus Syrien und Ägypten stammten und die man nackt auf den Sklavenmärkten feilbot.

Die Dirnen der duldenden Dichter

Den römischen Prostituierten ist es nie gelungen, aus dem Schatten ihrer griechischen Schwestern herauszutreten, so sehr sie sich auch darum bemühten, ihnen mindestens ebenbürtig zu sein. Sie legten sich griechische Namen zu, behaupteten gelegentlich gar, aus Griechenland zu stammen: Es half nichts – sie waren nur ein Abglanz der athenischen Hetären.

Das lag vor allem daran, daß Rom diese Mädchen als pure Ware behandelte, deren »Gebrauchswert« sich im rein Äußerlichen erschöpfte. Niemand am Tiber wäre auch nur auf die Idee gekommen, die preisgünstigen menschlichen Importartikel aus den Kolonien auf eine Hetären-Schule zu schicken, wie Aspasia eine besaß und kunstvoll leitete.

Dafür waren umgekehrt die freien Römerinnen in der Regel weit gebildeter als die freien athenischen Hausfrauen. Schon deshalb mußten die Prostituierten auf den puren Sex setzen, weil sie intellektuell mit ihren verheirateten Konkurrentinnen nicht Schritt halten konnten. Mit den Künsten hatten selbst die gehobenen Dirnen, die *delicatae*, wenig im Sinn. Roms große Dichter können ein Lied davon singen. Martial läßt sie in einem seiner Gedichte mit ihren dazugehörigen »Damen« Revue passieren:

»Den lockren Properz hat die Cythia
zum großen Sänger gemacht,
durch die schöne Nemsis hat es Tibull
zu seinem Ruhme gebracht.

Des Gallus Genius hat erst
die Lycoris erweckt zum Leben,
dem Catull hat seine Lesbia
die Gedichte eingegeben.
Glaub mir, ich werd selbst einem Vergil
nicht nachstehn an Dichtergabe,
wenn ich nur eine Corinna wie er
oder einen Alexis habe.«

Nun sei die Vergilsche Alexis dem eindeutig homosexuell veranlagten Martial nachgesehen. Aber ansonsten zählt er tatsächlich die Poeten-Elite Roms auf. Und die dazugehörenden Frauen? Es waren ausnahmslos Prostituierte. Ihre Namen wären heute längst vergessen, wenn die Dichter sie nicht unsterblich gemacht hätten. Aber davon wollten und konnten die Damen von damals nichts wissen. Im Gegenteil, sie behandelten ihre Verse schreibenden, sich oft in Sehnsucht verzehrenden Verehrer wie den allerletzten unter ihren Kunden.

Die genannte Corinna war mit ihrem Zuhälter verheiratet und ließ Vergil demütigend warten, während sie sich mit anderen Kunden vergnügte. Properz schlich wie ein davongejagter Hund um die Tür besag-

32

ter Cynthia, die immer »Besuch« hatte, wenn er zu ihr wollte. Nemsis hat Tibull nicht – wie Martial meint – »zu seinem Ruhm gebracht«, sondern an die Grenzen der Impotenz. Catulls Lesbia hieß in Wahrheit Clodia und führte den Beinamen Quadrantaria, das Viertel-Weib, weil sie bereits für ein Viertel As, einen geradezu lächerlich geringen Betrag, zu haben war.

Angesichts dieses Sachverhalts sind Catulls berühmte Liebesverse nicht frei von unfreiwilliger Komik:

> »Niemals kann sich ein Weib so heißer
>   Liebe je rühmen,
> Lesbia, wie du geliebt wurdest so glühend
>   von mir.
> Nie mit so tiefer Treue wurde die Liebe
>   erwidert,
> Lesbia, wie deine Lieb' liebend ich gab
>   dir zurück.«

Es erhebt sich die Frage, warum sich Männer von weltliterarischem Rang so der Lächerlichkeit preisgaben. Ganz sicher müssen die Umstände sie zunächst dazu gezwungen haben. Je mehr sich die republikanische Zeit dem Ende zuneigte und die Kaiserzeit ihre lasterhaften Schatten über die »Stadt und den Erdkreis« legte, um so unaufhaltsamer scheint der moralische Verfall des Gemeinwesens gewesen zu sein. In solch einem Rahmen gehörte es beinahe zur öffentlichen Reputation, daß, wer auf sich hielt, einer *delicata* nahestehen mußte. Die wollte Geld, in den meisten Fällen sogar viel Geld. Und das hatten die Dichter nicht. Sie besaßen nur glühende Verse – und mit denen konnten die Angebeteten nichts anfangen.

Sicher wird sich aus dieser Ausgangssituation in dem einen oder anderen Falle eine echte Liebe entwickelt haben. Ovid trauerte noch in der Verbannung seiner Corinna nach, obwohl diese schon längst in der Gosse gelandet war. Der Dichter der »Ars amatoria« war offenbar selbst jener

Kunst nicht Herr, von der er in so wunderbaren Versen schrieb und die von großer einschlägiger Sachkenntnis zeugen.

Erfahrung hatte er freilich nicht nur bei Corinna und ihren Kolleginnen gesammelt, sondern auch bei Julia. Sie wurde ihm zum Verhängnis, denn sie war die Enkelin des Kaisers Augustus.

Die Paragraphen setzen sich in Marsch

Augustus, der »Erhabene«, herrschte seit 27 v. Chr. Neben der Stabilisierung des Reiches nach außen war dem Herrscher innenpolitisch vor allem am energischen Aufhalten des moralischen Verfalls gelegen. Aus diesem Grunde erließ er neue Ehe- und Luxusgesetze.

Diese Verordnungen, denen zu ihrer Entstehungszeig zwar keine nachhaltige Wirkung beschieden war, die aber von großer gesetzesgeschichtlicher Bedeutung sind, nehmen sich für den heutigen Leser einigermaßen sonderbar aus: Wenn ein freier Mann ein Verhältnis mit einer fremden Sklavin hatte, konnte er wegen Sachbeschädigung zur Verantwortung gezogen werden, und auch eine ehrbare Frau konnte belangt werden, wenn sie einen ihrer Sklaven aufs Lager lockte. Die Dirnen genossen sexuelle Freizügigkeit nur solange, wie sie ihr Gewerbe ausübten. Wenn sie es aufgaben und gar heirateten, durfte sich kein ehemaliger Freier ihnen nähern, ohne sich dem Vorwurf der Keuschheitsverletzung auszusetzen. Ausgenommen von dem augustinischen Gesetzesschutz waren die Bordellbesitzerinnen, die Wirtinnen der niederen Herbergen (die ja samt und sonders auch Liebesnester waren) und – die Schauspielerinnen.

Genau in dieser Situation, in der sich der Kaiser um die wenigstens minimale Wiederherstellung der öffentlichen Sitten bemühte, erschien Ovids »Liebeskunst« geradezu als Affront gegen die neuen Gesetze. Und um das Maß voll zu machen, wurde auch noch bekannt, daß der Dichter dieser anstößigen Verse mit der Enkeltochter des Imperators ein Verhältnis hatte. Da war dem armen Ovid nicht mehr zu helfen, er mußte in die Verbannung, so sehr der Kaiser selbst jene Paragraphen mißachtete, die er erlassen hatte.

Trotz dieser energischen Gegenbemühungen des Staates sind Geschichte und gesellschaftliches Leben Roms die Dirnen-Komponente nie losgeworden. Bildeten die Prostituierten Athens durch ihre ständige Präsenz einen Bestandteil des sozialen Gefüges, waren einzelne Vertreterinnen des Gewerbes gar zu politischem Einfluß gekommen oder zur künstlerischen Inspirationsquelle geworden – so standen sie doch einer festen Familienstruktur gegenüber, einer »Festung« Ehe, aus der es zumindest für die Frau kein Entrinnen gab, mochte sie von noch so vielen Hetärenabenteuern des Gatten wissen.

Das ist in Rom stets anders gewesen. Die grausamen, oft sadistischen Spiele im Circus Maximus waren sexuelle Stimulantien für Mann *und* Frau. Und wenn anschließend die Männer in den nahegelegenen Bordellen ihr Mütchen kühlten, gingen die Frauen keineswegs brav nach Hause, wie das die Athenerinnen gewiß getan hätten, beziehungsweise hätten tun müssen. Fing die Römerin nicht unterwegs ein flüchtiges Abenteuer auf, dann wußte sie doch, daß zu Hause bei dem jungen Sklaven ein Wink genügte und sie das umsonst bekäme, wofür ihr Gatte im gleichen Augenblick in klingender Münze zahlte.

Inmitten eines Gemeinwesens, das dem Mann so eindeutig den Vorzug gab, dessen patriarchalische Grundstruktur sich in allen Lebensbereichen rigoros zur Geltung brachte, verschafften sich die Frauen im Geheimen zumindest auf sexuellem Gebiet ihre Rechte.

Die Sittenjustiz, die über viele Jahrzehnte von den allgewaltigen Zensoren repräsentiert wurde, interessierte sich nur für die Männer – schließlich waren sie es, mit denen man die zahllosen Kriege führen mußte. Was die verheirateten Frauen anging, so mochten die Hausherren selbst für Ordnung sorgen. Doch die waren glücklicherweise so beschäftigt, daß ihnen hinsichtlich der Seitensprünge der Gattin so manches entging. Sarkastisch schreibt Martial:

>»Den Landbesitz hast du allein,
> dein Barvermögen ist ganz dein ,
> allein besitzt du Goldpokale,
> allein die Alabaster-Schale.
> Den Massiker- hast du allein,
> genauso den Käkuber-Wein.
> Dein Herz hast ganz allein nur du
> und gleich noch den Verstand dazu.
> Das alles hast du ganz allein,
> glaub nicht etwa, ich sage nein! –
> Candid, jedoch dein Eheweib
> ist aller Welt ein Zeitvertreib.«

Und was den Ehefrauen der Landbesitzer mit ihrem durchaus begrenzten Barvermögen recht war, das konnte den höhergestellten Gemahlinnen an der Spitze des Staates nur billig sein.

Die nymphomane Kaiserin

Zu etwa der gleichen Zeit, als Kaiser Augustus den Thron bestieg, erblickte eine Frau das Licht der Welt, die später ein Ausbund an Verworfenheit werden sollte und die den Moralaposteln vieler Jahrhunderte das Schaudern in die Adern trieb: Messalina. Schon als junges Mädchen muß sie dem Kaiser Claudius aufgefallen sein, der sie als seine dritte Frau heiratete. Messalina stellte alles in den Schatten, was die skandalumwitterte Sittengeschichte des römischen

Kaiserreichs sonst noch zu bieten hatte. Juvenal hat es beschrieben:

>»Was ein Bürgerhaus tat und was Eppa
> macht, das empört dich?
> Wirf einen Blick auf Götterrivalen! Wie's
> Claudius ging, das
> höre! Sobald seine Gattin schlafend ihn
> sah, zog sie leichten
> Sinnes die Matte der Dirne sofort dem
> fürstlichen Bett vor,
> nahm des Nachts die Kapuze, verließ in
> Begleitung von einer
> Dienerin ihren Gemahl, die durchlauch-
> tigste Metze;
> ihre schwarzen Locken mit blonder
> Perücke bedeckend,
> trat sie im Bordell mit dunstgeschwän-
> gertem Vorhang
> in die freigehaltene Kammer, am Busen
> den Goldschmuck
> bot sie sich nackt hier feil, sich Lycisca
> als Deckname wählend,
> stellte den Leib zur Schau, der, edler
> Britannicus, dich trug.
> Freundlich emfing sie die Gäste und
> forderte klingende Münze …
> Wenn der Bordellwirt endlich die Mäd-
> chen nach Hause entließ, da
> zog sie betrübt davon. Doch wenn sie es
> konnte, dann schloß als
> letzte die Tür sie, noch jetzt vom Genusse
> erregt, ging sie heimwärts,
> wenn auch von Männern erschöpft, so
> doch nicht befriedigt von ihnen,
> häßlich mit schmutzigem Antlitz,
> geschwärzt vom Rauche der Lampe,
> brachte den schwülen Geruch des
> Bordells sie zum Lager des Kaisers.«

Ob der Kaiser wirklich nichts vom ausschweifenden Lebensstil seiner Gattin wußte, mag dahingestellt sein. Zumindest hätte ihm vielleicht auffallen müssen, daß an seinem Hof ein junger Mann namens Gaius Silius ein und aus ging. Es war jener Jüngling, den Valeria Messalina im Bordell

Statuette einer Liebes-
göttin. Meist waren es
Liebesgöttinnen, denen
die Tempeldienerinnen
mit einer einmaligen
oder auch wiederholten
Prostitution dienten.
Alabaster mit Granat-
einlagen in Augen und
Nabel, Bronze und
Vergoldung. Babylon,
3./2. Jh. v. Chr. Musée
du Louvre, Paris

Gelageszene. Etrus-
kische Wandmalerei.
Fresko aus der Tomba
dei Leoparadi, 5. Jh.
v. Chr. Tarquinia

36

Konstantinsbasilika an
der Via Sacra, Forum
Romanum, Rom.
An der Via Sacra gab es
die meisten öffentlichen
Häuser, denn hier
trafen sich viele Men-
schen, darunter auch
potentielle Kunden

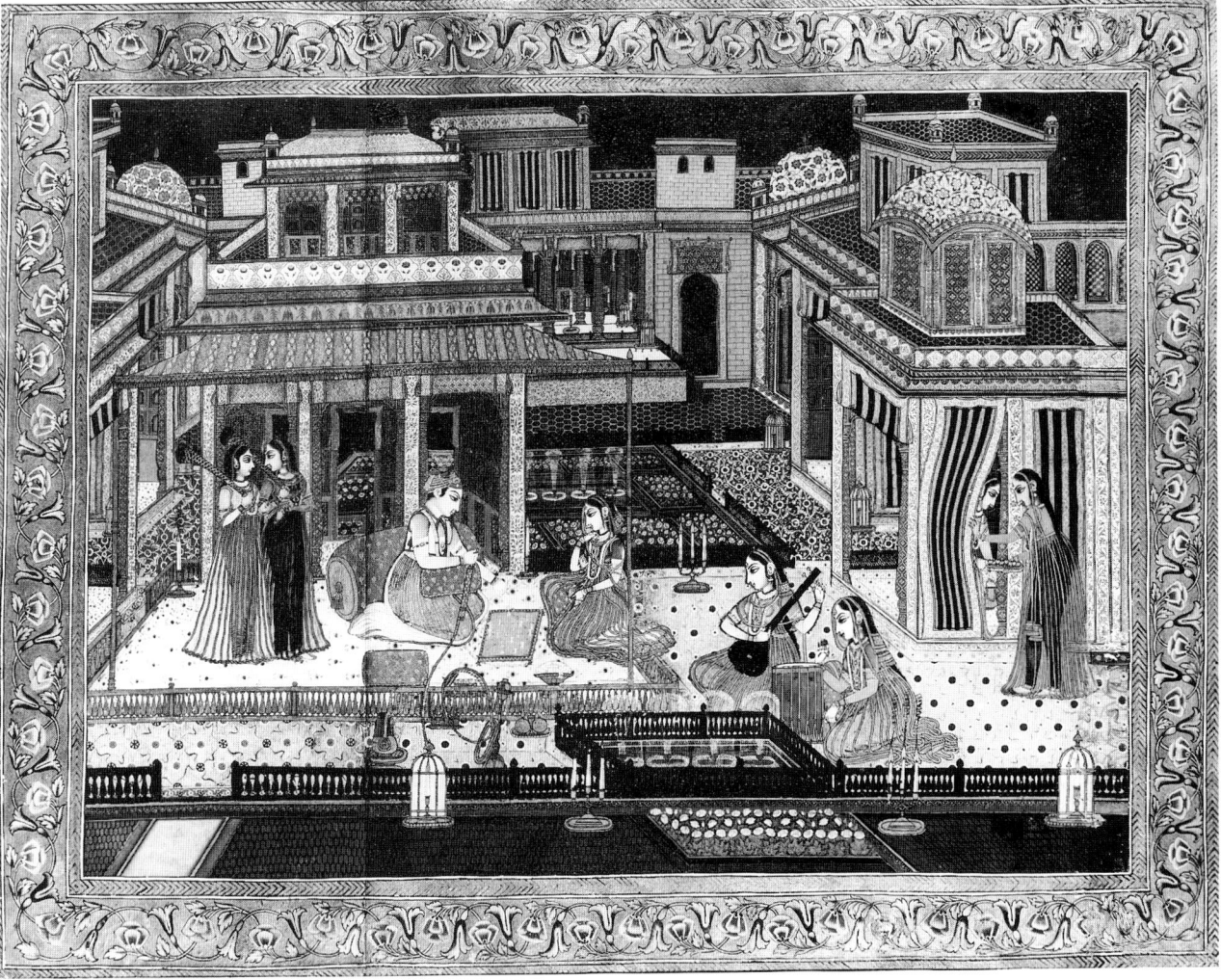

Innenhof eines indischen
Harems bei Nacht.
Miniatur. Indien, 18. Jh.
Museum des Kunst-
handwerks Leipzig

Sāl auf dem Wege zu Rūdābe. Die Haremswächter schlafen, während Rūdābe nach ihrem Liebsten Ausschau hält. Miniatur, Iran, 1605. Staatliche Museen zu Berlin, Preußischer Kulturbesitz, Staatsbibliothek.

40

Selbstbewußte Bade-
frauen. Nicht nur in
Europa, auch in Japan
dienten öffentliche
Bäder der Begegnung
mit Prostituierten.
Freudenmädchen als
Masseusen. 17. Jh. MOA
Art Museum, Atami

Szene aus dem Freuden-
viertel Yoshiwara
mit Prostituierten. Seit
dem 16. Jh. gab es in
Japan offiziell in den
größeren Städten
Vergnügungsviertel.
Gemalt von Hishikawa
Moronobu, Japan, 17. Jh.
Nationalmuseum, Tokio

Liebesgarten. Lockere
Sitten bei Bad und Tanz
im Grünen.
Monatsbild Mai.
Handschrift, um 1475.
Österreichische National-
bibliothek, Wien

aufgelesen hatte und den sie für sexuell ausreichend leistungsfähig hielt, ihr am Tage die Fortsetzung jener Vergnügungen zu bieten, denen sie des Nachts so hingebungsvoll frönte. Während der Kaiser selbst seinen eigenen Vergnügungen nachging, beobachtete um so aufmerksamer der Kanzleivorsteher mit dem beziehungsreichen Namen Narcissus, was sich da zwischen den beiden jungen Leuten anbahnte. (Messalina war gerade Anfang Zwanzig.) Er denunzierte die zwei beim Herrscher, natürlich nicht wegen sexueller Ausschweifungen, sondern weil der Beamte eine Verschwörung gegen die Krone witterte.

Claudius ließ sein Eheweib kurzerhand festnehmen und im Jahre 48 hinrichten. Schon ein Jahr später heiratete der Kaiser seine Nichte Agrippina, die bereits aus erster Ehe einen Sohn hatte, den sie allzugern auf dem Thron gesehen hätte. Fünf Jahre lang versuchte sie, dieses Ziel mit den wildesten Intrigen zu erreichen. Dann verlor sie die Geduld. Sie besorgte sich – vermutlich von den berühmten Bordellgiftmischerinnen – Gift und beförderte ihren Gatten ins Jenseits.

Der Weg zur kaiserlichen Macht war für den erst siebzehnjährigen Agrippina-Sohn frei. Er hieß Nero – und war inzwischen mit der Tochter seines vergifteten Stiefvaters verheiratet.

So hurte und mordete sich Rom seinem Untergang entgegen. Nicht, daß dieser durch den Sittenkollaps verursacht worden wäre, für ihn gab es weit gewichtigere geschichtliche Gründe als die einer allgemeinen Perversion zwischenmenschlicher Beziehungen. Dennoch haben diese Erscheinungen wesentlich die Resistenz des Reiches gegen die Machtansprüche von außen gemindert.

Dabei hat es an moralischen Warnungen nicht gefehlt. So schreibt Livius, ein Zeitgenosse Augustus', dessen Sittengesetzgebung die Römer binnen kurzem vergessen oder verdrängt hatten: »Ich hoffe, daß jeder seine ganze Aufmerksamkeit auf das moralische Leben früherer Zeiten richtet ... und daß sich jeder den folgenreichen Schwund von Disziplin und sittlichen Grundsätzen vor Augen führt. Denn wir haben jetzt einen Punkt erreicht, wo unsere Degeneration unerträglich geworden ist.«

Doch Leute wie Livius waren Rufer in der Wüste. In der Stadt hielt die Prostitution unvermindert an und nahm bald auch von jenen berühmten Überlandstraßen Besitz, die die Metropole mit den Provinzen verbanden. Die Via Apia war umsäumt von ekelhaft stinkenden, von Ungeziefer strotzenden Schenken, die dem Esel Heu und dem Reiter Mädchen boten.

Manchmal mochte auch an den Wirtstischen ein Mann Platz genommen haben, der sich zu einer neuen Lehre bekannte, zur Lehre Jesu Christi, von dem die Botschaft ausgegangen war, daß zur echten Gläubigkeit die Keuschheit gehöre. Eine solche Verbindung war den Römern absolut unverständlich. Ihre Tempel hatten der Götterverehrung und der irdischen Lust gedient. Sie gaben der neuen Religion wenig Chancen, die Prostituierten mochten sie sogar verlachen. – Doch das sollten sie bald bereuen.

Huren und Harem

Von Bettwärmerinnen und Selbstkastraten

Das frühe Christentum hatte beträchtliche Schwierigkeiten, sich zur Sexualität und damit auch zur Prostitution in Beziehung zu setzen. Zwei Sachverhalte waren daran zunächst schuld.

Der eine hing unmittelbar mit dem Alten Testament zusammen. Da traten jüdische Könige auf, die sich den Luxus mehrerer Nebenfrauen leisteten, die gewohnt waren, sich ihr Bett von jungen Mädchen vorwärmen zu lassen, wobei offenblieb, ob das dienstbare Wesen das Lager tatsächlich verließ, wenn der Herr sich zur Ruhe begab. Auch sonst schienen die biblischen Potentaten ein Leben zu führen, das sich von dem ihrer heidnischen Pendants in Sachen Sexualität und Lustbarkeit nur wenig unterschied.

Die zweite Schwierigkeit hing mit dem geographische Raum zusammen, in dem sich die neue Lehre auszubreiten begann. Die Anrainerländer des Mittelmeeres hatten jahrhundertelang unter der Dominanz Griechenlands und später Roms gestanden. Unter deren Einfluß hatten sich Vorstellungen von Moral und Sitte auch in Nordafrika und dem Vorderen Orient geprägt. Hier wie dort gehörte die Prostitution samt ihrer sinnenfrohen Nebenerscheinungen zum selbstverständlichen Lebensbild zumindest der größeren Städte.

Mit dem Alten Testament allein wäre es ziemlich ausgeschlossen gewesen, diese Zustände zu ändern und eine neue christliche Ethik zu etablieren. Die frühen Missionare hätten auf diesem Gebiet auf ziemlich verlorenem Posten gestanden – wenn sie nicht das Neue Testament von diesen Schwierigkeiten befreit hätte.

Die wichtigste Frauengestalt der Evangelien ist nach Maria, der Mutter Jesu Christi, Maria Magdalena, eine ehemalige Prostituierte. Nun beschreibt die Bibel allerdings nicht, wie diese Frau zu ihrem sündhaften Gewerbe gekommen war – aber ansonsten tritt sie an sehr entscheidenden Handlungspunkten der Erlösergeschichte in Erscheinung. Maria Magdalena ist die erste, die entdeckt, daß das Grab des Gekreuzigten leer ist, und sie ist auch die erste Zeugin der Wiederauferstehung des Gottessohnes.

Diese Auszeichnungen werden der Sünderin aus Magdala natürlich erst zuteil, nachdem sie sich von Jesus hatte bekehren lassen und auf den Pfad der Tugend zurückgekehrt war.

Angesichts der Tatsache, daß im Neuen Testament eindeutig die Männer dominieren, will es schon etwas bedeuten, wenn in der kleinen Liste der weiblichen Akteure an zweiter Stelle eine Dirne steht. Das belegt unter anderem auch, welche Bedeutung diesem »Stand« in den ersten nachchristlichen Jahrhunderten zukam. Zudem hatte sich – wenn man den Evangelien folgt – Jesus selbst wiederholt zum Schicksal der Dirnen geäußert. Den Pharisäern erklärt er: »Wahrlich, ich sage euch: Die Zöllner und Huren mögen wohl eher ins

Himmelreich kommen denn ihr. Johannes kam zu euch und lehrte euch den rechten Weg, und ihr glaubtet ihm nicht, aber die Zöllner und Huren glaubten ihm.« Und auf dem Ölberg sagt Jesus, nachdem man ihm eine Ehebrecherin vorgeführt, die nach den Gesetzen Mose hätte gesteinigt werden müssen: »Wer von euch ohne Sünde ist, der werfe den ersten Stein auf sie!« Dieser Satz rettet die Frau, und nachdem er mit ihr allein ist, fragt der Messias die Sünderin: »Weib, wo sind sie, deine Verkläger? Hat dich niemand verdammt? – So verdamme ich dich auch nicht; gehe hin und sündige nicht mehr!«

Die Quintessenz dieser Zitate besagt: Die Dirne hat durch ihren sündhaften Lebenswandel ihr Seelenheil keineswegs schon verspielt, sie kann gerettet und erlöst werden, wenn sie auf den rechten, vom Christentum vorgezeichneten Weg zurückkehrt.

Auf diese Sicht hat sich die christliche Morallehre letztlich festgelegt. Das bedeutete freilich nicht, daß es in den ersten christlichen Jahrhunderten keine erheblichen Meinungsturbulenzen in dieser Sache gegeben hätte.

Sonderbarerweise ist nämlich die entscheidende Wende in der Beurteilung der Sexualität gar nicht von Jesus eingeleitet worden. Der duldete mit Petrus sogar einen verheirateten Mann im Kreis seiner Jünger. Die Hauptakzente wurden vielmehr von denen gesetzt, die seine Lehre in die Welt trugen.

Da geht Paulus in seinen Briefen an die Korinther, die mit der Prostitution in einem äußerst extensiven Ausmaß konfrontiert waren, noch vergleichsweise diplomatisch vor, indem er die fleischlichen Genüsse zwar keineswegs billigt, sie aber auch nicht mit dem sonst ihm eigenen Nachdruck verdammt. Andere waren viel radikaler. Einige frühchristliche Gemeinden lehnten es glattweg ab, jemanden zu taufen, der verheiratet war. Andere nahmen

Jesu Satz: »Und sind ettliche verschnitten, die sich selbst verschnitten haben um des Himmelreiches willen...« so wörtlich, daß sie in einem Anfall frommer Hysterie sich selbst kastrierten. Zwar wurden später solche extremen Fanatiker der Heräsie beschuldigt, das hinderte Origines, einen Kirchenlehrer der Frühzeit, keineswegs daran, sich heftig und – wie das Zölibat beweist – mit Erfolg für die absolute eheliche Enthaltsamkeit zumindest derer einzusetzen, die ein geistliches Amt innehatten. Daraufhin gingen viele junge Priester in die Bordelle, ließen sich von den Dirnen umgarnen – nur um zu prüfen, ob sie den fleischlichen Verlockungen wirklich widerstehen würden. Über das statistische Verhältnis von Erfolg und Mißerfolg dieses sonderbaren Selbsttests ist nichts überliefert.

Huren und Heilige

Die sexuelle Askese wurde aber keineswegs allgemein akzeptiert. Das beweist der Fall des Synesios von Kyrene, der seine Ehefrau dem in Aussicht gestellten Bischofsamt nachdrücklich und in einer öffentlichen Willensbekundung vorzog. Doch das war ganz sicher die Ausnahme. Die Regel blieb, daß sich der Klerus zur Ehelosigkeit hinentwickelte und sich damit jenes gestörte Verhältnis der christlichen Kirchen zur Sexualität zu etablieren begann.

Damals ging der Streit vor allem um folgende Fragen: Wenn der Geschlechtsverkehr zwischen Mann und Frau zum Fortbestand der Menschheit unentbehrlich ist, darf er dann auch Spaß machen? Wie kann der an sich stärkere Mann den ständigen Verlockungen der an sich schwächeren Frau widerstehen? Darf eine verwitwete Frau ein zweitesmal heiraten?

Nur in zwei Punkten waren sich die frühen Kleriker einig: daß auch im Bereich **45**

Pfaffendirnen werden in städtischen Gewahrsam genommen. Die sexuelle Askese wurde keinesfalls von allen Vertretern des Klerus akzeptiert. Miniatur aus Diebold Schilling, Spiezer Bilder-Chronik, 1485. Stadt- und Hochschulbibliothek, Bern

der Sexualität dem Manne größere Rechte und Freiheiten zustehen als der Frau und daß des Menschen sittliche Pflicht darin besteht, im Gegensatz zum Tier, seine Sinnenlust nicht auszuleben, sondern zu beherrschen und zu disziplinieren.

Gerade was den letzten Punkt anlangte, bedurfte das des Lesens meist unkundige Glaubensvolk anrührender Geschichten. Sie sollten möglichst von Menschen berichten, die aus einem besonders tiefen und anrüchigen Sumpf zu den lichten Höhen sittlicher Reinheit emporgestiegen waren. Keine eignete sich dafür besser als die Prostituierte. Eine der Hauptfiguren der christlichen Legendenliteratur entstand: die reuige Sünderin.

Die populärste unter den zahllosen Geschichten ist sicher die von dem Eremiten Abraham, an dessen Seite in der ärmlichen Behausung seine Nichte Maria heranwuchs. Das Mädchen machte dem Asketen zunächst jede erdenkliche Freude. Sie lernte die Sprüche der Bibel auswendig, betete und eiferte der religiösen Begeisterung des Onkels in jeder Hinsicht nach. Doch dann kam eines Tages ein junger Mensch in die Hütte, um von des Eremiten Frömmigkeit zu lernen. Leider hatte der Jüngling bald mehr Augen für die hübsche Nichte als für das abgehärmte Gesicht des Alten. Maria gab schließlich dem Drängen des Mönches nach und verließ mit ihm zu einem gemeinsamen Gebet die Hütte. Sie müssen dabei in solche Emphase geraten sein, daß Maria ihre Unschuld verlor.

Zunächst nahm Abraham die längere Abwesenheit der Nichte nicht sonderlich ernst. Sie hatte sich schon des öfteren tagelang in abgeschiedenen Gegenden tiefer Meditation hingegeben. Nach einiger Zeit allerdings begann der Eremit doch unruhig zu werden. Seine Erkundungen waren zunächst erfolglos, erst nach zwei Jahren fand er heraus, daß Maria inzwischen in Alexandria als Prostituierte lebte.

Abraham besorgte sich eine Soldatenuniform und machte sich sofort zu dem gefallenen Mädchen auf den Weg. Als er sie gefunden hatte, gab er sich als Freier aus und lud die Nichte zum Essen ein. Erst als Maria später in ihrer Zelle Anstalten machte, ihrem Gewerbe nachzugehen, gab sich der Onkel ihr zu erkennen. Nun rollten Tränen der Scham über ihr schönes Gesicht. Abraham bedeutete ihr, daß Gott ihr verzeihen werde, wenn sie nur Reue zeige. Das tat Maria mit solchem Erfolg, daß ihre Gebete, nachdem sie mit ihrem Onkel zurückgekehrt war, große Berühmtheit erlangten. Man sagte ihr sogar nach, daß sie in ihrer Frömmigkeit Krankheiten zu heilen in der Lage war. Sie wurde nach ihrem Tode heiliggesprochen.

Die Geschichte folgt einem gestalterischen Grundmuster, dem alle Dirnenlegenden verpflichtet sind: Ein Mädchen kommt aus geordneten Verhältnissen, wird zur Sünde verführt oder gezwungen, lebt eine Zeitlang als Prostituierte und findet um so eindrucksvoller auf den Weg des Heils zurück, je tiefer ihre Reue ist. Dieses Modell liegt nicht nur dem biblischen Maria-Magdalena-Schicksal und der Läuterung der in Sünde geratenen Eremiten-Nichte zugrunde, ihm folgt auch eine Legende, in deren Mittelpunkt wiederum eine Hure namens Maria steht.

Maria von Ägypten, in ihrer Jugend ein unbescholtenes Mädchen, hatte 17 Jahre in einem Bordell zugebracht. Nach ihrer Bekehrung wollte sie diese Zeit der Sünde gutmachen, indem sie wiederum 17 Jahre als Eremitin in der Wüste lebte. Ihre Erleuchtung muß so wunderbar gewesen sein, daß sie in dieser Zeit nur drei Laib Brot zu ihrer Ernährung brauchte. Es genügte, daß sie ein Kreuz schlug, und der Mönch Ziosimus war in der Lage, über Wasser zu laufen. Als sie starb, legte man ihren abgemagerten Körper in einen Löwenkäfig, aber die Bestien verließen lieber ihre Behausung als die tote Büßerin zu zerstückeln. Maria von Ägypten wurde ebenfalls heiliggesprochen.

Auch andere christliche Heilige sind Prostituierte gewesen: so die heilige Afra, die heilige Pelagia, die heilige Thais und die heilige Theodata. Die heilige Afra fiel der Christenverfolgung im 3. Jahrhundert unter Diocletian als Märtyrerin zum Opfer. Die heilige Pelagia war, nachdem sie ihr Dirnentum gegen die neue Frömmigkeit eingetauscht hatte, viele Jahre in Männerkleidern als hochgeachteter Mönch Pelagius in Jerusalem ansässig. Die heilige Thais betrieb die Reinigung von ihren Sünden besonders entsagungsvoll. Sie ließ sich drei Jahre lang in eine Zelle einmauern und wurde nur durch einen kleinen Spalt in der Wand ernährt. Die heilige Theodata schwor selbst nach schweren Folterungen nicht von ihrem Glauben ab und starb als Märtyrerin.

Über solch übermenschliche Kräfte – suggerieren die Legenden – können Frauen verfügen, die aus den Sümpfen der Prostitution zum wahren Glauben gefunden hatten.

Die Flucht aus den Bordellen

Ein solcher Gedanke mußte auf das »Gewerbe« Eindruck machen. Nicht nur in den Legenden, sondern auch in der römischen Wirklichkeit liefen viele Prostituierte zum Christentum über, denn im Rom der Zeitenwende unterlagen sie einer besonders brutalen Unterdrückung. Die Mehrheit der Dirnen waren Unfreie, doch nicht nur gegenüber dem liebeslüsternen freien Bürger, sondern auch gegenüber dem einigermaßen zahlungsfähigen männlichen Unfreien. Sie wurden also auch noch von dem als Ware behandelt, der selbst gedemütigte Ware war. Was wunder, daß die, die sich im Dreck schlechter Absteigen, frisch ausgehobener Gräber und kotübersäter Dunkelgassen hinlegten, sich selbst als Dreck empfinden mußten, als nichtwürdige Samenhalde des Mannes?

Nun kamen die Prediger des neuen Glaubens und verkündeten, daß diese Mädchen aus mehr bestanden als aus ihren bezahlbaren Körpern, daß in jeder von ihnen noch eine Seele wohnte, die zu retten möglich war.

Mochten die Legenden über die bekehrten Prostituierten auch manch idealisierte Überhöhung enthalten, ihr realistischer Kern bestand in der Tatsache, daß die Dirnen in den christlichen Urgemeinden eine Gruppe mit heute kaum noch vorstellbarer äußerer und innerer Solidarität vorfanden. Vielen dieser einstigen Sünderinnen hat dieser Umstand überhaupt das Überleben nach der Bekehrung gesichert. Sie haben das der jungen Kirche in rührender Weise gedankt: Sie waren von besonderem Glaubenseifer, einige wurden Heilige und gaben als Märtyerinnen ihr Leben.

48

Der römische Lebemann blieb der neuen Entwicklung gegenüber zunächst gleichgültig. Wie sollte für ihn auch auf einmal unmoralisch und verwerflich sein, was seit vielen Generationen zu den Normen des täglichen Lebens gehörte? Warum sollte er Göttern abschwören, die in so wundererbarer Weise das Spiegelbild irdischer Tugenden, aber eben auch irdischer Laster waren?

Erst als der neue Glaube sich auszubreiten begann, erst als immer mehr Dirnen aus den Bordellen flohen und lieber die tödlichen Gefahren der Christenverfolgungen auf sich nahmen, begann man die veränderten Umstände ernst zu nehmen. In Saloniki wurden drei *meretrices,* die sich nicht mehr ihrer Kundschaft, sondern allein Jesus Christus weihen wollten, kurzerhand hingerichtet. Um den personellen Schwund in den Bordellen zu kompensieren, verurteilte Hierokles, römischer Präfekt in Ägypten, jede Christin (gleichgültig, ob sie dem Gewerbe vorher angehört hatte oder nicht) zur Zwangsprostitution. Dieses Verfahren führte in Ancyra zu einer tragikomischen Situation, die einer Komödie von Plautus hätte entstammen können. Dort wurden in ein Lupanar sieben christliche Jungfrauen eingewiesen. Dennoch blieb die Kundschaft aus, denn es hatte sich schnell herumgesprochen, daß die neue Besatzung auf dem Sündenschiff ein Durchschnittsalter von 70 Jahren hatte, ein sonderbarer Beweis für die vom heiligen Paulus geäußerte These, daß Alter nicht nur Last, sondern auch Segen bringe.

In ähnlicher Weise gemieden wurde die bekehrte Dirne Agnes, deren Basilika noch heute an der Via Nomentana steht. Als der Statthalter Symphronius ihr auf offener Straße die Kleider vom Leibe reißen ließ, bedeckte des Mädchens langes Haar den ganzen Körper mit solcher Vollkommenheit, daß auch nicht eine Handbreit ihrer Blöße zu sehen war. Angesichts eines solchen Wunders verging den potentiellen

Kunden ihre Lüsterheit. Nur der Sohn des Statthalters wagte einen Besuch in der Zelle der frommen Agnes. Er hat diese Visite nicht überlebt. Er wurde vom Blitz getroffen.

Manchem christlichen Chronisten dieser Zeit mag die irrige Auffassung nicht fern gelegen haben, der neue Glaube sei in der Lage, das Laster der Prostitution aus der menschlichen Gemeinschaft zu bannen. Und manche geläuterte Dirne wird gemeint haben, daß für sie und ihren Stand doch noch alles zum guten Ende komme. Doch die Prostitution erwies sich als resistent genug, die neue Euphorie der Tugend zu überleben. Die Bordelle blieben und gewannen noch einen zusätzlichen Reiz. Man mußte sie heimlich besuchen, denn dorthin ging kein anständiger Christ.

Als dereinst Cato einen jungen Mann am hellerlichten Tag aus dem Bordell kommen sah, soll er ihn gelobt haben, weil durch einen solchen Besuch die »anständigen« Frauen vor dessen Sinnengier wenigstens verschont blieben. Doch Cato traf den jungen Mann immer wieder an derselben Stelle. Da relativierte der Staatsmann seinen früheren Satz und sprach: »Ich habe dich dafür gelobt, daß du ab und zu einmal hierher gehst, aber nicht dafür, daß du hier wohnst.«

Diese Zeiten, in denen man mit aphoristischer Fröhlichkeit über die Bordelle sprach, gehörten mit dem Sieg der neuen Lehre im Mittelmeerraum der Vergangenheit an. Ein anständiger Christ hatte entweder keine Sinnengier zu haben oder, wenn er schon solchermaßen heimgesucht wurde, ihr aus eigener Kraft zu begegnen. Doch nicht allen war solche Stärke gegeben! So wandelten sich die Wege zum Bordell zu Schleichwegen, die Lust verkroch sich unter dem Mantel der Verheimlichung, und die Dirnen wurden zu Hexen, für deren zukünftige Scheiterhaufen das Holz in den spätantiken Wäldern schon heranwuchs.

Da entstand im 7. Jahrhundert, nicht unerheblich aus den gleichen Quellen gespeist wie das Christentum, eine neue Religion, der Islam, begründet von seinem Propheten Mohammed. Von Jesus ist nicht bekannt, ob er verheiratet war. Von Mohammed weiß man, daß er in Polygamie lebte.

Die Frau als Eigentum – die Dirne als Ware

Der Koran, die fundamentale Glaubensschrift des Islam, stellt die Frau unter die unmittelbare Verantwortung der männlichen Familienmitglieder, des Vaters, des Bruders und später des Ehemanns. Sie gehört diesen Männern wie jedes andere Eigentum, das sie besitzen. Die islamische Frau unterwirft sich diesem Anspruch, der ihr zwar – zumindest in den Augen der europäischen Interpreten – Rechte nimmt, aber auch erheblichen moralischen und materiellen Schutz gibt.

Vor allem aber hat der Islam eine ganz andere Einstellung zur Sexualität als das Christentum. Wurde den Anhängern Jesu eine Haltung auferlegt, die die geschlechtlichen Beziehungen der Menschen in dem Grenzraum zwischen notwendigem Übel und Sünde ansiedelt, so ist der Moslem völlig frei von solchen Zeichen der Verklemmung. Für ihn gehören sexuelle Kontakte zu dem Schönsten, was die Welt zu geben hat, und jeder, ob Mann oder Frau, ob frei oder unfrei, arm oder reich, kann ihrer teilhaftig werden. Die Religionslehrer des Islam haben das Weib als wunderbares Geschöpf Allahs vor allem in ihrer Körperlichkeit, in der Anmut ihres Ganges, der Schönheit ihres Haares, der gefälligen Form ihrer Brüste, dem Reiz der Schenkel gepriesen. Man stelle sich solche Töne bei den christlichen Priestern vor!

Daß aus dieser völlig andersartigen moslemischen Haltung zur Frau auch der sexuelle Kontakt zu ihr viel diesseitsfreudiger

49

Frühzeiten natürlich keine Einrichtung, die sich jeder leisten konnte. Er stellte vielmehr ein Statussymbol dar, und die Zahl der Haremsfrauen war weniger ein Beweis für die sexuelle Potenz des Besitzers, als ein Zeichen für seinen Rang im Staat und im Gemeinwesen.

Oper, Operette und die Produkte der profanen Literatur haben für europäische Vorstellungen das Leben im Harem in schlimmer Weise verklärt und ins Romantische verschoben. Diese vom öffentlichen Leben separierten Bereiche, von manchmal hundert Frauen bewohnt, spiegelten keineswegs nur die Orte der Lust, der aphrodisischen Getränke und der Schleiertänze wider. Oftmals waren die Besitzer keine feurigen Liebhaber, sondern alternde Männer, die sich den aufwendigen Luxus nur ihrer öffentlichen Reputation wegen leisteten. Hatte der Herr eine Lieblingsfrau, dann lebten die anderen in einer unfreiwilligen Keuschheit, die die jeder christlichen Ehefrau in den Schatten stellte. Nicht selten erschien die lesbische Liebe den Vernachlässigten als ein von der Not diktierter Ersatz, und glücklicherweise kam es auch vor, daß nicht alle Haremswächter Eunuchen waren.

Man könnte meinen, daß durch die polygame Grundstruktur der islamischen Gesellschaft der Prostitution die Grundlagen entzogen würden. Das Gegenteil war der Fall. Zwar verurteilt auch der Koran die käufliche Liebe, aber offenbar erwiesen sich – ähnlich wie in den Gebieten, die zum Christentum übergegangen waren – die sozialen Wertvorstellungen und die daraus erwachsenden Zwänge stärker als die religiöse Lehre. Deshalb wurde letztlich auch von der islamischen Geistlichkeit – ähnlich wie das die römischen Priester getan hatten – die Prostitution geduldet. Man sah in ihr ein Mittel, die ehrbaren Frauen vor absichtsvollen Anzüglichkeiten und die Harems vor männlich-sexuellen Aggressionen zu schützen.

definiert wurde, versteht sich beinahe von selbst. Während man in den christlichen Ehegemächern am Rande des moralisch Vertretbaren »sündigte«, wandten die Moslems ihre ganze Phantasie dafür auf, immer neue Mittel zu erfinden, die den sexuellen Genuß steigerten. Und wem eine Frau nicht genügte, der nahm sich eben zwei, drei oder mehr. Wie wollte man einem Mann verbieten, sein Eigentum, zu dessen Katalog eben auch der Besitz an der Frau (oder den Frauen) gehörte, zu vermehren?

Auf diese Weise entstand jene Einrichtung, die die europäischen Kleinbürger vieler Zeiten zu erhitzten Phantastereien trieb: der Harem. Dieser war selbst in den

Lustobjekte ohne Charakter

Da die Sache selbst aber nicht so recht ins religiöse Gesamtbild paßte, hielt man die Prostituierten in strenger Isolation. Sie durften mit einer verheirateten Frau, auch wenn diese nur eine unter vielen war, so gut wie keinen Umgang pflegen. Zur eigenen Familie blieb ihnen der Kontakt untersagt. Die Bordelle waren durch besondere Fahnen markiert, und die Straßendirnen konnten sich nur innerhalb genau festgelegter Distrikte bewegen.

Solche Restriktionen ergaben sich letztlich aus der Auffassung, daß es sich bei den Prostituierten um die unterste Schicht eines Geschlechts handelte, dem der Islam zwar reizvolle Körperlichkeit zubilligte, dem er aber sowohl charakterliches Format als auch seelische Größe absprach. Surieu zitiert in seinem aufschlußreichen »Essay über die Liebe und die Darstellung erotischer Themen im alten Iran« einen moslemischen Romanzendichter und dessen Frauen-Bild, das charakteristisch ist für diese maskulin dominierte Gesellschaft: »In den Frauen ist die Begierde stärker als die Bescheidenheit und die Weisheit. Unter den Geschöpfen ist die Frau unvollkommen und letztlich nur von krankhaft kapriziöser Verfassung. Sie setzt die Welt und ihre Nächsten für die Begierde des Augenblicks aufs Spiel.« Wer das weibliche Wesen im allgemeinen so einschätzt, zu welchem Urteil muß derjenige erst über Prostituierte kommen! Um die Männer vor den »nymphomanen Lustobjekten ohne Charakter« zu schützen, wurden in den größeren Städten wie Kairo oder Bagdad zahlreiche Aufsichtsbeamte eingesetzt, die darauf achteten, daß diese »Kreaturen« nicht allzu viele Bartträger verführten.

Der Widerspruch war evident: Die islamischen Ehestrukturen brauchten die Prostitution, weil diese den vielen ledigen Männern die einzige Möglichkeit zu hetero-

Intime Zweisamkeit in einem Harem. Miniatur, Iran, 1666. British Museum, London

sexuellen Kontakten bot. Aber das wollte man sich – ähnlich wie im europäischen Mittelalter – nicht offiziell eingestehen. Aus dieser unlogischen Situation fand man einen typisch arabischen Ausweg. Er bestand in der sogenannten *mut'a*.

51

Die Prostitutionsehe

Bei der *mut'a* handelt es sich um eine Eheschließung auf Zeit, eine Hochzeit, die bereits die Scheidung mit einschließt. Mohammed legitimiert die *mut'a* ausdrücklich, allerdings unter der Voraussetzung, daß beide Seiten aus freier Entscheidung den Vertrag unterschreiben. Dessen »Laufzeit« konnte sowohl ein paar Tage, aber auch ein Jahr oder noch länger betragen. Während dieser Zeitehe mußte der Mann die Frau finanziell unterstützen. Die Höhe der Zuwendung wurde schriftlich fixiert. Nach Beendigung des sonderbaren Konkubinats durfte die Frau keinerlei Ansprüche mehr stellen. Es besteht kein Zweifel daran, daß es sich hierbei um eine Art legalisierter Prostitution handelt – allerdings mit einem entscheidenden Unterschied: Gingen aus dieser Verbindung Kinder hervor, hatten sie gegenüber ihrem Erzeuger, im Gegensatz zur Mutter, Erbansprüche.

Obwohl zeitweise verboten – so unter dem Kalifen Omar im 7. Jahrhundert – erfreuten sich *mut'a*-Kontrakte besonders bei den schiitischen Moslems großer Beliebtheit. Und Männer, die sich auf eine längere Reise begaben, sahen in ihnen die Möglichkeit, sich auf diese Weise eine sexuell gefügige Begleiterin zu sichern.

Zu den strengen *mut'a*-Regeln gehörte auch, daß der Mann weiterzuzahlen hatte, wenn er die Beziehung vor der festgesetzten Frist beendete. Nach Auslaufen des Vertrages durfte sich die Frau jedoch nicht sofort wieder in ein neues sexuelles Mietverhältnis begeben. Ihr waren vielmehr 40 Tage reinigender Enthaltsamkeit auferlegt.

Daß es sich hierbei wirklich um eine Art Prostitutionsehe handelte, beweist die Tatsache, daß in manchen Fällen die Laufzeit der *mut'a* nur eine Nacht betrug. Sich auf eine noch kürzere Frist einzulassen, lehnten die meisten dieser Frauen ab. Sie wären dann offenkundig das gewesen, was sie in Wirklichkeit ja ohnehin waren: Dirnen.

Obwohl eigentlich verboten, war auch unter den sunnitischen Moslems die *mut'a* – wenngleich unter gewissen Vorbehalten – üblich. Um eine juristische Verfolgung auszuschließen, legten sie die Fristen nicht im Vertrag fest, sondern vereinbarten sie nur mündlich. Auf diese Weise glich der Schriftsatz nicht selten einem regulären Ehekontrakt. Innerhalb europäischer Rechtsnormen würde ein solches Verfahren sicher für leichtfertig gehalten werden. In der islamischen Welt der Frühzeit aber war für den Mann die Trennung von seinem Weib ohnehin ein Kinderspiel. Mitunter genügte es schon, daß der Herr des Hauses nur dreimal ausrief: »Du bist geschieden!« Ohne Einwand hatte dann die Frau ihr Bündel zu nehmen und zu gehen. Und sie tat es auch – in der Überzeugung ihres Begehrtseins von anderen und im Bewußtsein ihrer unabänderlichen Rechtlosigkeit.

Die östlichen Diwane der Lust

Heilig oder obszön?

Wo immer man dem Verhältnis einer Gesellschaft zur Prostitution nachgeht, wird man sie eingebettet finden in einen größeren Zusammenhang, nämlich den, wie sich das jeweilige Gemeinwesen zur Frau im allgemeinen in Beziehung setzt. Die Dirnen sind zwar Mitglieder der weiblichen Geschlechtsgemeinschaft, stehen aber als Minderheit in jenem problematischen Feld, wo die Einflüsse der öffentlichen Moral (übrigens nicht nur in ethischer, sondern ebenso in theologischer, sozialhygienischer, krimineller Hinsicht) besonders heftig einwirken und gelegentlich zu turbulenten Reaktionen führen. Was der »anständigen« Frau recht ist, darf der Prostituierten noch lange nicht billig sein. Besonders deutlich wird diese Situation in den großen Kulturvölkern des Ostens, in Indien, China und Japan.

Die hinduistischen Schriften des alten Indiens zeichnen ein durchaus widersprüchliches Bild von einer Frau. Das großartige Råmåyana-Epos geht zum Beispiel zunächst davon aus, daß zu Anbeginn alle Wesen in Geschlecht, Sprache und Charakter gleich waren und daß der Schöpfer dann aus diesem »Urmaterial des Lebens« das Beste nahm und aus ihm die Frau geschaffen hat.

Die Verehrung des Weibes ist daher den Göttern wohlgefällig.

Andere Stellen jedoch sprechen vom genauen Gegenteil. Als der göttliche Weise

Ein Frauenhaus. Miniatur, Indien, 17. Jh. Staatliche Museen zu Berlin, Preußischer Kulturbesitz, Museum für Indische Kunst

Narada sich aufmachte, die Ursachen alles menschlichen Übels zu suchen, fand er heraus, daß die Frau es gewesen sei, die die Göttergleichheit der Menschen verdorben hat.

Das Weib war der Tod, der Sturm, die Unterwelt, das Höllenfeuer.

Diese beiden Pole haben den Hinduismus und damit die indische Lebensauffas-

53

sung für sehr lange Zeit geprägt. Auf der einen Seite treten uns aus den Epen Frauengestalten von edelster Schönheit, wirklich gotthafte Wesen entgegen, auf der anderen hält sich in der Gesellschaft hartnäckig die Überzeugung vom minderen Wert des Weibes. Auf den männlichen Nachkommen vereinten sich alle Hoffnungen, die Töchter symbolisierten die Strafen für Verfehlungen, die in vorangegangenen Inkarnationen begangen worden waren. Die Frau, so meinte man, vermochte allein im Leben nicht zu bestehen. Sie bedurfte der beständigen Stütze der männlichen Verwandten. Töchter, deren Vater nicht mehr lebte und die keinen Bruder hatten, konnten sich nur wenig Hoffnung machen, günstig zu heiraten. Doch auch als Gattin war die Frau ohne den Mann nicht lebensfähig. Starb er, hatte sie ihm in den Tod zu folgen. Die Witwenverbrennungen, deren energische Untersagung noch gar nicht so weit zurückliegt, sind dafür ein Zeugnis.

Und auf der anderen Seite im gleichen Land, innerhalb der gleichen Religion dies: An den Wänden der hinduistischen Tempel finden sich Skulpturen, die europäische Sittenzensoren bedenkenlos als Pornographie einstufen würden. Da sieht man eine Frau bei der Masturbation eines Mannes, nackte Mädchen kopulieren in geradezu akrobatischen Stellungen mit einem oder mehreren Partnern, ein sich selbst befriedigendes Mädchen steht neben einem Paar, das in leidenschaftlichen Küssen versinkt, einige üben sich im oralen Verkehr, während sich andere damit vergnügen, dem orgiastischen Treiben zuzuschauen.

Diese Skulpturen – die berühmtesten stammen aus dem 7. Jahrhundert – waren in all den Dezennien den verschiedensten, oft sehr kontroversen Interpretationen ausgesetzt. Die einen meinen, sie drückten bloßes sinnliches Vergnügen am Leben aus, und die Tempelbesucher sollten durch sie animiert werden. Andere sagen, dies sei nichts anderes als eine naive Darstellung menschlicher Aktivität, so wie andere Skulpturen Tänze, Kämpfe und Volksbräuche zeigten. Es gibt auch Historiker, die diese Bilder als einfache Formen sexueller Aufklärung der Jugend betrachten.

Doch die meisten der nichthinduistischen Besucher fanden die Darstellungen schlechtweg obszön. Die christlichen Missionare, deren Bekehrungserfolge ohnehin dortzulande mehr als bescheiden waren, spien Gift und Galle. So wetterte Ferdinand de Wilton: »Die Bibel muß die Berichte von ihren falschen Göttern vertreiben, ihre Tempel, die jetzt noch mit Skulpturen und Bildern bedeckt sind, deren Betrachtung das Auge der Demut beleidigt, müssen vernichtet, das nichtswürdige Lingam muß dem Erdboden gleichgemacht werden!«

Nimmt man die Tempelskulpturen für einen Katalog sexueller Informationen, für ein jedermann verständliches Lehrbuch der Liebe, dann fällt allerdings auf, daß in ihm die Frauen die weitaus aktivere und phantasievollere Rolle spielen. Das hängt mit einer Besonderheit des Hinduismus zusammen. Hatte der Islam den dominierenden Genuß im Sexualverkehr dem Mann zugesprochen, so gehen die hinduistischen Epen davon aus, daß die Frau geschlechtlich weit genußfähiger ist als ihr Partner. Das spiegelt sich selbst in indischen Sprichwörtern wider. Eines besagt, daß die Frau dem Mann überlegen ist im Essen um das Zweifache, in der Geschicklichkeit um das Vierfache, in der Tapferkeit um das Sechsfache und in der sexuellen Lustempfindung um das Achtfache.

Was hier der Frau an Sinnlichkeit zugesprochen wird, durfte sich natürlich nur innerhalb der Ehe entfalten. Sie war überhaupt die wichtigste Voraussetzung für die menschliche Selbstverwirklichung des Weibes, ihre – im wörtlichen Sinne – Existenzbedingung. Deshalb kulminierte die

elterliche Fürsorge in der oft hektisch betriebenen Suche nach einem Ehemann für die Tochter. Um auf diesem Gebiet möglichst früh Sicherheit zu gewinnen, wurde das Heiratsalter der Mädchen immer weiter herabgesetzt. Lag es in der indischen Frühzeit der Veda noch bei 15 bis 16 Jahren, so sank es im ersten nachchristlichen Jahrtausend auf zehn, später sogar auf fünf bis sechs Jahre.

Das hatte Folgen, die Parallelen zum antiken Griechenland assoziieren. Hatte nämlich das junge Mächen erst einmal geheiratet, dann wurde, vor allem was das Geistige und Künstlerische anlangte, nur noch in Ausnahmefällen Wert auf dessen weitere Ausbildung gelegt. Mochten die jungen Frauen wegen ihrer hohen Lustfähigkeit vom Ehemann auch zunächst geschätzt worden sein, viel mehr hatten sie jedoch in der Regel nicht zu bieten. Und da tat der indische Mann das gleiche, was sein griechischer Geschlechtsgenosse getan hatte: Er hielt sich, wenn er über die nötigen Mittel verfügte, eine gebildete Prostituierte.

Und auch hier – wie in allen Zeiten und allen Ländern – wiederholte sich die Janusköpfigkeit der öffentlichen Einstellung zu diesen Frauen. Auf der einen Seite verlor ein Mädchen, das sich prostituierte, ihre Kastenzugehörigkeit, war also gesellschaftlich ausgestoßen, andererseits schätzte man sie als Hüterin der schönen Künste, die zu pflegen die »anständig« verheirateten Frauen offenbar keine Voraussetzungen mehr besaßen.

330 Synonyme für ein Wort

Ähnlich wie in Griechenland gab es auch in Indien eine Hierarchie der Dirnen. Sie war sogar noch verzweigter und komplizierter. Im Sanskrit existierten allein 330 Synonyme für das Wort Prostituierte. Dazu zählten die Bezeichnungen für Gottesdienerinnen, Tempelmädchen, königliche Konkubinen, Dirnen für höhere Kreise der Gesellschaft, Straßenhuren und Bordellinsassinnen. In größeren Städten gab es eine regelrechte Hofhaltung der Hetären, mit einem offiziellen weiblichen Oberhaupt an der Spitze und mit einem fast monarchischen Pomp.

An der Spitze der Sündenpyramide standen die *devadâsi*, die Sklavinnen der Götter. Ihre offizielle Aufgabe, der sie vor allem in den Sonnentempeln nachgingen, bestand darin, die Tempelfeiern mit Musik und Tanz zu verschönen. Die meisten *devadâsi* wurden nicht sonderlich gut bezahlt, und ihre körperliche Hingabe an die männlichen Gläubigen zielte bei allem frommen Vorwand auch auf einen Nebenverdienst. Die Tempel waren rund um die Uhr geöffnet, der Bedarf an Tänzen und anderen »Gefälligkeiten« groß. In dem berühmten Tempel von Samanâtha arbeiteten 500 »Sklavinnen der Götter«.

Wie auch in der religiösen Prostitution Kleinasiens hatte die sexuelle Hingabe im sakralen Bereich noch nichts vom üblen Geruch des Lasters. Es kam vor, daß selbst reiche Familien die erstgeborene Tochter dem Tempel als *devadâsi* übergaben, in der Hoffnung, daß ihnen daraufhin das Geschenk eines Stammhalters zuteil werde.

Die meisten für die Tempelprostitution bestimmten Mädchen wurden schon im Alter von etwa sieben Jahren ihrem zukünftigen Dienst geweiht. Das erfolgte durch eine zeremonielle Hochzeit mit einem der Götter. In der Regel nahm der Tempelpriester persönlich die Defloration der Mädchen vor.

Nach ihrer Aufnahme in den Tempeldienst wurden die Novizinnen im Tanz, in der Musik und in den erotischen Künsten unterwiesen. Allerdings oblagen ihnen auch Pflichten, die die weltliche Prostituierten-Prominenz empört von sich gewiesen hätte. Sie mußten die Tempel reinigen, die Heiligtümer entstauben, die geweihten Kerzen tragen und auch sonst zu profanen Verrichtungen zur Hand sein.

Der entscheidende Unterschied zu ihren weltlichen Kolleginnen bestand darin, daß die Tempelprostituierten in der öffentlichen Sphäre arbeiteten, die Edelkurtisanen jedoch in der privaten.

Das Delta des Dirnensystems

Was sich im öffentlichen Rang unterhalb dieser Spitzenverdienerinnen, die manchmal jahrelang mit demselben Mann lebten, in der Prostituiertenszene Indiens betätigte, ist in seiner Schichtenabgrenzung so kompliziert, daß selbst einheimische Historiker und Soziologen um eine Vereinfachung des Dirnensystems bemüht waren. Vâtsyâyana, die unbestrittene Autorität in Sachen indischer Erotik, nimmt eine Einteilung in neun Gruppen vor:

1. Da sind zunächst die einfachen Huren, meist Sklavinnen, die sich bereits für sehr niedrige Preise verkaufen und von denen weder Schönheit noch äußerer Aufputz erwartet wurde.
2. Dann folgt die Gruppe der arrivierteren Bordelldirnen, die neben ihrer allgemeinen Kundschaft eine etwas stabilere Bindung zu einem oder mehreren Männern haben, Liaisons, die sogar vertraglich fixiert sind.
3. Zu dieser Gruppe gehört die große Schar der heimlichen Prostituierten. Bei ihnen handelte es sich um verheiratete Frauen, die dem Mann ihren Nebenverdienst verschwiegen.
4. Es gab aber auch Freudenmädchen, die von ihren Gatten ausdrücklich ermuntert wurden.
5. Außerdem werden jene Frauen zu einer Gruppe zusammengefaßt, die eigentlich als Tänzerinnen arbeiteten, die aber für ein günstiges finanzielles Angebot auch zu sexuellen Diensten bereit waren.
6. Viele Handwerker gaben ihre Ehefrauen in vornehme Paläste als Hausgehilfinnen. Ihre eigentliche Aufgabe dort bestand aber darin, die leiblichen Begierden der männlichen Angehörigen des Hauses zu befriedigen.
7. Frauen, die des ehelichen Lebens überdrüssig geworden und mit ihrem Liebhaber entflohen waren, prostituierten

sich oft, um den Unterhalt für sich und den neuen Partner zu finanzieren.

8. Junge Mädchen, die sich durch besondere körperliche Reize auszeichneten und die eigentlich nur ihrer Schönheit wegen auf die Männer anziehend wirkten.

9. Schließlich gab es die Crême des vielgliedrigen Standes, Prostituierte, die neben ihrer figürlichen Makellosigkeit über bedeutende Fähigkeiten in Musik und Tanz verfügten und die eine gediegene literarische Bildung besaßen. Sie waren in ihrem Gesamterscheinungsbild den antiken griechischen Hetären deutlich verwandt.

Es gibt allerdings auch noch andere Einteilungen, etwa eine, die die Dirnen nach dem hauptsächlichen Typ ihrer Kunden unterscheidet, oder andere, die wie in einer Steuererklärung den durchschnittlichen Umsatz zum Maßstab nehmen. Wie ein Strom, der sich im Delta in unzählige Verästelungen verliert, so zergliedert sich bis zur Unüberschaubarkeit die große Dienerschaft der käuflichen Liebe.

Das Gewerbe durchdringt die Gesellschaft

Das öffentliche Leben des antiken und des mittelalterlichen Indien war vor allem in den Städten und den Zentren der Macht durchsetzt von der Prostitution, deren Legitimation letztlich niemand ernsthaft in Zweifel zog. Im Gegenteil: Zu manchen Zeiten beteiligte sich der Staat aus öffentlichen Mitteln an der Einrichtung besonders exklusiver Dirnendomizile. Die Könige ließen sich bei offiziellen Empfängen von Prostituierten begleiten.

Wenn die Armee in den Krieg zog, schienen die Huren unentbehrlich. Sie waren nicht nur dafür da, die sexuellen Bedürf-

nisse ihrer zahlenmäßig übermächtigen männlichen Kumpane zu befriedigen, sie mußten den Soldaten das Essen bereiten, ihnen die Wäsche waschen und nötigenfalls auch als Sanitäterinnen zur Verfügung stehen, Sachverhalte, denen wir später im europäischen Mittelalter wieder begegnen werden.

Immer und überall war die Prostitution von einer großen sozialen Zerklüftung gekennzeichnet, immer und überall gab es in diesem Gewerbe extreme Unterschiede nach Rang, Bildung und Einkommen. Aber so kraß wie in Indien manifestierten sich die Unterschiede nur selten. Da existierten Huren, die eine hohe Staatszuwendung erhielten und solche, die im Dreck der Gosse ihre Kleider hochhoben.

Im Unterschied zum antiken Europa wurde im alten Indien der Dirne schon eine Funktion zugedacht, deren sie in den modernen westlichen Staaten erst viel später für würdig erachtet werden sollte. Für die indische Polizei stand es schon sehr früh fest, daß sich in den Bordellen die Kriminalität konzentrierte. Dort erpreßte man die Kunden, die Insassinnen bestahlen sich gegenseitig und ihre Klienten, und mancher ging nicht nur reicher, sondern auch gesünder in das Freudenhaus, als er später wieder herauskam.

Das Entscheidende aber, was die Polizei in diesem Zusammenhang mit der Zeit herausfand, bestand darin, daß oft im Bordell Verbrechen geplant und besprochen wurden, die mit ihm selber gar nichts zu tun hatten. In vielen dieser Fälle waren die Prostituierten Gesprächszeugen oder ließen sich sogar als Kuriere benutzen. Was lag mehr auf der Hand, als die Dirnen zu Polizeispitzeln zu machen? Die Betroffenen haben Dienste dieser Art stets bereitwillig übernommen, denn sie gaben ihrem Gewerbe eine Nuance bei, die als Beitrag zur Staatserhaltung gedeutet werden konnte und die seine Unentbehrlichkeit erneut belegte.

Eines solchen Beweises freilich hätte es auch in Indien gar nicht bedurft. Aus den Tempeldiensten hervorgegangen, hatte sich die Prostitution auf dem riesigen Subkontinent sehr schnell im weltlichen Raum verselbständigt. Nun wollte auch der Hinduismus, dessen positives Verhältnis zur Sexualität in den Anfängen unübersehbar war, mit ihr nicht mehr allzuviel zu tun haben. Zwar ließ er sich nicht wie das Christentum zu Verdikten ausdrücklicher Verbannung hinreißen, aber seine von Ablehnung geprägte Zurückhaltung zeigte sich deutlicher.

Da wurde im 5. Jahrhundert v. Chr. von dem indischen Prinzen Gautama Sakyamuni eine neue Religion gegründet: der Buddhismus. Die Legenden, die das Leben und die Lehre Buddhas in einem wunderbaren Geflecht von Dichtung und Wahrheit aufbewahren, führen ein ganzes Panorama von Menschen und Charakteren vor. Selbstverständlich haben auch die Prostituierten darin ihren Platz.

Das Karman und die Treue

Das Jataka ist eine Sammlung buddhistischer Erzählungen, Märchen und Fabeln über die legendären früheren Daseinsformen von Buddha. Eine dieser Geschichten erzählt von einer jungen Prostituierten.

Das Mädchen hatte von einem Kunden die Summe von 3000 Rupien für eine Nacht angenommen. Doch bevor der Mann sein Vergnügen genießen konnte, wurde er aus irgendeinem Grunde, den uns die Erzählung als unwichtig verschweigt, abberufen. Die Dirne wollte daraufhin das erhaltene Geld nicht ausgeben, bevor sie ihre Gegenleistung erbracht hatte. Auch vermochte sie es nicht, sich einem anderen zu verkaufen, weil sie bei jenem noch in der Pflicht stand. So wartete sie drei Jahre lang auf die Rückkehr ihres Kunden, eine Zeit,

in der sie fast verhungert wäre, denn sie hätte nicht einmal ein Blatt Betel von einem anderen angenommen – aus Angst, sich zu kompromittieren.

Der Unterschied zu den christlichen Legenden von den reuigen Sünderinnen ist evident. Diesen wurde zwar auch moralisch-religiöse Kraft zugesprochen. Aber sie konnten sie nur außerhalb ihres Gewerbes beweisen. Sie mußten aufhören, Dirnen zu sein, um Größe zeigen zu können.

Das Mädchen in der buddhistischen Erzählung dokumentiert diese Größe innerhalb des Prostituierten-Berufs. Seine Regeln werden nicht etwa außer Kraft gesetzt, sie dienen vielmehr dazu, die moralische Kraft der Hauptperson zu demonstrieren.

Die Erzählung hängt eng mit der aus dem Hinduismus übernomenen Tradition des Karman zusammen, der Lehre von der Wiedergeburt. Die Geschichte liest sich ganz anders, wenn man weiß, daß für Buddha im Karman entscheidender die Tat ist als ihr Ergebnis und daß die moralische Kraft angesichts des Todes den Ausschlag gibt für die Qualität der nächsten Wiedergeburt.

Es fällt auch auf, daß in der Geschichte die Frau dominierend im Mittelpunkt steht. Hier bringt sich eine andere, aus Indien stammende religiöse Richtung zur Geltung, die sowohl dem Hinduismus wie auch dem Buddhismus innewohnt: der Tantrismus. Die Lehre, die später das sexuelle Leben in China wesentlich beeinflussen wird, geht davon aus, daß in jeder Kreatur weibliche und männliche Elemente enthalten sind. Der Mann sei unfähig, sich voll zu entfalten und den göttlichen Funken in sich zur Geltung zu bringen, wenn es ihm nicht gelingt, sich des inhärent Weiblichen zu bemächtigen. Das kann vor allem durch tiefe Meditation bei magisch orgiastischen Riten geschehen. Da der Tantrismus die Bedeutung der objektiven Realität ohnehin weitgehend leugnet, ist es dabei zweitrangig, ob dieser Zustrom an Weiblichkeit durch einen wirklichen Koitus oder nur durch einen meditativ vorgestellten bewirkt wird.

So entwickelt sich die Lehre zum puren sexuellen Mystizismus, der zu einer Art okkulten Hochzeit des Mannes mit etwas Abstrakt-Weiblichem führt. Der Samen dringt nicht mehr in die wartende Vagina, sondern die Befruchtung erfolgt in der geistigen Versunkenheit des Samenspenders.

Zugegebenermaßen ist das eine nach dem heutigen Verständnis von Sexualität sehr ferne Welt, die uns in der Lehre des Tantrismus entgegentritt. Sie läßt noch etwas von den großen Zeiten des Matriarchats spüren, in denen das Weibliche das Zentrum menschlichen Seins bildete. Der Tantrismus kehrt, wenn auch in erheblicher religiöser Verfeinerung, zu diesem Urzustand feminin-zentristischer Sexualität zurück. Und in dieser Form verläßt er das Land seiner Geburt und macht sich auf den Weg nach Osten.

In China fällt er auf fruchtbaren Boden. Denn in den Vorzeiten auch dieses gewaltigen Reiches stand die Frau im Mittelpunkt des sexuellen Lebens, dem Manne an Gefühlsfähigkeit, koitaler Potenz und erotischem Raffinement überlegen – so wie es die indischen Tempelreliefs assoziieren.

Der Taoismus im Schlafgemach

Doch der Weg vom Matriarchat zum Patriarchat ist ein der Menschheitsentwicklung auferlegtes, vom Fortschreiten der Produktivkräfte diktiertes Schicksal. Es machte um China keinen Bogen. Philosophisch-religiös wurde die neue Stellung des Mannes im »Land der Mitte« determiniert durch den Konfuzianismus und Taoismus.

Konfuzius selbst hat wenig über die Beziehungen der Geschlechter geschrieben.

Aber seinen Schülern reichte das als Fundament ihrer ausgedehnten Kommentare zu dieser Frage. Nach ihnen stand der Wert der Frau eindeutig unter dem des Mannes. Ihre erste und vorrangige Pflicht war es, dem Mann zu gehorchen. Ein Sexualleben vor der Hochzeit oder nach dem möglichen Tod des Gatten gab es für sie nicht. Aber auch innerhalb der Ehe hatte die körperliche Liebe etwas zu sein, das in erster Linie dem Fortbestand der Familie, also dem Kinderzeugen diente. Die fröhlichen Zeiten der indischen Tempelexzesse waren weit entschwunden.

Der Taoismus ging mit der Frau etwas freundlicher um. Er billigte ihr zu – und in diesem Punkt stand er dem buddhistischen Tantrismus nahe –, daß ihre Bindungen zur Natur noch weit unbeschädigter waren als die des Mannes. Während dieser sich in nach außen gerichteter Geschäftigkeit erschöpfte, blieb das Weib in den Sphären des fundamentalen Fortbestandes allen Daseins, sie sicherte diesen Fortbestand mit der Gebärfähigkeit ihres Leibes. Der Taoismus übersah zwar nicht die dominante Stellung des Mannes, aber er betrachtete sie als zivilisatorische Widernatürlichkeit. Um so nachdrücklicher betonte er die gewichtige Stellung der Mutter. Die chinesische Literatur ist voll von Episoden, in denen Söhne in taoistischer Manier ihren Müttern huldigen. Selbst die Tatsache, daß viele Kaiser noch in den reifen Mannesjahren und im Vollbesitz der Macht ihre Mütter um Rat fragten und ihn auch im allgemeinen strikt befolgten, geht auf diese Wurzeln zurück.

In der Regel kamen die chinesischen Männer auch schon in der fernen Vergangenheit mit diesen konträren Standpunkten zwischen Konfuzianismus und Taoismus ganz gut zurecht. Sie waren Pragmatiker. Außerhalb des ehelichen Schlafgemachs gaben sie sich konfuzianisch, innerhalb desselben taoistisch. Und wenn ihnen dieser Wandel zu anstrengend **59** war, hatten sie noch die Möglichkeit, sich buddhistisch zu benehmen, denn der Buddhismus stellte Mann und Frau gleich – zumindest in der Theorie.

In der Praxis allerdings liefen die Dinge im Laufe der vielen Jahrhunderte auf eine einheitliche Sachlage hinaus: auf die klare Subordination der Frau unter den Mann. So hatte auch die chinesische Frau nur zwei Lebensinhalte: den Haushalt und die Kinder. Der Wunsch nach eigener Selbstvervollkommung hatte ihnen fremd zu sein. Im weiblichen Leben dominierten die Männer. War die Frau noch ledig, wurde sie vom Vater beherrscht, verstarb dieser, vom Bruder, während der Ehe vom Gatten. Starb der Ehemann vor der Frau, dann hatte sich die chinesische Witwe zwar nicht wie ihre indische Schicksalsgenossin den Flammen zu opfern, aber sie schuldete nun dem eigenen Sohn Gehorsam. Hatte sie keinen, durfte sie einen Jungen adoptieren, aber dem Schicksal der Unterwerfung entkam sie nicht.

Von *yang* und von *yin*

Allerdings sagen solche Subordinationsstrukturen, so wichtig sie für das gesellschaftliche Zusammenleben auch sein mochten, noch nichts über das Sexualverhalten selbst aus. Da ist die Literatur schon aufschlußreicher. Bereits im »Buch der Lieder« (*shijing*), der ältesten Sammlung chinesischer Poesie, finden sich Anspielungen, die darauf hinweisen, wie aufgeschlossen die Chinesen der Sexualität gegenüberstanden.

In einem Punkt unterscheidet sich die westliche Hemisphäre nicht von der östlichen. Hier wie dort wird der Himmel als männlich und die Erde als weiblich empfunden. Im Chinesischen wird diese »kosmische Verbindung« in zwei Wörtern gebündelt: *yang* ist der Himmel, die Sonne,

das Männliche, *yin* die Erde, der Mond, das Weibliche. Der hexagrammatische Strophenbau im »Buch der Lieder« symbolisiert diese Beziehung in der Weltenordnung, indem drei Zeilen dem *yang* und drei Zeilen dem *yin* zugeordnet sind. Insofern wird im Formalen bereits angedeutet, was in den poetischen Bildern noch deutlicher hervortritt. Die »Vereinigung« von Himmel und Erde wird in sexueller Hinsicht als ein Akt empfunden, bei dem der vom Himmel fallende Regen als kosmisches Sperma durch den vaginalen Kranz der Wolken in den Schoß der Erde dringt und sie so im weitesten, aber sehr wörtlichen Sinn »befruchtet«.

Doch die Beziehungen zwischen *yang* und *yin* waren nicht nur für den irdischen Gesamtbereich von Bedeutung, sondern auch für die Sexualbeziehungen zweier einzelner Menschen. Inspiriert durch entsprechende Auffassungen sowohl im buddhistischen Tantrismus als auch im Taoismus, waren die Chinesen der Meinung, daß das weibliche *yin* dem Manne zur Vervollkommnung fehle. Die einzige Möglichkeit, diesen Mangel zu beseitigen, war, möglichst viel *yin* von der Frau aufzunehmen, damit es die Dominanz des *yang* im männlichen Körper ausgleiche. Das konnte, meinte man, nur über den weiblichen Orgasmus geschehen. Der Mann war demnach also bemüht, die Frau möglichst oft zum Höhepunkt zu bringen, ohne selbst zu ejakulieren. So wurden die Chinesen zu Meistern des coitus reservatus.

Daß unter diesen Umständen die vorchristliche chinesische Gesellschaft ausgeprägte polygame Züge trug, versteht sich von selbst. Je höher die Männer gestellt waren, je mehr Macht sie ausübten, um so mehr *yin* brauchten sie, und das konnte natürlich nur von mehreren Frauen kommen. Schon sehr früh in der schriftlich überlieferten Geschichte des Landes wird vom sexuellen Zeremoniell am Hofe berichtet. Daher wissen wir, daß es spezielle Hofdamen gab, die einzig und allein darüber zu wachen hatten, daß das Liebesleben des Königs in geordneten Bahnen verlief. Die sexuelle Koordination sah vor, daß der Herrscher zunächst mehrere Frauen unteren Ranges – bei Vermeidung des eigenen Orgasmus – zu befriedigen hatte. Das mußte möglichst oft geschehen, denn es galt als Vorbereitung auf den eigentlichen Höhepunkt: den nur einmal im Monat stattfindenden Geschlechtsverkehr mit der Königin.

Aus der Chou-Dynastie (etwa 1120 bis 222 v. Chr.) ist sogar eine königliche Frauen-Liste überliefert, die nicht nur sehr umfangreich ist, sondern die in enger Verbindung mit der Zahlenmystik steht. Nach dieser Aufstellung hatte der König: 1 Königin, 3 Gemahlinnen, 9 Frauen der zweiten Klasse, 27 Frauen der dritten Klasse und 81 Konkubinen. Das sind zusammen 121 Frauen. Daraus mag man mokante Interpretationen der königlichen Potenz herleiten. Wichtiger ist, daß selbst aus dieser Liste die enge Verbindung zwischen Sexualität und mystischen Vorstellungen spricht. Die Chinesen glaubten, daß die ungeraden Zahlen symbolhaft für die Kräfte der Natur, für das Positive im Kosmos stehen. Deshalb enthält die Aufstellung keine geraden Zahlen. Unter den ungeraden Zahlen hatte die 3 eine besondere Kraft. So erklärt sich (sieht man einmal von der Königin ab, die ohnehin eine besondere Stellung einnahm), daß alle Zahlen der Liste durch 3 teilbar sind. Um dem System eine harmonische Ausgewogenheit zu geben, kann jede Zahl durch die ihr vorangehende geteilt werden. Mehr noch: Das Ergebnis ist dann wieder 3. Damit ist die nach den mystischen Vorstellungen wichtigste Zahl der konstituierende Faktor der Zahlenreihe. Natürlich konnte sich nur der König eine solche sexuelle Prachtentfaltung leisten. Aber die unteren Beamten wollten sich schließlich auch in den Besitz von

möglichst viel *yin* bringen. Was ihnen blieb, war das Bordell, waren die Prostituierten. Wenn auch auf einem ganz anderen Wege, so entwickelte sich auch in China das Gewerbe der käuflichen Liebe auf mythischen Grundlagen.

Man nimmt heute an, daß es bereits weit früher als in Europa in China Bordelle gab. Ihr gesicherter Nachweis datiert immerhin schon aus dem 7. Jahrhundert v. Chr. Da bereits kam der Staatsmann und Philosoph Kuang Chung auf die Idee, die öffentlichen Häuser für das staatliche Steueraufkommen nutzbar zu machen. Sie müssen also schon viel früher bestanden haben.

Die Chinesen schreiben übrigens die Erfindung der Prostitution einer Frau zu, einer gewissen Hung Yai, die eine bedeutende Künstlerin gewesen sein soll. Der enge Zusammenhang zwischen dem frühen chinesischen Dirnentum und Gesang und Tanz spiegelt sich sogar im Sprachlichen wider. Das Zeichen chi hat zwei Bedeutungsinhalte: Prostituierte und Kunst.

In der Tat waren die Huren damals wesentliche Träger der Kultur, während ihre »anständigen« Geschlechtsgenossinnen ziemlich ungebildet am häuslichen Herd die Kinder großzogen. Die Ehefrauen mochten für das eigene Heim gut sein, aber in der Öffentlichkeit zeigte man sich natürlich mit einer Prostituierten. Kein chinesischer Beamter, kein Schriftsteller und kein Maler wäre je auf die Idee gekommen, seine Gattin mit auf Reisen zu nehmen. Man sah stets eine von ihm ausgehaltene Frau an seiner Seite, die es, was Grazie und Bildung anlangte, mit jeder griechischen Hetäre hätte aufnehmen können. Geschäfte wurden nicht zu Hause verhandelt, sondern in Restaurants und Bordellen. Und bei dieser Gelegenheit dem Kontrahenten eine Dirne zu präsentieren, gehörte zum gehobenen Lebensstil. Es war keineswegs, wie in späteren Jahren in Europa, eine Schande, eine Prostituierte aus einem Bordell loszukaufen und zu heiraten. Schöner und klüger als der Durchschnitt waren diese Mädchen allemal.

Der Brief des Mister Saris

Das Wort Geisha ist eine Zusammenfügung zweier Begriffe: *gei* heißt Unterhaltungskunst und *sha* Person. Die Bezeichnung sagt zunächst also nichts über das Geschlecht dessen aus, auf den sie angewandt wird.

In der Tat waren in der Geschichte Japans die ersten Geishas – Männer. Sie dienten an den Feudalhöfen und standen ihren jeweiligen Herren zum gemeinsamen sportlichen Reiten, Fechten und Schießen zur Verfügung. Erst im späten 18. Jahrhundert während der Tokugawa-Zeit (1600–1868) füllte sich das Wort mit dem heutigen Inhalt, der allerdings von der Phantasie der Europäer (und in der jüngsten Zeit vor allem auch der Amerikaner) allzuoft fehlgedeutet wird. Denn auch der Beruf der weiblichen Geisha hat zunächst und in erster Linie mit Unterhaltungskunst – mit Lied, Tanz und gehobener Konversation – zu tun. Die sexuelle Komponente ist dabei zweitrangig. Natürlich gab es Geishas, die sich prostituierten, so wie es Kellnerinnen und Putzmacherinnen, Baderinnen und Herbergsbedienstete gab, die das immer wieder taten.

Die käufliche Liebe ist also stets ein (sicher gelegentlich recht häufiger) Nebeneffekt für jene zierlichen japanischen Gesellschaftsdamen gewesen, die für ihre Tätigkeit von Kindheit an ausgebildet wurden. Die Elevinnen waren meist hübsche Töchter aus ärmeren Familien. Sie wurden an die Geisha-Schulen verkauft, in den wichtigsten musischen Fächern ausgebildet und später auf eine bestimmte Zahl von Jahren für das Gewerbe verpflichtet. Ihrer Tätigkeit gingen sie nicht etwa im Geisha-Haus nach, dort wohnten sie nur. Der Ort, wo die immer lächelnden Schönen ihren devoten Charme verbreiteten, war das Teehaus. Es gab gesonderte Räume, in denen man sich am Können der Mädchen erfreute – wohl eben auch nicht selten in sexueller Hinsicht. In diesem Punkt kann man durchaus von Prostitution reden.

In Wahrheit ist auch in Japan die Prostitution viel älter. In Europa erfuhr man von der japanischen Prostitution erstmals aus einem Brief, den der englische Kapitän John Saris am 21. Juni 1613 an seinen König schrieb. Der Seemann war im Fernen Osten unterwegs, um das Inselreich für die East Indian Company merkantil zu erschließen. Er ging vor der Insel Firando, einige Meilen nördlich von Nagasaki, vor Anker. Zu seiner Begrüßung erschien der Provinzkönig an Bord. Dem japanischen Feudalherrn muß es bei Saris so gut gefallen haben, daß er mehrmals kam. Schließlich brachte er »Künstlerinnen« mit, die er für die fremden Herren Offiziere gemietet hatte.

Aus weiteren Berichten des Kapitäns geht – wie auch aus anderen zeitgenössischen Dokumenten – hervor, daß schon damals in Japan gesellige Unterhaltung und Prostitution eng miteinander verbunden waren. Die Bewohner des Inselreichs, selbst stets auf den Seeweg angewiesen, wußten um die Bedürfnisse fremdländischer Schiffsbesatzungen, und sie schufen regelrechte wohlorganisierte Unternehmungen, diese zu befriedigen. So gab es ein ausgeprägtes Zuhältertum. Und die Männer, die diesem Geschäft nachgingen, hatten keineswegs einen geringeren gesellschaftlichen Status als einer, der mit etwas anderem handelte als mit fleischlicher Liebe.

Doch wenn ein Zuhälter starb, war es auch mit seiner sozialen Reputation vorbei. Dann demonstrierte die Gesellschaft ihre moralischen Bedenken. Man beerdigte die Zuhälter wie Hunde, verscharrte ihre Kleider auf dem Misthaufen, nachdem man sie mit Lederriemen gebündelt und durch den Straßenstaub gezerrt hatte.

Viele detaillierte Informationen verdankt die Sozialgeschichte einem anderen Kapitän der East Indian Company. Es handelt sich um Richard Cock, der drei Jahre nach Saris, also 1616, in Japan war und der in seinem ausführlichen Tagebuch auch auf die Beziehungen zwischen öffentlicher Ehemoral und Prostitution einging. Das Bild, das er zeichnete, hatte in mancherlei Beziehung Ähnlichkeit mit den Verhältnissen im Mittelmeerraum.

Für eine Ehe waren über Jahrhunderte nicht die Liebe der unmittelbar Beteiligten entscheidend, sondern geschäftliche und erbrechtliche Interessen der Familien. In Kreisen des hohen Adels stiftete sogar der Kaiser persönlich die Ehen seiner gehorsamen Untertanen.

Der Frau oblag die Verantwortung über Haus und Kindererziehung, alles andere war Sache des Mannes. Er betrieb die Geschäfte, auf deren Erfolg sich der Wohlstand der Familie gründete, und es verstand sich von selbst, daß er in diesem Zusammenhang seine Partner nicht zu Hause, sondern im Teehaus empfing. Was dort geschah, ging die Ehefrau nichts an. Das war Sache jener Mädchen in den langen, farbenprächtigen Gewandungen, die sie wohl, wenn entsprechend dafür bezahlt wurde, auch einmal fallen ließen.

Moritaten über gefallene Mädchen

Vor diesem Hintergrund einer unverhüllten Doppelmoral wird deutlich, was auch in Europa zu den ungeschriebenen, oft aber sogar auch aufgezeichneten Gesetzen gehörte: Die unterschiedliche Rechtseinräumung für Mann und Frau. Dieser Sachverhalt spiegelt sich auch in Rührgeschich-

Illustrationen zum Roman von Ihara Saikakus, »Eine Frau der Liebe«, 1686. In ihm wird der Lebensweg einer Prostituierten erzählt.

63

ten, die im Japan zur Zeit des europäischen Mittelalters die Runde machten.

Da wird von einer Frau berichtet, die mit der ehelichen Treue genauso großzügig umging wie vermutlich ihr Gatte. Eines Tages speiste sie gemeinsam mit ihrem Angetrauten und ihrem Liebhaber. Mitten im Mahl überkam sie das schlechte Gewissen. Unvermittelt und ohne nähere Erklärung bat sie ihren Mann, sie zu töten. Dieser freilich sah nicht ein, wieso er ohne ersichtlichen Grund zum Mörder werden sollte. In ihrer Verzweiflung stürzte sich die Frau aus dem Fenster. Der Liebhaber allerdings konnte sich die völlige Konfusion des Weibes schon eher erklären. Er kniete vor der Leiche der Geliebten nieder

und jagte sich das Messer in den Leib.

Eine andere dieser Morallegenden erzählt von einer Konkubine, die einem Edelmann zu Diensten war. Eines Tages erhielt sie einen Brief von ihrer Mutter, in dem die alte Frau über ihre gräßliche Armut klagte. Beim Lesen des Schreibens wurde die Tochter von ihrem Herrn überrascht. Um dem Mann den Inhalt zu verbergen, verschluckte sie die klagenvolle Botschaft der Mutter und erstickte daran. Irgendwie muß der reiche Liebhaber jedoch den Brief dem leblosen Körper doch noch entwunden haben, und so kam er in Kenntnis der Wahrheit. Er nahm die Mutter der toten Geliebten in sein Haus, wo sie den Rest ihres Lebens frei von Sorgen lebte.

Beide Geschichten haben einen durchaus charakteristischen nationalgeschichtlichen Hintergrund. Sie zeugen von einer Moral, zu deren Lebensfähigkeit auch der Umstand gehörte, daß sich Japan als eigenständige Welt verstand. Die Beziehungen zwischen Partnerschaftsmoral und Prostitution wurden nicht mit ähnlichen Erscheinungen in anderen Ländern in Zusammenhang gebracht. Was in Japan geschah, konnte eben nur in Japan geschehen. Diese Politik der Isolation mit ihren religionsphilosophischen Komponenten blieb dem Inselreich auch erhalten, als im 16. Jahrhundert Regierungsstellen dafür sorgten, daß die seit dem Mittelalter existierenden Freudenhäuser in den Städten in Vergnügungsviertel zusammengelegt wurden. Neben der berühmten Dirnenstadt Yoshiwara in Edo existierten zu dieser Zeit insgesamt 25 städtische Vergnügungsviertel.

Die Huren sind stets mit im Troß

Die »Anekdota« der Kaiserin

Während sich in Japan im Laufe der ersten Jahrhunderte unserer Zeitrechnung die religiösen und gesellschaftlichen Normen immer deutlicher zu verfestigen begannen und jene totale Isolation von der übrigen Welt einsetzte, gerieten in Europa die politischen Verhältnisse in Fluß, setzten Turbulenzen ein, die das Bild der antiken Welt von Grund auf veränderten.

Die christliche Religion trat aus den Katakomben der Illegalität heraus und wurde im Laufe der Zeit zur wichtigsten europäischen Staatsreligion. Das Römische Reich, dessen Kaiser bald der neuen Lehre beitraten, sank langsam, aber unaufhaltsam ins Halbdunkel historischer Bedeutungslosigkeit. Der Zerfall des Imperiums wurde am deutlichsten sichtbar an der Abspaltung der ehemaligen Ostprovinzen, auf deren Boden das oströmische Reich entstand, das später nach seiner Hauptstadt Byzantion (dem späteren Konstantinopel, heute Istanbul) das Byzantinische genannt wurde.

Das Byzantinische Reich hat die Geschichte des mittelalterlichen Europas fast ein Jahrtausend (4. Jh.–1453) maßgeblich mitbestimmt, über weite Strecken sogar dominiert. Einer seiner ersten Kaiser war Justinian I., ein Mann, der in zweifacher Hinsicht mit der Prostitution zu tun hatte.

Weil Justinian fast ununterbrochen Kriege führte, in Richtung Westen mit deutlicherem Erfolg als gegen die Perser im Osten, mußte ihm schon deshalb an einer stabilen inneren Ordnung gelegen sein. Aus diesem Grunde gab er den »Corpus iuris civilis« heraus, eine Rechtssammlung, die für die Entwicklung der mittelalterlichen Jurisdiktion von eminenter Bedeutung war.

Das Werk übernahm im wesentlichen die christlichen Grundpositionen zur Prostitution, strebte aber indirekt eine Art liberalen Kompromiß an, indem es das Gewerbe zwar moralisch verurteilte, aber andererseits nicht ausdrücklich verbot. Freilich verschwanden die Bordelle aus Konstantinopel, doch die längerwährenden Verbindungen zwischen Freier und Konkubine wurden als eine »informelle Ehe« klassifiziert, und das bedeutete schon eine halbe Legitimierung.

Was das moralische Urteil über die Dirnen anlangt, gab sich das Corpus, als sei es von den christlichen Kirchenvätern selbst geschrieben. Man hielt die gefallenen Mädchen für durchaus besserungsfähig und erachtete sie keinesfalls als die Für-immer-Verdammten. Theodora, des Kaisers Gattin, gründete persönlich ein Kloster für besserungswillige Prostituierte und gab ihm den beziehungsvollen Namen »Metanoia«, was soviel wie Reue bedeutet. Viele dieser Mädchen – es sollen um die 500 gewesen sein – versorgte sie mit Geld und Kleidung. Als ihr Kloster überfüllt war, erwarb sie eine verlassene Villa und stattete sie als zweites Unterkommen für ehemalige Dirnen mit großzügigen finanziellen Mitteln aus. Ob die Aktivitäten der Kaiserin mit einschlägigen Eigenerlebnissen

zusammenhingen, ist zumindest umstritten. Immerhin hat ein Altersgenosse Theodoras Vermutungen in dieser Richtung in die Welt gesetzt. Es handelt sich um den Historiker und Juristen Prokop, der zunächst einflußreicher Sekretär Belisars, einem der Feldherren des Kaisers, war. Er hat über die Kriegszüge seines Herrschers genaue Berichte geschrieben, die nie ohne eine Verherrlichung seines Herrn und obersten Befehlshabers auszukommen glaubten.

Nach Justinians und seines Historikers Tod allerdings zeigte sich, was letzterem sonst noch aufs Pergament gekommen war und was er zu seinen Lebzeiten geheimgehalten hatte. Es handelt sich um die »Anekdota«, das (bisher) »Nichtedierte«. Hauptfigur der von Frauenfeindschaft beherrschten Schrift ist die Beziehung des Kaisers zur Kaiserin und deren Herkommen. Besonders das Letztere betreffend, war nun auf einmal Erstaunliches zu vernehmen. Prokop behauptete, die Herrscherin sei selbst eine ehemalige Prostituierte. Theodoras Vater habe als Tierhalter im Hyppodrom gearbeitet. Nach dessen Tod sei die Mutter auf die Idee gekommen, ihre drei Töchter in aufreizender Kleidung in der Arena auftreten zu lassen. Dabei habe sich Theodora als so talentiert erwiesen, daß sie bald eine bekannte Schauspielerin wurde. In der Regel aber war der Beruf der künstlerischen Akteurin identisch mit dem der käuflichen Liebesspenderin. Sie diente einem Provinzgouverneur als Geliebte, verließ seinetwegen Konstantinopel, zerstritt sich aber bald mit dem Geliebten und dessen Ehefrau. Um in die Hauptstadt zurückzukehren, fehlte ihr das Geld. Deshalb verkaufte sie sich einer großen Zahl von Kunden. Einer von ihnen war vermutlich Prokop selbst. Schließlich gelangte sie doch nach Konstantinopel, entschlossen, ihr sündhaftes Leben zu ändern und eine Wollspinnerin zu werden. Doch da erschien Justinian, spielte Schicksal und nahm die Schöne zur Frau.

Soweit der Chronist. Ob das alles der Wahrheit entspricht, ist zumindest zweifelhaft. Wichtig allein scheint, daß schon damals galt, was noch heute gilt. Es gibt kaum ein wirksameres Mittel, einem politisch Mächtigen zu schaden, als ihn mit der Prostitution in Zusammenhang zu bringen. Daß die Sache keinerlei Konsequenzen hatte, lag allein daran, daß alle Beteiligten, einschließlich des Schreibers, nicht mehr unter den Lebenden weilten, als die »Anekdota« ans Licht kamen.

Ansonsten lieferte das Frühbyzantinische Reich ein geradezu modellhaftes Vorbild, wie die sich nunmehr herausbildenden christlich-mittelalterlichen Staaten mit den Prostituierten und der Prostitution umgingen. Es wurden Restriktionen geschaffen, deren Wirksamkeit man bezweifelte, die aber das Gefühl vermittelten, etwas moralisch Nötiges getan zu haben. Man war von der Besserungsfähigkeit der Dirnen zwar überzeugt, wußte aber, daß es noch viele des Gewerbes geben wird, die sich nicht reuig wandeln wollten oder konnten.

Die Dunkelstunden der Prostitution

Letztlich traf die Situation auch auf jene Länder Mittel- und Nordeuropas zu, die im Laufe der Jahrzehnte zum Christentum übergingen und damit auch den moralischen Kodex gegenüber der Prostitution übernahmen. Doch die Ausgangssituation war hier ganz anders.

Griechenland und Rom hatten Jahrhunderte mit dem Phänomen der käuflichen Liebe gelebt und waren gewohnt, es im ursprünglichen Zusammenhang mit ihren alten Religionen zu sehen. Zudem herrschte in den Blütezeiten dieser Staaten großer Reichtum, der nicht nur ausschweifenden Luxus ermöglichte, sondern es beispielsweise Rom gestattete, ein ganzes Heer unproduktiver Proletarii mit »Brot und Spielen« zu unterhalten.

Bei den germanischen und slawischen Völkern, die nun ihr »Heidentum« aufgaben, stellten sich die Verhältnisse ganz anders dar. Die Prostitution war ihnen weitgehend fremd. Die Germanen besaßen das Recht, ihre Ehefrauen zu töten, wenn sie diese beim Treuebruch ertappten. Auch hier stand die Frau ihr Leben lang unter dem rigorosen Schutz eines Mannes: des Vaters, des Bruders oder des Gatten. Aber ein Mann, der einer Frau die Prostitution gestattete oder sich von einer Dirne ernähren ließ, wurde mit 100 Peitschenhieben bestraft. Beschuldigte jemand ein Mädchen der käuflichen Liebe, so mußte er das beweisen. Gelang es ihm nicht, und er blieb bei seiner Behauptung, hatte er gegen ein männliches Mitglied der Familie des Mäd-

chens zum Kampf anzutreten. Wenn der Kläger unterlag, galt seine Sache als unbewiesen. Siegte er, wurde das Mädchen verurteilt, und zwar mit brutaler Härte.

Selbst bei den Franken, denen Polygamie durchaus nicht fremd war, stand Prostitution unter strengster Strafe. Freilich nahmen sich – wie auch andernorts – die Herrscher selbst von den Gesetzen aus, die sie erlassen hatten. Karl der Große hielt sich an seinem Hof zahlreiche Damen, deren Aufgabe darin bestand, dem König gefällig zu sein und ihm Kinder zu gebären. Den eigenen Töchtern verbot er aus machtpolitischen Erwägungen die Eheschließung, Liebhaber hingegen gestattete er ihnen in jeder beliebigen Zahl und jedes beliebigen Standes. Das leibeigene Mädchen aber, das ihren Körper für Geld hingab, konnte seines Lebens nicht mehr sicher sein.

Doch abgesehen von dieser die Prostitution fast ausschließenden Sittenstrenge, beruhte das Sozialgefüge dieser Stämme und Völker auf schlechteren materiellen Grundlagen. Rom wäre froh gewesen, seine Lumpenproletarier los zu werden, und es bot ihnen zu diesem Zweck – freilich ohne nennenswerten Erfolg – sogar Land an.

Ein zorniger Ehemann überrascht seine Frau mit ihrem Liebhaber in der Badewanne. Die Frau, über viele Jahrhunderte Eigentum des Ehegatten, mußte nicht selten einen Treuebruch mit dem Leben bezahlen. Holzschnitt, 16. Jh.

Ein ungleiches Liebespaar. Der verliebte Alte bezahlt die Dirne. Holzschnitt von Albrecht Dürer, Ende 15. Jh.

Einem entlaufenen Leibeigenen in England, Frankreich, den Niederlanden oder Deutschland hingegen drohten schwere Strafen, wenn er sich von seinem Herrn in der unbegründeten Hoffnung entfernte, daß es ihm woanders besser ginge. Den frühmittelalterlichen Städten war es anfänglich ausdrücklich verboten, solche Besitzlosen aufzunehmen.

Die Lumpenproletarier Roms fanden nördlich der Alpen ihre Entsprechung im Landstraßenproletarier, jener vagabundierenden Menge, die sich zwischen den weiten Gebieten herumtrieb, die die jungen Kommunen voneinander trennten. Diese bunte Schar entwickelte Sozialbeziehungen von äußerster Labilität. Da war die Liebe nicht nach Ehekontrakten geregelt, und wer heute zusammen das Lager teilte, konnte morgen schon wieder auseinandergehen. Wenn Not tatsächlich erfinderisch macht, dann stand den meisten jungen Mädchen auf den Landstraßen nur eine Erfindung zu Gebote: sich zu prostituieren. Sie waren es, die die käufliche Liebe in die Städte brachten. Denn auf Dauer konnten die kommunalen Räte die Landstreicher

68

doch nicht außerhalb ihrer Mauern halten. Andererseits sollte das Übel, das unvermeidbar schien, wenigstens in einen geordneten gesetzlichen Rahmen gebracht werden.

Die entsprechenden Erlasse sind nicht frei von Komik. Nürnberg verlangte von den Dirnen, daß sie ihr Gewerbe nur in den Dunkelstunden ausübten und daß sie stets ein Laternchen bei sich trügen. Außerdem durften sie im Sommer nur zwei und im Winter drei Stunden tätig sein. In Frankreichs Städten warnte man ausdrücklich vor dem wandernden Bettelvolk und seiner Beimischung an Prostitution. Doch das konnte die Fahrenden nicht weiter beeindrucken. Das Leben hatte ihnen gar keine andere Wahl gelassen.

Hinzu kam, daß der sich entwickelnde Handel neue und intensivere Formen der zwischenstädtischen Kommunikation mit sich brachte. Kaufleute zogen von Ort zu Ort, und schon immer hat das kommerzielle Reisen die Prostitution gefördert. So wird den Pferdehändlern nachgesagt, daß auf ihrer Warenliste nicht nur Rosse standen, sondern auch Mädchen.

Gegen die Ausbreitung der käuflichen Liebe konnten auch keine noch so eifrig vorgetragenen Strafandrohungen von kirchlicher Seite helfen. Zwar war nach christlicher Auffassung auf sexuellem Gebiet alles Sünde, was sich nicht im Rahmen der ehelichen Vereinigung zutrug, doch selbst der strenge Thomas von Aquino mußte einräumen, daß Unzucht zwar Sünde sei, aber Prostitution nicht vollständig verboten werden könne. Er bediente sich dabei eines Vergleichs, den sich seine predigenden Nachfahren oft genug zu eigen machten. Er sagte: Wenn man in einem Palast die Kloakengrube entfernte, würde dieser bald im Unrat ersticken. Verböte man die Prostitution, würde die Welt in den Verbrechen von Sodom untergehen.

Trotz dieser Einsicht scheuten sich die frühmittelalterlichen Städte, den Dirnen und ihren Zuhältern auch nur ein eingeschränktes Bürgerrecht zu geben. Man sah sie nicht ungern am Rande der Jahrmärkte und im Dämmerdunkel der Gassen. Manch biederer Bürger und manch frommer Asket wird dort ihr flüchtiger Kunde gewesen sein. Doch man war genauso froh, sie schnell wieder loszuwerden. Nicht nur, weil dadurch verhindert wurde, daß man ins Gerede kam, sondern vor allem, weil die Gesetze der weltlichen Obrigkeit in dieser Sache streng waren und jene duldende Dialektik des Thomas von Aquino durchaus vermissen ließen.

Der Kuß der Königin

Möglicherweise ist diese Geschichte eine erfundene Anekdote, aber sie hatte ihre dokumentarisch beweisbaren Folgen: Ludwig IX., König von Frankreich, auch der »Heilige« genannt, war gerade von seinem erfolglosen Kreuzzug nach Ägypten (1248 bis 1254) zurückgekehrt und besuchte mit seiner Gemahlin einen Gottesdienst. Um sich mit dem Volk gemein zu machen, nahm das Paar mitten unter den Gläubigen Platz, und die Königin ging sogar so weit, ein Mädchen, das in ihrer Nähe saß, gnadenvoll auf die Stirn zu küssen. Danach wurde jedoch dem Monarchen hinterbracht, daß es sich bei dem solchermaßen ausgezeichneten Weibe um eine wohlfeile Pariser Hure gehandelt habe.

Das hat den Herrscher dermaßen erbost, daß er 1254 ein Edikt herausbrachte, in dem er die Prostitution in seinem gesamten Königreich verbot und die Dirnen für vogelfrei erklärte (was sie allerdings de facto längst waren).

Bereits Jahre zuvor hatte Alfons IX. von Kastilien seinen Kampf gegen die Hurerei begonnen. Seine Verordnung teilte die zu bestrafenden Sünder in fünf verschiedene Gruppen auf:

1. Diejenigen, die mit Prostituierten handelten und sie verkauften, wurden des Königreiches verwiesen.
2. Landbesitzer, die Prostituierten Grundstücke oder Wohnräume überließen, erhielten eine Geldstrafe.
3. Männer oder Frauen, die Bordelle unterhielten, hatten die angeworbenen Mädchen sofort freizulassen und mußten für sie Männer finden, die sie heirateten. Gelang ihnen das nicht, wurde den Bordellbesitzern die Todesstrafe angedroht.
4. Ehemänner, die ihre Frauen zur Prostitution anhielten, hatten mit dem Tode zu rechnen.
5. Zuhälter, die Frauen zur Prostitution anstifteten und davon lebten, wurden beim ersten Ertapptwerden ausgepeitscht, und wenn sie daraus keine Lehren zogen, als Gefangene auf die Galeeren gebracht.

Ein Jahrhundert früher hatte Kaiser Friedrich Barbarossa voller Sorge beobachtet, wieviel Weibsvolk dem Heer auf seinem Zug nach Italien folgte. Gemäß dem »Lex Pacis Castrensis«, dem »Gesetz über den Frieden im Lager« bestrafte er unter seinen Soldaten all jene hart, die mit einer Dirne Beischlaf trieben. Den Prostituierten selbst aber ließ er kurzerhand die Nase abschneiden, eine der beliebtesten Ahndungsmaßnahmen gegenüber Frauen in der damaligen Zeit.

So machten Europas Monarchen Jagd auf die Dirnen und ihren Anhang. Nachhaltigen Erfolg hatten sie damit nicht. Sie bewirkten nur, daß aus Angst vor Verfolgung das leichte Volk sich dem vagabundierenden Heer der Besitzlosen auf den Landstraßen anschloß. Die Huren erfanden manchen Trick, um möglichst schnell zu etwas Geld oder etwas Eßbarem zu kommen, wenn sie einmal für kurze Zeit in die Städte eingelassen wurden.

Die sonderbare Geburt einer Kröte

Das waren nicht mehr die Zeiten der Antike, wo man verlangte, daß sich die Dirnen durch ihre Kleider kenntlich machten. Im Gegenteil. Die Sünde hatte nun, da ihre offenkundige Unaustilgbarkeit erwiesen schien, wenigstens in voller Tarnung daherzukommen. So gaben sich die Prostituierten für mancherlei aus, was sie nicht waren, oder schlossen sich den fahrenden Schaustellern, den Wunderdeutern, Magiern, Puppenspielern und Marktschreiern an. Manchmal gaben sie gar selbst eine »Vorstellung«. Da lagen dann auf den Kirchplätzen junge Frauen auf schmutzigen Laken und wanden sich in imaginären Krämpfen, so das spendenfreudige Mitleid der Umstehenden erheischend. Besonders trickreich erwies sich eine Dirne in der Schweiz, die von Ort zu Ort zog und den Leuten erzählte, sie habe kürzlich von einer Kröte entbunden. Freundlicherweise habe das Kloster Einsiedeln das Tier in Pflege genommen. Nun müsse sie aber jeden Tag dorthin ein Pfund Fleisch zur Ernährung des Lurchs bringen. Die gutgläubigen Bürger dachten nicht lange darüber nach, daß Kröten fast ausschließlich von Insekten leben und gaben das Erbetene. So wurden Dirne und Zuhälter satt.

Andere machten sich gar nicht erst die Mühe des Fabulierens. Sie gaben sich einfach als schlichte Irre, denen in ihrer geistigen Umnachtung nichts zu verbieten war, auch nicht, sich mitten auf dem Marktplatz splitternackt auszuziehen. Und was dort die braven Bürgersmänner zu sehen bekamen, stand ihnen in den besagten Dunkelstunden käuflich zur Verfügung. Da boten sich dunkelhaarige Zigeunerinnen, geheimnisvolle Jüdinnen und ganz junge Mädchen den lüsternen Blicken dar. Das war die Faszination der Bettelweiber, die noch im 16. Jahrhundert Philipp Nikodemus Frischlin in seiner Komödie »Frau Wendelgard« besang:

»Und kommen die Bettelweiber
mit ihren graden starken Leiber,
dann geht herum die lederne Fläsch,
bis das wir leeren unser Täsch,
und trunken, mich wol vermerk;
da sollt einer sehen Wunderwerk:
Da sehen die Blinden, reden die
  Stummen,
und werden grad die Lahmen und
  Krummen,
da wird das Spiel erst eben ganz,
erhebt sich bald der Betteltanz.«

Bereits lange vor Frischlin hatte diese Arme-Leute-Prostitution Eingang in die Dichtung gefunden. In England beschrieb sie Marlowe, in Deutschland Sebastian Brant in seinem »Narrenschiff« und Geiler von Kaiserberg in seinem »Buch von den Sünden des Munds«. Der Dichter aber, der mit diesem Milieu aufs engste ververtraut war, war der Franzose François Villon:

»Ich mag das Luder, und ich halt zu ihr.
Bin deshalb ich ein Dummkopf oder
  Strolch?
Sie hat so was, das hat nicht jede hier,
Und diesen Schatz beschütz ich mit dem
  Dolch.
Ich lauf und hole Wein, kommt so ein
  Molch,
Stell Brot und Käse hin, wie's meine
  Pflicht.
Doch dann verschwinde ich und mucks
  mich nicht.
Und hat er gut bezahlt, sag' ich:
  ›Durchlaucht,
Kommt wieder, wenn Euch mal der
  Hafer sticht!‹
In unserm Puff kriegt jeder, was er
  braucht...

Von Wind und Schnee bin ich nicht mehr
  gehetzt,
Hab Brot und Bett als Lude jetzt.
Leg' keinen Wert drauf, ob die Welt das
  schätzt,

Leb' wie ein Kater, welcher untertaucht,
Ob's noch so stinkt, im schmutz'gen
   Rattenloch.
Nicht Ehre such ich, denn sie flieht mich
   doch.
In unserm Puff kriegt jeder, was er
   braucht.«

Es steht außer Frage, daß Villon hier keine »erfundenen« Lebensumstände dichterisch verarbeitet hat, sondern daß es seine eigenen sind.

Wann genau diese »Domestikation« der käuflichen Liebe einsetzte, wann die städtischen Ratsherren dahinterkamen, daß sich aus dem Gewerbe steuerlicher Gewinn ziehen läßt, kann heute zeitlich genau nicht mehr fixiert werden.

Das Frauenhaus als typisch deutsches Bordell

Was Villon aus seiner französischen Heimat schilderte, läßt sich nicht ohne weiteres mit den deutschen Verhältnissen zu seinen Lebzeiten, also im 15. Jahrhundert, vergleichen. In der damaligen Zeit war die internationale Kommunikation noch so gering, daß hinter der eigenen Stadtmauer schon die Fremde begann, von der man mit jeder Meile Entfernung immer weniger wußte. So war den Deutschen auch das französische Wort Bordell unbekannt. Sie nannten ihre entsprechende Einrichtung, zu der sie sich nach langem Zögern schließlich durchrangen, schlicht Frauenhaus.

Der Begriff geht eigentlich auf die Zeiten der Karolinger zurück, und man verstand unter ihm ein Haus, in dem es weniger nach Sünde roch als nach Arbeit. Im Frauenhaus versammelten sich die leibeigenen Frauen und Mädchen des Gutes oder des Dorfes, um unter Aufsicht zu spinnen und zu weben. Zwar mag mancher Baron mit

Im Inneren eines Frauenhauses. Mit der Errichtung von sog. Frauenhäusern versuchten die Stadtväter der Unordnung im Liebesgewerbe Herr zu werden. Holzschnitt, 15. Jh.

Kundschaft im Frauenhaus. Die Bordelle verbesserten die Situation der herumstreunenden Dirnen, indem sie nun eine feste Bleibe hatten. Holzschnitt, 15. Jh.

71

seinen männlichen Zechgästen ab und an
dort hineingeschaut haben, weniger um
die Arbeit als mehr die möglichen Objekte
der nächtlichen Lust zu inspizieren – Stätten des sexuellen Gewerbes aber waren
die Frauenhäuser von vornherein nicht.
Erst als die Stadtväter der Unordnung im
Liebesgewerbe überdrüssig waren und die
Sünde entschlossen zu lokalisieren trach-
teten, übernahmen sie den Begriff aus dem
Ländlichen.

Mit den Frauenhäusern kehrte im
12./13. Jahrhundert deutliche Ordnung in
das liederliche Leben der Dirnen ein. Sie
wurden von einem Pächter angeworben,
untergebracht, verpflegt und – wenn auch
bescheiden – entlohnt. Der Hauptteil des
Geldes floß zwar in die Taschen des Liebes-
händlers und in den Säckel des Stadtra-
tes – aber dennoch hatte sich die Lage der
streunenden Prostituierten insofern ver-
bessert, daß sie eine feste Bleibe hatten

und nicht länger außerhalb der städtischen
Gesetzgebung standen. Die käufliche Liebe
wurde zunftmäßig organisiert – bis hin zur
Zunftkleidung. Die Mädchen hatten einen
kurzen Mantel oder Rock und eine rote
Mütze zu tragen. Nun wußten die Schür-
zenjäger auf den ersten Blick, an wen sie
sich zu halten hatten, und ließen die »anständigen« Frauen in Ruhe. Aber auch die
Dirnen genossen städtischen Schutz gegenüber unlizensierter Konkurrenz. Rudolf
von Habsburg erließ sogar 1276 ein Edikt,
in dem er jedermann ausdrücklich verbot,
die Prostituierten zu beschimpfen.

Solch monarchischer Protektionismus
hing vor allem auch damit zusammen, daß
man die »Hübschlerinnen« – wie man die
Dirnen geradezu zärtlich nannte – nicht
nur zu Liebesdiensten brauchte, sondern
auch zum Zwecke der öffentlichen Reprä-
sentation. Sie hatten die erlauchten Gäste,
wenn sie einer Stadt die Ehre gaben, zu
begrüßen und ihnen, falls dies gewünscht
wurde, auf Kosten der Kommune Quartier
zur Verfügung zu stellen, welches sie zum
»Wohle des Gastes« selbstverständlich selbst
auch weiter bewohnten.

Es mochte schon eine Ironie des Schick-
sals sein, daß ausgerechnet Barbarossa,
der seinen Soldatenhuren die Nasen hatte
abschneiden lassen, bei seinem Einzug in
Wien von einer Schar blumengeschmück-
ter Insassinnen der drei städtischen Frauenhäuser begrüßt wurde. Später mußte
sich Kaiser Friedrich III. nach seiner Krö-
nung 1442 von zwei Hübschlerinnen aus
Nürnberg neckisch fesseln lassen und für
eine innerhalb des Gewerbes hohe Summe
wieder loskaufen.

Die Kirche sah dem Aufkommen der
Frauenhäuser unter Berücksichtigung
jener Unentbehrlichkeitsthese, die Thomas
von Aquino aufgestellt hatte, mit skepti-
scher Zurückhaltung zu. Doch als der Klerus merkte, daß mit dieser Einrichtung
Geld zu verdienen war, ließ er sein Interesse vermelden. Bischof Johann von Straß-

burg errichtete 1309 ein eigenes Frauenhaus, und das Erzbistum Mainz bezog bis
1457 Pachtgelder aus diesen Stätten der
Lust. Erst danach erhielten die Grafen von
Hennegau die kirchlichen Sündenpfründe
zu Lehen.

Andererseits wurden unter kirchlichem
Beifall jene Bemühungen fortgesetzt, mit
denen Theodora in Byzanz den Anfang
gemacht hatte, nämlich öffentliche Einrichtungen zu begründen, die den gefallenen
Mädchen den Rückweg zur Wohlanständigkeit ermöglichten. 1384 wurde in Wien
von einem Komitee reicher Bürger ein solches Besserungshaus geschaffen, in dessen
Mauern die Tugend nun einzuholen versuchte, was das Laster an Vorsprung gewonnen hatte. Frau Klara Pauperger stiftete dem neuen Heim eine Kapelle. Das
konnte sie sich leisten, weil ihre ganze Familie seit Generationen mit Frauenhäusern
Geschäfte und Gewinne gemacht hatte. In
der neuen Gottesstätte konnten, wenn sie
einen bereitwilligen Partner gefunden hatten, die geläuterten Hübschlerinnen or-
dentlich getraut werden und ihre Rückkehr
in die bürgerliche Wohlanständigkeit feiern. Dem Ehegatten entsprangen aus einer
solchen Verbindung keinerlei gesellschaftliche Nachteile. Nur rückfällig durfte das
Mädchen nicht werden, das war ihr siche-
rer Tod.

Letztlich aber brachten die Frauenhäuser etwas von jener ständisch-patrizia-
lischen Ordnung in das zum Vagabunden-
tum neigende Gewerbe. Jenseits des Rheins
konnte jedoch davon bestenfalls in Ansät-
zen die Rede sein.

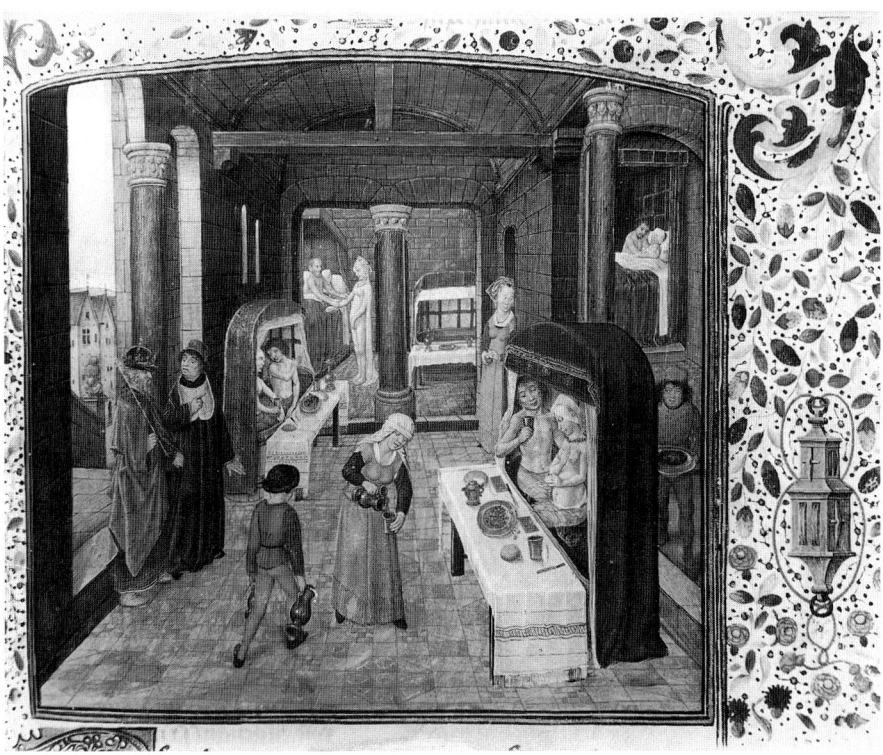

Die Ghettos der Lust

Die Einwohnerzahl der mittelalterlichen
Städte Europas wuchs schnell und in dem
Maße, wie sie für den sich erweiternden
Handel eine strategisch wichtige Rolle

spielten. Das brachte eine zahlenmäßige
Ausweitung der Prostitution mit sich.
Immer größer wurde die Furcht der Stadt-
verwaltungen, die öffentlichen Häuser
könnten zu Zentren des Verbrechens werden und der wachsenden Kriminalität zusätzlichen Nährboden geben. Deshalb begegnet man in dieser Zeit erstmals einer
Erscheinung, die sich – in Abwandlungen
freilich – bis in die Gegenwart erhalten hat
(etwa in Hamburgs Sankt Pauli, Amster-
dams Red Light Quarter oder Londons
Soho): der Ghettoisierung der Prostitution.

In England machte damit Sandwich den
Anfang, während in Lancaster und Cam-
bridge jede Art der käuflichen Liebe grund-
sätzlich unter Strafe stand. In London war
zunächst Prostitution nur in den Randge-
bieten erlaubt, dann aber richtete man bestimmte Distrikte in der City für sie ein. In
Bristol wurden die Dirnen den Aussätzigen
gleichgestellt und nicht durch die Stadttore
gelassen.

Fast schlechter als den Dirnen ging es
im mittelalterlichen England den Zuhäl-

73

Badendes Paar
in einem Zuber.
Hinter der Fassade
eines Badehauses
gab es reichlich
Gelegenheit, sich mit
einer Prostituierten
zu vergnügen.
Holzschnitt, um 1480

tern. Traf man diese in London außerhalb der ihnen zugewiesenen Gebiete an, mußten sie auf harte Strafen gefaßt sein. Beim ersten Vergehen wurde den Männern der Bart abgenommen, eine Tonsur geschoren, und der Pranger wartete auf sie. Wurden sie ein zweites Mal überführt, kamen sie ins Gefängnis, beim dritten Mal mußten sie die Stadt verlassen. Um solchen Schikanen zu entgehen, machten die Zuhälter bürgerliche Handwerksgeschäfte auf: Sie etablierten sich als Barbiere oder Badehausbesitzer.

In Paris lebten die Dirnen in einem Distrikt, Clapier genannt. In dem Ortsnamen verbirgt sich der Vulgärausdruck »Clap«, eine Bezeichnung für Gonorrhoe, eine Geschlechtskrankheit, die stets mit der Prostitution in Zusammenhang gebracht wurde. Im Clapier durften die Liebesverkäuferinnen ihrem Gewerbe nur in den Bordellen nachgehen. Zeigten sie sich auf der Straße, mußten sie – ähnlich wie in Deutschland – bestimmte Kleidung und spezielle Armbänder tragen. In Jacques de Vitry's »Historia occidentalis«, die im ersten Viertel des 13. Jahrhunderts entstand, finden sich aufschlußreiche Darstellungen

des Dirnentums in der Seine-Stadt. Ihm verdankt man auch die Kenntnis von jenem Gebäude, in dessen Erdgeschoß ein Bordell und in dessen Obergeschoß eine Universitätseinrichtung untergebracht waren. Während unten die Dirnen ihrem Lustgewerbe nachgingen, dachten die Scholare oben über theologische oder philosophische Fragen nach. Oft mischte sich – schreibt Vitry – das Gezänk zwischen Hure und Zuhälter mit den akademischen Disputationen.

Überhaupt hatten Studenten und leichte Mädchen, Universitäten und Bordelle im 13./14. Jahrhundert eine sonderbare Beziehung zueinander. Sie war unverkrampfter als die in späteren Jahren. Studenten beschützten oft die Prostituierten, gewiß auch in zuhälterischem, nicht selten aber auch im wörtlichen Sinn. In Toulouse teilten sich Stadtrat und Universitäten die Gewinne, die das kommunale Bordell abwarf.

Es trug – übrigens auch offiziell – den lästerlichen Namen »Große Abtei«, und die Insassinnen hatten eine Uniform mit weißen Schärpen zu tragen, die die Mädchen offenbar mit ihrer eigentlichen beruflichen Zweckbestimmung so wenig vereinbaren konnten, daß sie gegenüber ihrem König Karl V. von Frankreich Beschwerde einlegten. Sie brachten weiter vor, daß sie unter manch anderen Schikanen der Bürger zu leiden hätten. Daraufhin stellte der Herrscher die Prostituierten unter seine persönliche Protektion, was den Konflikt zusätzlich anheizte. In dem Streit erwies sich der Stadtrat kurzsichtiger als die Universität. Während die Ratsherren die Dirnen unbedingt aus der »Großen Abtei« heraushaben wollten, sannen die Professoren über eine diplomatische Lösung nach. Sie sah schließlich so aus: Die Hochschule kaufte die Räumlichkeiten des alten Bordells und ließ an anderer Stelle ein neues bauen.

Die Tragweite solcher Vorgänge wird erst klar, wenn man bedenkt, daß die Universitäten damals noch keine weltlichen, sondern kirchliche Einrichtungen waren, in denen sich vorzugsweise der Nachwuchs für den Klerus ausbilden ließ. Viel später wird sich die europäische Aufklärung über diese sonderbare Beziehung zwischen Kirche und Prostitution mit bissigem Sarkasmus äußern.

So wird Lessing einige Jahrhunderte später schreiben:

>>Ein Hurenhaus geriet um Mitternacht
  in Brand.
Schnell sprang, zum Löschen oder
  Retten,
Ein Dutzend Mönche aus den Betten.
Wo waren die? Sie waren – bei der Hand.
Ein Hurenhaus geriet in Brand.<<

Die Bestrafung einer Pfaffenhure. Die verordnete sexuelle Enthaltsamkeit für kirchliche Würdenträger hatte zur Folge, daß sich die Betroffenen – wenn es gar nicht anders ging – heimlich einer Prostituierten zuwendeten. Holzschnitt, 16. Jh.

Die Klage der heiligen Brigitta

Die Beziehungen zwischen Kirche und käuflicher Liebe sind oft Gegenstand polemischer Betrachtung, böswilliger Unterstellung und wohl auch schriftstellerischer Übertreibung gewesen. Aber man kann einem Stummen nicht nachsagen, daß er zuviel redet, einem Tauben nicht, daß er zuviel hört. Polemik mag verzerren, aber nur das Nichtvorhandene kann nicht entstellt werden.

Wenn sich zum Beispiel die heilige Brigitta von Schweden, die im 14. Jahrhundert lebte, über das lockere Treiben in den Nonnenklöstern beklagt, wird man ihr wohl kaum Kirchenfeindlichkeit unterstellen können. Sie berichtet, daß die Behausungen der frommen Frauen nachts bewußt unverschlossen blieben, damit Männer, geistliche wie weltliche, ungehindert Einlaß fanden. Das habe, fährt sie fort, ein solches Ausmaß angenommen, daß die »Klöster mehr Bordellen als heiligen Stätten« glichen. In einem Bericht an Papst Gregor XII., dessen im Rahmen des Schis-

mas umstrittenes Pontifikat 1409 begann, wird hervorgehoben, daß zahlreiche Nonnen mit Prälaten, Mönchen und Laienbrüdern regelmäßig sexuelle Beziehungen unterhielten und die Zahl ihrer illegitimen Kinder immer größer werde.

Obwohl einige Religionshistoriker Fälle nachwiesen, daß auch in den Männerklöstern leichte Mädchen des nachts ein- und ausgingen, war die Lage der Mönche in dieser Hinsicht im allgemeinen doch schwieriger. Oft suchten sie – wie eine Verordnung des Züricher Rates von 1433 belegt – die städtischen Frauenhäuser in Verkleidung auf oder hielten sich heimlich eine Konkubine. Die Situation der Priester wurde vor allem auch dadurch erschwert, daß der Heilige Stuhl trotz mancher Kritik von maßgeblicher kirchlicher Autorität am Zölibat, also an der Ehelosigkeit der Geistlichkeit, festhielt. Nach dem II. Laterankonzil von 1139 konnte kaum mehr ein Zweifel bestehen, daß sich die Forderung nach der sexuellen Enthaltsamkeit des Klerus auch de facto durchsetzen wird.

Doch dadurch wurden mehr Probleme erzeugt als aus der Welt geschafft. Wem sexueller Verkehr von Kirchengesetzes wegen verboten war, der suchte eben, wenn er des Sündenteufels gar nicht mehr Herr wurde, ein Bordell auf. So erklärt sich, daß unter dem Pontifikat von Sixtus IV. (1471 bis 1484) unter den etwa 70 000 Einwohnern Roms (darunter ein hoher Anteil männlicher Würdenträger) 7 000 Prostituierte gezählt wurden. Die Liebesverkäuferinnen machten also ein Zehntel der Bevölkerung aus, ein Verhältnis, auf das nicht einmal die sündhafteste Großstadt der Gegenwart je kommen wird.

Auf dem Lande, wo die relative Anonymität der Städte fehlte, behandelte man das Problem wesentlich pragmatischer. Um zu verhindern, daß der Dorfpfarrer den Bäuerinnen und ihren Töchtern schöne Augen macht, verlangte man kurzerhand, er solle sich eine Frau ins Haus nehmen. Diese Liaisons müssen die Bevölkerungszahl der mittelalterlichen Gemeinden wesentlich beeinflußt haben. Das läßt sich sogar mit Zahlen nachweisen: Aus diesen pseudoehelichen Verbindungen sind logischerweise Kinder beiderlei Geschlechts hervorgegangen. Geht man von einer annähernd natürlichen Zahlenbalance zwischen Jungen und Mädchen aus, so wird man annehmen dürfen, daß nicht jeder der illegitimen Knaben hat Priester werden wollen, wo doch das eigene Schicksal eng mit dem familiären und sexuellen Dilemma dieses Standes in Zusammenhang stand. Die wenigen, die sich dennoch für den väterlichen Weg entschieden, bedurften dazu der ausdrücklichen Genehmigung des Papstes. Papst Clemens VI. hat in einem einzigen Jahr (1342) 484 solche Einverständniserklärungen abgeben müssen. Man kann daraus ermessen, wie hoch sich die Zahl der priesterlichen Konkubinaten entsprungenen Kinder beziffert haben muß.

Noch knapp ein Jahrhundert später klagte der Erzbischof Otto von Ziegenhain auf der Provinzialsynode von Trier (1423): »Wiewohl gegen jene geweihten Kleriker, die notorische Konkubinen bei sich halten oder andere verdächtige Weiber, viele neue und alte Gesetze erlassen sind und mehrere bestraft wurden, haben doch viele heutige Kleriker keine Achtung vor den genannten Strafen, sondern sie entehren sich, indem sie diese verruchte Sünde begehen. Daraus entsteht viel Ärgernis, und aller Wahrscheinlichkeit nach würde es noch mehr sein, wenn nicht Vorkehrungen getroffen würden.«

Diese Vorkehrungen bestanden darin, daß man die priesterlichen Konkubinate kurzerhand verbot und die Geistlichen anwies, sich binnen zwölf Tagen von ihren illegitimen Frauen zu trennen. Die Maßnahme muß nicht sehr erfolgreich gewesen sein, denn knapp 40 Jahre später hob Papst Sixtus IV., kaum auf den Stuhl Petri gelangt, das Konkubinatsverbot wieder auf. Wie wollte man auch den dörflichen Klerikern ein solches Verbot in einer Zeit erklären, da der Heilige Vater eine schlimme Sippenpolitik betrieb und sechs seiner Neffen zu Kardinälen machte. Einer von ihnen, Pietro Riario, der den Purpur mit 25 Jahren erhielt, starb drei Jahre später an den Folgen seiner Exzesse und seiner Hurereien.

Das Bordell von Avignon und die Juden

Genau in der Zeit, als das französische Avignon in die Kirchengeschichte als Stadt der »Babylonischen Gefangenschaft des Papsttums« (1309–1377) einging, wurde hier ein Bordell eingerichtet. Die Gründung erfolgte 1347 unter dem persönlichen Patronat Johannas I. von Neapel. Das öffentliche Haus lag hinter der berühmten Rhônebrücke Saint-Bénézet, mit deren Bau man bereits 1177 begonnen hatte.

hat · so sol er zu haut zu dem richter gen · vnd gerichtes muten voluer er mit dem gerichte · so sol man vber di toten richten in aller wize als si leben die weren ·

Swer den andern beraubit sines kindes wider sinen willen ku mit daz zu clage · man sol dar vme richten · als vmme einen strazereub

78

Lug auf es verthch mach

Im Frauenhaus.
Der Begriff Frauenhaus
wurde in Deutschland
im Mittelalter
sinnentfremdet – einst
galt die Bezeichnung
einem Haus,
in dem die Frauen
arbeiteten und nicht
sündigten. Später wurde
er für ein Bordell (das
französische Wort war
unbekannt) benutzt.
Holzschnitt eines Augs-
burger Meisters. 16. Jh.

Szene in einer mittel-
alterlichen Badestube.
Miniatur aus der Hand-
schrift von Valerius
Maximus, Factorum et
dictorum memorabilium
libri novem, vor 1480.
Universitätsbibliothek
Leipzig

Der Jungbrunnen.
Die alten und gebrech-
lichen Damen werden
nach der Verjüngungs-
kur bereits von ihren
Galanen erwartet.
Gemälde von Lucas
Cranach d. Ä., 1546.
Staatliche Museen
zu Berlin, Preußischer
Kulturbesitz, Gemälde-
galerie

Venezianische Kurti-
sanen. Gemälde von
Lodewyk (Pozzoserrato)
Toeput, 16. Jh.
Privatbesitz
Augsburg

onime ne in fuu
ir tuo aignas me
neqs in ira tua cor
npias me.

Römische Dirnentracht. Die biedere und sittsame Kleidung soll in diesem Fall das sündhafte Innenleben der Dirne verbergen. Holzschnitt aus dem Trachtenbuch von Weigel, 16. Jh.

84

Auf den ersten Blick unterschied sich das Reglement des Bordells in nichts von anderen Einrichtungen dieser Art. Die Prostituierten durften möglichst selten das Haus verlassen, und wenn sie es taten, mußten sie sich mit einem geknoteten roten Band kennzeichnen. Wenn ein Mädchen zweimal diese Anordnung mißachtete, hatte sie mit der Ausweisung aus der Stadt zu rechnen. Selbst die Tatsache, daß sich in unmittelbarer Nachbarschaft des Bordells das Nonnenkloster des Augustiner-Ordens befand, war im Mittelalter so ungewöhnlich nicht. Sonderbarer erschien dann schon eher, daß die Nonnen im Haus der käuflichen Liebe eine Art Einlaßdienst versahen. Ferner fiel ihnen die Aufgabe zu, zusammen mit einem Wundarzt jeden Samstag die Mädchen auf ihren Gesundheitszustand und eine mögliche Schwangerschaft hin zu untersuchen.

An den Osterfeiertagen blieb das Bordell geschlossen, und wehe der Äbtissin, die sich den sexuellen Begehren der Kundschaft in dieser Zeit nachgiebig zeigte! Sie wurde sofort davongejagt.

Als der aus der Heiligen Stadt an die Rhône exilierte Papst Clemens VI., dessen Pontifikat von 1342 bis 1352 währte, von Johanna das Gebiet Avignon erwarb, kaufte er das Bordell selbstverständlich mit. Er ließ es auch nicht schließen, sondern verschärfte lediglich die Einlaßbestimmungen in einem kulturgeschichtlich entscheidenden Punkt: Der Äbtissin wurde befohlen, Juden den Zutritt in das öffentliche Haus zu verwehren.

Ob in den Frauenhäusern der Antike oder in den Bordellen Asiens, immer wurde der Kunde zwar nach dem Geld gefragt, aber nie nach seinem Glauben, seiner Gesinnung oder seiner Rasse. Der christlichen Kirche des Mittelalters blieb es vorbehalten, religiösen Fanatismus selbst in den vier Wänden der käuflichen Liebe zu entfachen. Begründet wurde diese Haltung mit der These, daß ein Geschlechtsverkehr zwischen einem Juden und einer Christin der Gipfel moralischer Verworfenheit sei. In Gebieten mit besonders eifriger christlicher Obrigkeit wie in Avignon mußten die Juden bestimmte Erkennungszeichen tragen. So wußten die Nonnen am Bordelleinlaß auf den ersten Blick, wes Glaubens der war, der hinter der Brücke an die Sündentür klopfte. Kam es doch zu geschlechtlichen Kontakten zwischen einem Juden und einer christlichen Prostituierten, drohte dem Delinquenten die Verbrennung bei lebendigem Leibe. Das ist einer der ganz wenigen Fälle in der Sozialgeschichte der Prostitution, bei dem der Kunde bestraft wurde, nicht die Dirne. In der Regel war es stets umgekehrt.

Doch die Dinge eskalierten auch auf der anderen Seite. Wenn eine jüdische Frau sich von einem jungen Juden belästigt fühlte, brauchte sie nur behaupten, sie sei eine Christin, und sie war den Bewerber los. Im 14. Jahrhundert wurde einer spanischen Christin die Nase abgeschnitten, weil sie bekannte, mit einem Juden wiederholt Verkehr gehabt zu haben. Über sie zu Gericht aber saß kein katholisches Kollegium, sondern – ein jüdisches.

Von Schürzen und Schanzen

Was die Ansammlung von Männlichkeit anlangte, standen die Armeen des mittelalterlich-europäischen Staatengewirrs unbestritten an erster Stelle. Kriege wurden allenthalben in fast ununterbrochener Folge geführt, und wo Soldaten waren, mußte man die Dirnen nicht lange suchen. Die meisten Heerführer, die ja mindestens, was die zeitweilige Unbeweibtheit betraf, das Schicksal ihrer Untergebenen teilten, betrachteten die Prostituiertengefolgschaft als einen unentbehrlichen »Truppenteil«.

Gegen diesen Zustand wenigstens versuchsweise einzuschreiten, blieb verein-

Soldat und Dirne beim Tanz. Die Dirnen waren ein unentbehrlicher »Truppenteil« bei länger andauernden Feldzügen. Federzeichnung von Jaques Callot, Anfang 17. Jh.

zelten Potentaten von besonders strenger fromm-moralischer Überzeugung vorbehalten. Erfolg jedoch hatte keiner.

Für die meisten Generale allerdings waren die Dirnen nicht nur ein notwendiges Übel, sondern auch eine üble Notwendigkeit. Sie galt es wie alle anderen Dinge des soldatischen Lebens streng militärisch zu organisieren. Dazu diente der Hurenweibel, ein (meist älterer) Offizier im Solde eines Hauptmannes. Diesem Manne unterstand sozusagen die Sexualplanung der Truppe, und wenn er sich bestechlich zeigte, konnte er reich werden. Doch diese Planung war keineswegs die einzige Aufgabe, die er zu bewältigen hatte.

Gemessen am Leben ihrer Kolleginnen in den städtischen Frauenhäusern, führten die Troßweiber ein weit beschwerlicheres Dasein. Sie hatten nämlich keineswegs bloß den Soldaten sexuell zu Willen zu sein, sie waren auch Köchinnen, Sanitäterinnen, Waschfrauen und Latrinenreinigerinnen. Der Hurenweibel hatte dafür zu sorgen, daß die Mädchen der Sünde zu Mädchen für alles wurden. In einigen Schlachten – zum Beispiel bei der Belage-

rung von Neuß 1474 durch Karl von Burgund – zog man die Dirnen sogar zu Schanzarbeiten und anderen schweren Geländevorbereitungen hinzu.

Ansonsten herrschte unter den Soldatendirnen die gleiche Hierarchie, oft sogar die gleiche Gruppenaufteilung, wie in der jeweiligen Gesamtarmee. Es gab die bessergestellten Prostituierten für die höheren Offiziere, Dirnen für Feldwebel und Unteroffiziere und die einfache Soldatenhure für die Mannschaft.

In der Praxis bot sich folgendes Bild: Als 1298 Herzog Albrecht I. von Österreich in Straßburg zum deutschen König gewählt wurde, hatte er 800 Prostituierte im Troß. 1471 versammelte sich die politische und militärische Elite des Heiligen Römischen Reiches Deutscher Nation. Sie hatte insgesamt 1500 Dirnen im Gefolge. 1567 zog Herzog Alba als neuer spanischer Statthalter in Brabant ein. Seine Hurenbegleitung war, wie es sich für einen christlichen Feldherrn gehörte, in Kompanien eingeteilt. 400 Dirnen zogen zu Pferde ein, 800 kamen zu Fuß.

Die christlichen Staaten des mittelalterlichen Europas kamen ohne die Prostituierten nicht aus – im Frieden nicht und im Krieg fast noch weniger.

Konstanz und die Folgen

Die Dirnen zieht es immer dorthin, wo viele Männer sind. Und was die maskuline Konzentration anlangte, stand der Klerus nach den Armeen an zweiter Stelle. – Das überzeugendste Beispiel dafür war das Konzil von Konstanz, das 1414 begann. Mit ihm wurde die Beseitigung des Doppelpapsttums und damit der kirchengeschichtliche Abstieg von Avignon eingeleitet. Denn der 1417 gewählte Papst Martin V. betrieb energisch die Wiederherstellung Roms als Zentrum der christlichen Welt. Das Kon-

stanzer Konzil hatte dafür den Weg geebnet. Es war eine der größten kirchlichen Zusammenkünfte überhaupt. 50 000 Kleriker nahmen daran teil, und auch 1 500 Prostituierte, die eigens aus diesem Anlaß in die Stadt am Bodensee geeilt waren, hatten ihre große Konjunktur.

Gewiß, zunächst trug sich während der vierjährigen Beratungen (1414–1418) viel Spektaküläres zu. Der tschechische Reformator Jan Hus war mit falschen Zusagen nach Konstanz gelockt worden. Man machte ihm den Prozeß und verbrannte ihn öffentlich. Das Gerangel um die Wahl eines neuen Papstes und die damit verbundenen Aufgeregtheiten sorgten für immer neue Wendungen im Verlauf des Konzils. Die eigentlich bedeutsamen historischen

und geistesgeschichtlichen Wandlungen aber, die auch eine neue Stellung der Gesellschaft zur Prostitution zur Folge hatten, vollzogen sich im verborgenen. Sie sind schon eher in der Nähe des apostolischen Sekretärs Poggio Bracciolini zu suchen, der nicht in offizieller Mission am Bodensee weilte und es sich daher leisten konnte, scheinbar Nebensächliches zu betreiben, was sich aber sehr bald als das Wesentlichste erwies. Statt an den konziliaren Sitzungen teilzunehmen, durchstreifte er mit dem Eifer eines echten Philologen die benachbarten Abteien von Weingarten, Sankt Gallen und Reichenau. Was er dort – wohl auch zu seiner eigenen Überraschung – an Schriften in einem teilweise katastrophalen Zustand fand, war von unschätzbarem

87

Wert: die Komödien von Plautus und die Schriften von Plinius, die im zeitgenössischen Italien in Vergessenheit geraten waren, sechs Reden des Cicero, die Werke von Quintilian und Gellius, ein Buch des Lukrez, Texte von Lucius Columella, Eusebius und vielen anderen. Am Rande des Konzils zu Konstanz wurde ein wesentliches Stück der römisch-antiken Welt wiederentdeckt.

Aber auch sonst zeigte die weltoffene, von vielen Abwechslungen geprägte Atmosphäre des Konzils Wirkungen auf die Abgesandten, die aus allen Himmelsrichtungen gekommen waren: aus Afrika, Europa und Asien. Hier lebte eine wirklich bunte Schar von 20 000 Ausländern viele Monate auf dem engen Raum der Stadt mit 10 000 Einwohnern zusammen. Man traf sich in den Bädern und genoß die dort unverhohlen vorherrschende erotische Animation, man nahm die Freudenmädchen beim Namen und machte sie zu Mädchen der Freude, man trank und sang, liebte und schwängerte. Viele Kinder verdankten dem erbitterten Kampf um die Überwindung des katholischen Schismas ihr Leben. Das war eine Welt, die gar nichts mehr mit

dem eng verschnürten Dasein im Mittelalter zu tun hatte. Hier trug sich zu, was auch nichts mehr gemein zu haben schien mit dem scholastischen Eifer theologischer Gelehrsamkeit, sondern viel mehr Ähnlichkeit besaß mit den Zeiten der Antike. Es war wie eine Wiedergeburt, eine Renaissance.

Im Gefolge des neuen Papstes Martin V. – nach drei Jahre währenden Querelen, in denen deutsche und französische Interessen im Streit lagen – ging es zurück nach Rom. Konstanz schrumpfte auf seine ursprüngliche Größe zusammen, doch die Stadt im Tiber, die in den fast vier Jahrzehnten des Schismas zur jämmerlichsten Provinz verkommen war, blühte und blähte sich auf.

Die Römer waren stolz, daß nach 129 Jahren endlich wieder ein Mann auf dem Stuhle Petri saß, der das Licht der Welt in ihrer Stadt erblickt hatte. Bald zog es auch namhafte Künstler in die Nähe der päpstlichen Engelsburg. Pisanello, Lorenzo Ghiberti, Masaccio und Gentile da Fabriano kamen in die Ewige Stadt.

Selbst die Dirnen hatten ihre mittelalterliche Heimlichtuerei und ihr durch Sündenpredigten geschaffenes schlechtes Gewissen abgelegt. Das waren Frauen mit einem neuartigen Selbstbewußtsein, bildungs- und kunsthungrig, findig und phantasievoll gleichermaßen im Bereich der platonischen wie der körperlichen Liebe.

Das Papsttum hatte nach den Jahren des Niedergangs soviel mit der Reinstitutionalisierung seiner kirchlichen und weltlichen Macht zu tun, daß man sich um die Prostitution so gut wie nicht kümmern konnte. Außerdem wirkten die durchaus nicht unangenehmen Erinnerungen an die Jahre in Konstanz nach. Martin V. folgten auf dem Stuhle Petri eine Reihe von Kardinälen, deren Pontifikat im Durchschnitt zehn Jahre betrug. Es waren also in der Regel sehr alte oder zumindest sieche Männer, die das kirchliche Zepter führten.

Das trifft auch auf Calixtus III. zu, der 1455 als Sieger aus dem Konklave hervorging, dessen Regierungszeit aber nur drei Jahre betrug und der in Wahrheit den berühmt-berüchtigten Namen Borgia trug. Alfonso Borgia, Sproß der aus Spanien stammenden Adelsfamilie, machte seinen Neffen Rodrigo so schnell es ging zum Kardinal. Offenbar sollte der Purpur zudecken, was schon alle Spatzen von den römischen Dächern pfiffen.

Die Neffen und Kinder der Päpste

Rodrigo Borgia führte selbst nach den liberalsten kirchlichen Maßstäben ein skandalöses Leben. Jesuitenpater Ludwig Hertling, einer der bedeutendsten Kirchenhistoriker des 20. Jahrhunderts, beschreibt ihn so: »Die Sittenlosigkeit des Kardinals Borgia war seit jeher allgemein bekannt. Schon Pius II. [der Nachfolger von Rodrigos Onkel Calixtus III.] hatte ihn ernstlich wegen seines anstößigen Lebenswandels ermahnen müssen. Er lebte mit der verheirateten Römerin Vanozza de Cataneis zusammen, unterhielt aber meist noch andere Beziehungen. Selbst als Papst zeugte er noch einen Sohn. Von der Vanozza hatte er vier Kinder, die alle am Hof ihres Vaters lebten. Der Ältere, Juan, Herzog von Gandia, ein Wüstling wie sein Vater, wurde 1500 von unbekannter Hand ermordet... Der zweite Sohn, der berühmte und berüchtigte Cesare, wurde siebzehnjährig zum Kardinal gemacht, legte aber nach sechs Jahren das Kardinalamt nieder...«

1492 wurde Rodrigo Borgia unter Zusage hoher Belohnungen an die Konklavisten zum Papst gewählt und nannte sich Alexander VI. Das jüngste der Vanozza-Kinder des Heiligen Vaters war die berühmte Lucrezia, die ein Jahr nach der Papstwahl ihres Erzeugers heiratete, wenig später per Edikt geschieden wurde, erneut heiratete, kurz darauf durch den Dolch ihres eigenen Bruders Cesare zur Witwe gemacht wurde

89

und schließlich als kunstsinnige Herzogin von Ferrara ihr kurzes Leben beschloß.

Inzwischen war auch der Papst der älter werdenden Vanozza überdrüssig. Er vermittelte sie als Konkubine gleich an drei Ehemänner, nur um sie loszuwerden. Denn Alexander hatte sein Auge schon auf eine jüngere geworfen, auf die erst siebzehnjährige, verheiratete Giulia Farnese. Nachdem er die junge Frau dazu überredet hatte, in seinen päpstlichen Palast umzuziehen, veranstaltete er mit ihr wahre Sex-Orgien, so jene vom 1. November 1501, bei der 50 nackte Prostituierte zwischen brennenden Kerzen herumtanzten und mit ihren – Doppeldeutigkeit der Überlieferung – »Lippen« herumliegende Kastanien aufsammeln mußten. An dieser kirchenfürstlichen Festivität nahm als unbekleidete Kastanienjägerin eine der bekanntesten Hetären der römischen Renaissance teil. Sie hatte einen Namen, der dem der päpstlichen Konkubine zum Verwechseln ähnelte. Sie hieß Giulia Ferrarese.

Mutter Giulia und Tochter Tullia

Giulia Ferrarese gehörte schon zu jener selbstbewußten Schicht von Prostituierten, die das neue Zeitalter der Renaissance hervorgebracht hatte. Sie zählte zu den römischen Dirnen, die ohne Zögern auf eigene Kosten die Strada del Popolo pflastern ließen, damit die promenierenden Liebesverkäuferinnen nicht im Schlamm versanken.

Ob Giulia den damals hochberühmten Kardinal Lodovico d'Aragona bereits auf dem Kastanienball des Papstes kennengelernt hatte, ist historisch nicht überliefert. Sicher ist dagegen, daß sie vier Jahre später, nämlich 1505, von ihm ein Kind, ein Mädchen, bekam.

Was da in der zunächst recht ärmlichen Wiege lag, sollte dereinst eine der begehrtesten Dirnen Roms werden, eine Frau, die wirklich in allem ihren berühmten Vorfahren aus der Antike entsprach, ja sie in einigen Punkten sogar übertraf.

Der Aufstieg begann mit einer Äußerlichkeit von weittragenden Folgen. Der Kardinal legitimierte das Kind und gestattete ihm, seinen Namen zu tragen. So wurde das Mädchen auf den Namen Tullia d'Aragona getauft. Zwölf Jahre lang hatte sich der hohe Kleriker um seine Tochter und deren Mutter in großzügiger Weise gesorgt. Tullia erhielt nicht nur eine Ausbildung in Gesang und Tanz, sie lernte auch Französisch und Latein, vor allem aber den sienesischen Dialekt des Italienischen, die Redeweise der Vornehmen und Gebildeten, eine Karrierevoraussetzung, die fast wichtiger war als alle anderen.

Als 1517 der Kardinal wegen der Intrigen am päpstlichen Hof Rom verlassen mußte, stellte er die Zahlungen an seine Tochter ein. Zwei Jahre später starb er. Aber Mutter Giulia hatte in der Zwischenzeit bereits vorgesorgt. Sie war nach Siena übergesiedelt und hatte sich dort auf einige Liaisons mit sehr wohlhabenden Männern eingelassen. Die Ausbildung der Tochter konnte also genauso anspruchsvoll abgeschlossen werden, wie sie begonnen worden war. Dann ging Tullia nach Rom, und Schönheit und Bildung verschafften ihr einen Triumph, der nur schwer von einer Konkurrentin hätte überboten werden können. Die inländische und, sofern sie Rom besuchte, auch ausländische Männerprominenz gab sich vor Tullias Boudoir die Klinke in die Hand. Die junge Frau wurde auf Händen getragen und erwarb in kurzer Zeit Reichtum, der sie allerdings schnell kritiklos gemacht haben mag. Sie ließ sich nämlich mit einem sehr reichen, aber auch sehr häßlichen Deutschen ein, worüber sich die römischen Jünglinge so sehr empörten, daß sie sie von einem Tag auf den anderen mieden. Tullia war schnell aufgestiegen, aber ebenso schnell wieder gefallen.

Sie verließ Hals über Kopf Rom, ging nach Adria, später nach Ferrara und lernte dort Vittoria Colonna kennen, jene vielverehrte Lyrikerin, die sich rühmen durfte, selbst in den Gedichten Michelangelo Buonarrotis eine nicht unwesentliche Rolle zu spielen. Obwohl auch hier viele Männer ihr zu Füßen lagen, trieb es Tullia weiter. Sie wandte sich nach Venedig, wo sich Bernardo Tasso, der Vater von Torquato Tasso, in sie verliebte. Aber auch in der Lagunenstadt fand die Schöne keine Ruhe. Nach einem kürzeren Aufenthalt in Florenz kehrte sie schließlich wieder nach Rom zurück.

Hier hatten sich die Zeiten von Grund auf geändert. Die Borgias waren von der wechselvollen Bühne der Geschichte abgetreten. Auf dem Stuhle Petri saß seit 1534 Paul III. Er hatte als junger Kardinal ebenfalls eine Mätresse ausgehalten und mit ihr einen Sohn gezeugt. Nun aber, nachdem der Sittenverfall der Kirche aller Welt sichtbar geworden war und zu einem erheblichen Teil die reformatorische Bewegung ausgelöst hatte, trachtete er danach, das Steuer durch besondere moralische Strenge wieder herumzureißen. Paul III. verlangte von der einst gefeierten Kurtisane, daß sie sich in das Dirnenregister der Stadt eintragen ließ, und befahl ihr, den Schleier der Prostituierten zu tragen. Tullia stand nicht nur am Tief-, sondern auch am Endpunkt ihres Lebens. In großer Niedergeschlagenheit machte sie ihr Testament, geschrieben in einem brillanten Latein. Doch die einst so reiche Kurtisane hatte nicht mehr viel zu vergeben: ein paar Leintücher, Hemden, Kleider, einen Teppich, wenige Möbel. Sie starb 1556 im Alter von 51 Jahren.

Die Damen in weiß

Das Verwickeltsein des Papsttums in die italienische Prostitution des 15./16. Jahrhunderts hat zu vielen Kommentaren Anlaß gegeben, die von ernster Besorgnis bis zur zynischen Haßtirade reichen. Hertling sagt dazu: »Es hat auch Apologeten gegeben, die versucht haben, Alexander VI. [und damit das ganze Papsttum der Renaissance] reinzuwaschen. Das ist aussichtslos. Es ist aber ein Irrtum, wenn grundsätzliche Gegner des katholischen Glaubens meinen, mit ihren von sittlicher Entrüstung glühenden Deklamationen die Kirche und das Papsttum als solches zu treffen. Zeigen sie doch gerade durch ihre Entrüstung, daß sie von der Kirche eine viel höhere Meinung haben, als sie zugeben wollen.«

Diese höhere Meinung wird unter anderem auch damit legitimiert, daß sich die Kirche mit dem Zustand der unvermeidlichen Duldung der Prostitution nie vollständig abgefunden hat. Das Vorbild der Maria Magdalena aus dem Neuen Testament hat die Geistlichkeit über Jahrhunderte als positive Provokation empfunden, um auf dem Gebiet der Bekehrung und der moralischen Läuterung der Prostituierten immer neue Anläufe zu unternehmen. Dabei kristallisierten sich im Laufe der Zeit zwei Hauptwege der Reintegration der Dirnen in die christliche Gemeinschaft der Wohlanständigkeit heraus.

Die meisten Kleriker waren bemüht, die Mädchen vom Sündenpfad direkt auf den Weg höchster religiöser Selbstverwirklichung zu bringen und aus ihnen Nonnen zu machen. Spätestens seit dem 12. Jahrhundert gab es Klöster, deren ausdrückliche Aufgabe darin bestand, reuigen Prostituierten Asyl zu gewähren. 1224 wurde der Orden der Heiligen Maria Magdalena gegründet, der bereits drei Jahre später durch Papst Gregor IX. seine institutionelle Anerkennung fand. Die fromme Vereini-

gung gründete Niederlassungen in zahlreichen Städten. Die Magdalenen-Schwestern trugen eine weiße Gewandung, was ihnen gelegentlich den Beinamen »Weiße Damen« eintrug. Alle Päpste des 14. Jahrhunderts gaben dem Antiprostitutionsorden ihre Unterstützung. Auch weltliche Herrscher wie Ludwig IX. von Frankreich förderten die Vereinigung.

Die zweite Methode, mit der die Kirche ihren Feldzug gegen das fleischliche Laster führte, ging von der Überlegung aus, man solle den reuigen Sündenmädchen, wenn sie schon nicht Nonnen wurden, wenigstens Gelegenheit geben, zu heiraten. Das war insofern ein mutiger Vorstoß, da die frühchristliche Kirche Männer, die mit ehemaligen Prostituierten eine Ehe schlossen, für im höchsten Maße töricht, wenn nicht gar für verrückt gehalten hatte. Erst unter Papst Innozenz II. änderte sich das.

Dieser erklärte 1109, daß die Heirat eines solchen Mannes zum Zwecke ihrer moralischen Bekehrung »unter den Werken der Keuschheit nicht als das geringste« zu erachten sei. Im Zuge dieser veränderten Einstellung wurden mancherorts – so zum Beispiel in Paris – Prämien an Huren gezahlt, wenn sie heirateten.

So ehrenwert alle diese Bemühungen sein mochten, zumal in ihnen nicht moralische, sondern vor allem auch soziale Verantwortung zum Ausdruck kam, es war ihnen immer nur ein sehr partieller Erfolg beschieden. So hatten, als sich das Mittelalter seinem Höhepunkt näherte, fast alle Städte Einrichtungen, die sämtlich dasselbe betrieben, obwohl ihre Namen höchst verschieden waren: Frauenhaus, Freundschaftshaus, Töchterhaus, Rosengarten, Haus der Tante, Bordell und viele andere.

Nur ganz wenige käufliche Frauen ragten aus der großen anonymen Masse der mittelalterlichen Prostituierten heraus, errangen mehr Geltung als die Unzahl jener, die sich in Soldatenzelten, auf Landstraßen, hinter Kirchenmauern und in Frauenhäusern der männlichen Lust gegen Entlohnung hingaben. Zu diesen wenigen Auserwählten, die mit ihrer Erscheinung den Glanz der großen griechischen Hetären in die neue Zeit herüberholten, gehörten Agnes Sorel und Françoise de Chateaubriant.

Zweifellos steht der Name der Agnes Sorel im vorderen Bereich jener schier endlosen Liste von Mätressen, die die Geschichte der französischen Monarchie begleiteten. Das Wort Kurtisane, abgeleitet von *courtier*, dem Hof, deutet schon auf den royalistischen Hintergrund dieser Nobelprostitution hin, auch wenn es danach nicht nur mit Königen, sondern mit allgemein Höhergestellten in Zusammenhang gebracht wurde und deren Lustweiber bezeichnete. Agnes Sorel gehörte zu den berühmtesten und legendenumwobensten Kurtisanen des 15. Jahrhunderts. Sie stand

92

jenem Karl VII. sexuell bereitwillig zu Diensten, für dessen allgemeine Anerkennung in Frankreich Jean d'Arc zu Felde zog und sich als Hexe verbrennen ließ. Solche patriotischen Ambitionen hatte Agnes nicht, obwohl ihr politischer Einfluß auf den König erheblich war.

In die Geschichte der Mode ist sie durch die Erfindung jenes Kleidertyps eingegangen, der die Brüste der Trägerin großzügig freilegte und fast völlige Nacktheit bis zur Taille zelebrierte.

Die textile Enthaltsamkeit fand bei den Hofdamen Beifall und Nachahmung, leider auch bei jenen, die sich im Formenreichtum nicht mit der Bettgenossin des Königs vergleichen konnten. – Die Sorel starb 1450, fünf Jahre bevor im fernen Rom der erste Borgia als Papst aus dem Konklave hervorging.

Der falsche Ring und der Sündenfall

Die berühmte Mätresse Franz' I. von Frankreich, der 1515 den Thron bestiegen hatte, begann ihr eheliches Leben nicht mit dem klangvollen Namen einer von Chateaubriant, sondern mit dem bürgerlichen einer Madame Laval. Sie war ihrem ersten Gatten bereits mit elf Jahren verheiratet worden, mit zwölf gebar sie ihr erstes Kind. Mit der Zeit wuchs die mädchenhafte Mutter zu solch ungewöhnlicher Schönheit heran, daß der König, der immer Ausschau nach ansehnlichen Damen hielt, auf sie aufmerksam wurde. Er bat das Ehepaar schriftlich, vor seinem Thron zu erscheinen. Darauf antwortete Laval, nichts Gutes ahnend, daß seine Frau viel zu scheu sei, um unter die Augen des Monarchen treten zu können. Doch die Aufforderungen von Franz wurden immer ungehaltener, und er bestand auf seinem Begehren. Da entschloß sich der bedrängte Ehemann, allein den König aufzusuchen, der damals in Blois Hof hielt. Als er seinen Untertan allein erscheinen sah, erzürnte Franz. Er diktierte Laval persönlich einen Brief an die schöne Françoise mit der Aufforderung, sie möge ihrem Gatten schleunigst folgen. Die eigentlich königliche Epistel ließ er vom Ehemann unterschreiben.

Nun hatten allerdings die Lavals bereits vor ihrer Trennung ausgemacht, daß eine Botschaft nur dann als echt angesehen werden durfte, wenn sie den Brautring des Partners enthielt. Als der Brief ohne Beigabe ankam, wußte also Françoise sofort, daß an der Sache ein Haken sein mußte.

Laval war zweifellos ein listiger Mann, aber auch ein geschwätziger dazu. Er plauderte sein Geheimnis seinem Diener aus, und der gab die Information gegen Entgelt an den König weiter. Franz ließ den Ring des Nachts stehlen und eine Doublette anfertigen. Als kurz darauf ein neuer Brief bei Françoise ankam, enthielt er jenes – freilich gefälschte – Echtheitsindiz, das sie veranlaßte, sich zu ihrem Gatten und damit zum Königshof auf den Weg zu machen. Als die Schöne dort ankam, traute Laval seinen Augen nicht, doch der König wähnte sich am Ziel seiner Wünsche. Tatsächlich aber brauchte er volle drei Jahre, um Françoise zu überreden, seine Mätresse zu werden. Die Ehe mit Laval wurde aufgehoben und eine adlige Scheinhochzeit arrangiert, die der bürgerlichen jungen Frau zu ihrem wohlklingenden neuen Namen verhalf.

Enttäuscht und gedemütigt ging Jean Laval nach England. Françoise dominierte für kurze Zeit als Mätresse am königlichen Hof. Aber da war ja auch noch die rechtmäßige Ehefrau des Monarchen, Eleonore von Spanien. Sie erfand einen besonders raffinierten Trick, die Konkurrentin, wenn schon nicht loszuwerden, so doch wenigstens in den Hintergrund zu drängen. Sie verordnete kurzerhand ihrem königlichen

Gemahl eine zweite, noch jüngere Mätresse: Anna, Gräfin von Etampes. Franz war hin- und hergerissen, verlangte von Françoise den Schmuck zurück, was diese wütend verweigerte. Das wiederum imponierte dem König so sehr, daß er fortan seine Gunst auf beide Damen verteilte. Inwieweit die beiden Frauen Einfluß auf die Politik des Königs nahmen, ist unbekannt. Die Bedeutung der beiden Mätressen löste sich ohnehin schlagartig in ein Nichts auf, als Franz 1547 starb.

Erst in diesem Augenblick packte Françoise die Reue. Sie ging nach England, um Laval um Vergebung zu bitten. Diese verweigerte der betrogene Ehemann. Sein Gram saß zu tief. Wenige Tage später wurde die Frau in der Nähe des Lavalschen Hauses ermordet aufgefunden.

Die Frau, die der ermordeten Françoise in der Kurtisanenliste nachfolgte, weist Besonderheiten auf, die nur sehr wenig zu dem Normverhalten dieses Standes passen. Eleonore von Spanien hatte Franz I. bereits 1519, noch ehe sich die junge Frau Laval in eine Pseudoadlige verwandeln mußte, einen Thronfolger geboren, Heinrich II. Er war nur zwölf Jahre im Besitz der Königswürde, und in dieser Zeit verlor er nicht nur mehrere Kriege, sondern provozierte durch die Einführung neuer Steuern und Erhöhung der alten mehrere Volksaufstände. Glücklos, wie er in der Politik war, erwies sich der Monarch auch in Liebesdingen. Als Heinrich seiner späteren Kurtisane, Diane de Poitiers, das erste Mal begegnete, war er erst elf, sie aber bereits 31 Jahre. Dieser Altersunterschied von 20 Jahren hat in den späteren Liebesbeziehungen nie eine Rolle gespielt. Erst mit 39 Jahren willigte Diane ein, die Mätresse des Kronprinzen zu werden. Heinrich war inzwischen mit einer viel jüngeren Frau verheiratet, die bald darüber nachzusinnen begann, mit welchen erotischen und sexuellen Tricks die viel ältere Rivalin den zukünftigen König an sich band. Sie ließ zu

diesem Zweck sogar in der Decke von Dianas Zimmer gut getarnte Gucklöcher anbringen, um die beiden beim Liebesakt beobachten zu können. Doch was sie da zu sehen bekam, war keineswegs phantasievoller und raffinierter als das, was sie ihrem Mann im eigenen Bett bot. Offensichtlich lag die Attraktivität Dianes auch gar nicht in erster Linie auf sexuellem Gebiet. Ihr Vorzug war, was allen Beobachtern als ihr Nachteil erschien: ihr Alter. Sie konnte dem jungen König Mutter und Geliebte zugleich sein. Heinrich hing an seiner Kurtisane bis zu seinem Tode 1559. Er hatte ihr sogar die Kronjuwelen geschenkt, die aber nun, kaum daß Heinrich seinen letzten Atemzug getan hatte, die Witwe energisch zurückforderte. Die Rigorosität, mit der sie das tat, stellt sie würdig in die Reihen ihres berühmten Geschlechts. Es war Katharina von Medici, jene Frau, die viele Jahre anstelle ihres unfähigen Sohnes Karl IX. das Zepter führte und die zur Sicherung ihrer Macht kein Verbrechen, einschließlich des Blutbades der Bartholomäusnacht von 1572, scheute.

Die königlichen Mätressen bildeten nur die Spitze einer Pyramide, deren Basis von fast unübersehbarer Breite war. Hier stand der vereinzelte Glanz einer anonymen Masse von grauer Willfährigkeit gegenüber, die Persönlichkeit dem namenlosen sexuellen Objekt, die Würde im Kerzenlicht jenem hastigen Genuß in den dunklen Gassen, wie es sie in Paris in Unzahl gab.

Luther, Calvin und die Sexualität

Am Beginn des 16. Jahrhunderts gab es allein in Paris, das damals etwas mehr als 100 000 Einwohner zählte, mehr als 6 000 Dirnen. Wenn aber Prostitution vor allem in den Städten so massenhaft vorkam, dann mußten sich die geistigen Strömungen der Zeit zu ihr in ein Verhältnis setzen.

Dabei war die Haltung des Katholizismus in der Phase der Gegenreformation oder – besser gesagt – der kirchlichen Restauration relativ klar. Nicht das ausschweifende Leben des Klerus allein und sicher nicht einmal in erster Linie hatte die reformatorischen Bewegungen, die sich mit den Namen Luther, Melanchton, Zwingli und Calvin verbanden, ausgelöst. Aber ganz sicher stellte die Unzucht im Priestergewand, die unbestreitbar und offen zu Tage lag, ein Argument für die religiösen Erneuerer dar, das seine Wirkung auf das einfache Volk nicht verfehlte.

Wer die katholische Kirche um ihres Fortbestandes willen von diesem Schmutz reinigen wollte, mußte mit solchen Dingen radikal brechen. So erklärt sich die demütigende Haltung, die Paul III. gegenüber der nach Rom zurückgekehrten Kurtisane Tullia d'Aragona einnahm, die ja selbst Tochter eines Kardinals war, so wie umgekehrt derselbe Papst zu seiner Kardinalszeit mit einer Käuflichen einen Sohn in die Welt gesetzt hatte. Dem hatte er auch noch das Herzogtum Parma vermacht, das eigentlich zum Kirchenstaat gehörte und über das auch der oberste Hirte nicht persönlich hätte verfügen dürfen. Diese Flecken mußten getilgt werden, im eigenen Bewußtsein wie im Priesterverständnis der Gläubigen. Es war im Grunde genommen die eigene Verlegenheit, die die restaurativ-sittenstrenge Radikalität hervorrief.

In solcher Verlegenheit freilich waren die Reformatoren und ihr protestantischer Anhang nicht. Doch auch sie standen vor nicht eben einfachen Problemen. Unter diesen war das naheliegendste, weil provokanteste, die Aufhebung des priesterlichen Zölibats, das die Umstürzler in der Kutte für sich und ihre gleichgesinnte Amtsbruderschaft reklamierten und – Luther allen voran – auch praktizierten.

Aber das Radikalste ist oft das Einfachste. Die Schwierigkeiten begannen im Detail, zum Beispiel in der Frage, welche

Rolle die Sexualität in der Ehe zu spielen habe. In diesem Punkt war Luther weit konservativer und im Grunde genommen »restkatholischer« als Calvin. Während der eine die koitalen Beziehungen zwischen den Ehepartnern mehr in Hinsicht auf die Fortpflanzung und auf den Familienbestand akzentuierte, räumte der andere wenigstens ein, das dergleichen durchaus auch Freude machen dürfe.

Noch schwieriger wurde die Debatte, wenn es um den außerehelichen Geschlechtsverkehr und die Probleme der Promiskuität, also des häufigeren Partnerwechsels, ging. Damit wurden Fragen berührt, die die Prostitution unmittelbar tangierten. Einige Reformatoren forderten radikal, daß Dirnen unter Androhung der ewigen Verdammnis aus der Kirche ausgeschlossen werden sollten. Ähnlich unversöhnlich gab sich Luther selbst. In seiner Schrift »An den christlichen Adel deutscher Nation« beklagte er ausdrücklich die Duldung von Freudenhäusern und in seinem

95

Der Ehemann als Zuhälter. Holzschnitt, Frankreich, 16. Jh.

Bestrafung einer Dirne. Neben Pranger und Brandmarkung gehörte die Vertreibung aus der Stadt unter Rutenschlägen zu den verbreitetsten Strafen. Holzschnitt, 15. Jh.

kurzen Traktat »Überlegungen, die Bordelle betreffend« wandte er sich gegen das Argument, daß Dirnen ein notwendiges Übel seien. Und an die Studenten von Wittenberg apellierte er 1543 emphatisch, sie sollten einem alten und treuen Prediger glauben und vom Besuch von Bordellen ablassen, weil der Teufel selbst solche Übel über die Menschheit gesandt habe. Wenn er Richter wäre, würde er alle, die ihren Körper anböten mit den härtesten Strafen belegen.

Doch auch für Luther hielt das praktische Leben Anfechtungen bereit, die es schwer machten, der eigenen Theorie treu zu bleiben. Sie betrafen ihn zwar nicht persönlich, aber immerhin einen seiner wichtigsten politischen Verbündeten, nämlich Philipp von Hessen. Daß ausgerechnet dieser für ihn so bedeutungsvolle Mann in einer Doppelehe lebte, brachte den großen Reformator in eine geradezu rührend naive Verlegenheit. Zunächst versicherte er dem Freund durchaus zutreffend, daß es auch in der Bibel nicht an bigamistischen Verbindungen fehle und vielleicht könne es ja gar geschehen, daß der Herr das Problem auf seine Weise löse und eine der Frauen zu sich nehme.

Da wäre Calvin vermutlich ganz anderer Meinung gewesen, was er sich angesichts seiner gesicherten Stellung in Genf auch hätte leisten können. Der Schweizer redete ohnehin weit spartanischeren Sitten das Wort. Theater und Tanz, oft in der Nachbarschaft der Prostitution befindlich, waren ihm suspekt. Der Genuß von Alkohol erschien ihm unreligiös. Extravaganzen in der Kleidung, auf die käufliche Liebe immer angewiesen war, wollte er gesetzlich eingeschränkt wissen. Huren sollten aus der Stadt ausgewiesen und die einschlägigen Lokale unter Regierungskontrolle gestellt werden. Das alles belief sich auf eine Situation mit sozial-sexuellen Standards, die die frühere Kirche höchstens den Nonnen und Mönchen auferlegt

hätte. Aber Calvins Position am Genfer See war so mächtig, daß man in der damaligen Zeit eher die Gegend hätte verlassen müssen, als seinen Prinzipien die Gefolgschaft zu verweigern.

Bald bildeten sich in der Umgebung des Reformators Kreise, die sich als eine Art von Sitten-Missionaren verstanden und auch in Richtung Westen bewegten, um die Lehre von Keuschheit und Gesittung bis hinüber in die Neue Welt, nach Amerika zu tragen.

So entstand auf diesem Gebiet eine sonderbare Situation. So sehr sich die katholische Kirche und die neuen protestantischen Gemeinden mit ihren geistigen Führern an der Spitze befehdeten, so sehr sie einander ihrer Unversöhnlichkeit versicherten, in Sachen Moral marschierten sie uneingestandenermaßen mehr oder weniger in dieselbe Richtung. Prüderie machte sich in den mitteleuropäischen Städten

ebenso breit wie im päpstlichen Rom. Schwierige Zeiten für das große Heer der Dirnen, schlimme Zeiten auch für die Dichter und Schriftsteller, die den Kurtisanen nahegestanden hatten.

Der gefürchtete Briefeschreiber

Dem Poeten und Epistelschreiber Pietro Aretino, Sohn eines Schusters und einer Dirne, dienten die Huren als literarische Musen. Schon zu seinen Lebzeiten gab er in sechs Bänden seine »Lettere« heraus, jene gefürchteten Briefe, in denen er sich mit scharfer Zunge mit Gott und der Welt anlegte, in denen sich aber kein böses Wort gegen die Prostituierten fand. Dereinst sollten die Mädchen der käuflichen Liebe ihm sogar zu literarischem Nachruhm verhelfen. Er beschrieb ein Milieu,

97

das er von Kindheit an kannte und das er in seinen »Kurtisanengesprächen« in einer Meisterschaft darzustellen vermochte, wie das vor ihm nur Lukian gelungen war.

Aretino vergleicht die Prostituierte mit dem Söldner. Sie wird dafür bezahlt, Übles zu tun. Aber genau das ist es, was die Gesellschaft von ihr wie vom Landsknecht erwartet. Und der Dichter hat dafür Belege. So läßt er seine Lucrezia in den »Kurtisanengesprächen« sagen: »Zu Ferrara hatte einer von meinen Dauerkunden einen Feind, dem er gern aus dem Leben geholfen hätte. Ich bot mich an und sagte, ich wollte ihm dabei gern behilflich sein. Darauf gab er mir zwei Dukaten, die ich auch gern annahm. Ich versicherte ihm, sein Widersacher würde am andern Morgen zwei Stunden vor Tag zu mir kommen, da möge er dann seine Chance wahrnehmen. Das ließ sich mein Freund nicht zweimal sagen; er wartete vor dem Haus auf den andern und schlug ihm den Kopf entzwei, als er eben von mir aufgestanden und noch nicht kalt geworden war...«

Aber dem Dichter waren auch schon Praktiken bekannt, wie sie noch heute in den Dirnenbezirken von Amsterdam üblich sind: »Es trägt unser Handel nicht aus, einem allein eine ganze Nacht aufzuwarten. Darum stand ich in einer Nacht wohl an die zwanzigmal von dem auf, der mich gedungen hatte, unter allerlei Vorwänden und Ursachen. Ich sagte auch, daß ich die Hitze der Nacht nur so übel leiden könnte, ging allein im Hemd in der Kammer auf und ab und stellte mich solchermaßen halbnackend ans Fenster, wobei ich solange von Mond und Sterne faselte, bis auf der Straße Männer herankamen und mich beschauten. Auf diese Weise bekam ich statt eines Buhlers, den ich im Bett verlassen hatte, drei oder vier andere, die mich zu meinem Nutzen noch an anderen Tagen besuchten.«

Es versteht sich, daß ein Mann, der solcherlei zu Papier brachte, nicht in das Bild paßte, das sich die neuen sittenstrengen Päpste von der Welt machten, beziehungsweise ihr zu oktruieren gedachten. Aretino erhielt eine Drohung nach der anderen und kehrte schließlich der Ewigen Stadt den Rücken. Als der Dichter 1556 in Venedig starb, tagte längst das Tridentinische

Konzil. Und hier ging es anders zu, als damals im freundlichen Konstanz. Zwar spielte die Prostitution auf dieser 17 Jahre währenden Versammlung (1545–1563) weder in der Praxis noch in den kirchlichen Überlegungen eine Rolle, dafür war die reformatorische Bedrohung von viel zu existentieller Bedeutung.

Aber was die Moral anlangte, wurden die Gläubigen streng an die Zügel genommen. Wie sehr sich die Haltungen radikalisierten, zeigte sich in der Tatsache, das der nächste Papst, Paul IV., dessen Pontifikat von 1555 bis 1559 währte, die nach heutigem Kunstverständnis skandalöse Anweisung gab, alles was in der Umgebung des Pontifex nackt war, zu bedecken. Fast ein Jahrhundert lang waren Maler und Bildhauer mit der Bewältigung dieser Aufgabe beschäftigt. Sie setzten Blätter und Laubgerank vor das nackte Geschlecht der Statuen. Sie überpinselten die unbekleidete Schönheit mit Kleidern und Drapierungen und nahmen davon nicht einmal Michelangelos Meisterwerk in der Sixtinischen Kapelle aus.

Der folgende Papst, Paul V., wollte 1566 gar alle Prostituierten der Stadt verweisen. Das konnte ihm von den weltlichen Behörden allerdings ausgeredet werden, da man befürchtete, daß eine Panik ausbrechen würde, wenn so viele Menschen gleichzeitig ihre Bündel schnürten. So konnten, geächtet zwar, die Dirnen am Tiber bleiben, aber immer mehr drohte ihnen, wie ihren Sündenschwestern in anderen Ländern, eine neue Gefahr. Sie kam allerdings aus einer unerwarteten Richtung. Daß Behörden und Kirchenämter der käuflichen Liebe Steine in den Weg legten, war man gewohnt. Ihre Restriktionen zu umgehen oder gar außer Kraft zu setzen, hatte man längst legale wie illegale Mittel und Wege gefunden. Doch wie wollte man einer Krankheit begegnen, die ansteckend war und im Milieu wie eine Seuche um sich griff?

Die Landtsknechts hür.

Wan nit werdas fressen vñ sauffen,
Ja ich wolt dir nit lang nach lauffen.
Solt ich vmb sanft lang naby trabe/
Ließ dich wol die Frantzosen haben/
Wolt wol dahaymen sein beloben/
Vnd wolt das nein haben tryben.

Die Bedrohung Syphilis

Geschlechtskrankheiten kannte schon das Altertum, wenngleich man ihre Ausbreitung nicht immer mit dem Sexualverkehr in Zusammenhang brachte. Hippokrates und Galen haben ausführlich über die Gonorrhoe geschrieben. Doch die eigentlichen medizinischen Zusammenhänge blieben im dunkeln. So machte man verschiedene Umstände für die Infektion mit einer Geschlechtskrankheit verantwortlich: die Luft, die Nahrung, den Atem, das gemeinsame Schlafen auf einem Lager, das Tragen derselben Kleidung, das Essen mit demselben Besteck. Verschiedene Mittel wurden »erfunden«, das Übel zu heilen oder eine Ansteckung zu vermeiden: spezielle Bäder, Salben, Beseitigung der Körperhaare, Beschneidung. Viele Jahrhunderte hielt sich die Überzeugung, daß ein geschlechtskranker Mann geheilt werden könne, wenn er ein Mädchen entjungferte.

Doch all dies wurde von jener Krankheit in den Schatten gestellt, die sich am Ende

99

des 15. und zu Beginn des 16. Jahrhunderts auszubreiten begann: die Syphilis. Obwohl man den komplizierten und peinigenden Verlauf dieses Leidens noch gar nicht zu überblicken vermochte, brach schnell Panik und Entsetzen aus. Wilde Spekulationen wurden darüber angestellt, woher die neue Marter käme. Viele meinten, die Gefolgschaft des Kolumbus hätte sie von Amerika eingeschleppt. Andere waren überzeugt, daß es sich um eine völlig neue Erkrankung handele, die weder importiert noch geschichtlich überliefert war. Ulrich von Hutten wagte sogar, ein »Entstehungsjahr« der Syphilis zu fixieren: 1493.

Unabhängig von diesen Spekulationen steht fest, daß die Krankheit erstmals registriert wurde, als Karl VIII. von Frankreich mit einem multinationalen Heer in Italien einfiel. Nach der Eroberung von Neapel mußte sich die Truppe zurückziehen, weil unter den Soldaten eine sonderbare Erkrankung ausgebrochen war, die schnell um sich griff. Die Armee wurde in Lyon aufgelöst, die Landsknechte nahmen die neue Krankheit in ihre Heimatländer mit.

1495 tauchte die Syphilis erstmals in Deutschland, Frankreich und in der Schweiz auf, 1496 in Holland, England und Griechenland, 1499 in Ungarn und Rußland, 1505 in China, erst 1569 in Japan, schließlich auf Island 1753 und auf den Faröern 1845. Fast zweieinhalb Jahrhunderte brauchte die Krankheit, um ganz Europa zu erobern. Aber im Gegensatz zu den mittelalterlichen Invasoren gab sie nie wieder auf, was einmal in ihre Klauen gefallen war.

Ihren Namen verdankt die neue Geschlechtskrankheit einem Arzt und Dichter. Der Italiener Girolamo Fracastoro entsprach ganz dem Intellektuellentyp, den die Renaissance so emphatisch feierte. Eine enge Freundschaft verband ihn mit Copernicus. Fracastoro war auf vielen Wissensgebieten zu Hause: in der Philosophie und der Medizin, in der Kosmologie und der Botanik, in der Geographie und der Literatur.

1530 gab Fracastoro das Lehrgedicht »Syphilis oder Die Gallische Krankheit« heraus. Darin erzählt er von dem haitischen König Alcithous, der den Sonnengott Sirius dadurch beleidigte, daß er dem Himmlischen die Herrschaftsrechte über die Erde absprach. Sirius bestrafte diese Unbotmäßigkeit, indem er eine neue Geißel über die Erde schickte, die als ersten den Schafhirten Syphilis traf, weil er sich mit Gotteslästerungen besonders hervorgetan hatte.

Freilich war Fracastoro viel zu sehr Wissenschaftler, als daß er sich selbst mit einer solchen mythischen Entstehungserklärung hätte zufrieden geben können. 1546 publizierte er den Aufsatz »Über Ansteckung und ansteckende Krankheiten«, in dem er auch erstmals den Begriff der »Französischen Krankheit« verwendete, eine Benennung, die sich zunächst schneller verbreitet hat als Syphilis. Der Text setzte sich auch mit der Entstehung der Krankheit und ihrem vermutlichen Ursprungsgebiet auseinander. Damit war eine Debatte zu dieser Frage ausgelöst worden, die über Jahrhunderte nichts an Vehemenz einbüßte.

Die Heftigkeit der wissenschaftlichen und sozialen Irritationen macht deutlich, wie sehr das 16. Jahrhundert von der Ausbreitung der Syphilis beeindruckt, ja entsetzt war. Wenn man bedenkt, daß dieses Phänomen noch zusammentraf mit dem moralischen Eifer, den sowohl die katholische wie die reformatorische Seite an den Tag legte, kann man ermessen, welche schlimmen Zeiten für die Prostitution nun anbrach.

In Frankfurt am Main wurde seit 1530 jeder mit einer Strafe von 10 Gulden belegt, der sich mit einer Dirne erwischen ließ. 1536 erließ der Reichstag des Heiligen Römischen Reiches ein Edikt, das jeden außerehelichen Geschlechtsverkehr verbot. 1546 wurden in London alle Bordelle

Darstellung der Syphilis. Holzschnitt von Albrecht Dürer, um 1496

geschlossen, 1561 folgte Paris mit einer ähnlichen Maßnahme.

Hinsichtlich der Bestrafungsmethoden, die man gegenüber Dirnen anwandte, schien das düstere Mittelalter zurückzukehren. In Toulouse wurden Prostituierte nackt durch die Stadt geführt und dann in Eisenkäfigen bis kurz vor dem Ertrinken in die Garonne getaucht. In einer deutschen Stadt mußten 24 Kunden einer sich prostituierenden Gerbersfrau für Wochen bei Brot und Wasser in den Turm. Die Dirne selber hatte zum Zeichen ihrer Schande einen Stein um die Stadtbefestigung zu tragen, um dann auf Ewigkeit aus der Stadt verbannt zu werden.

Die Furcht vor der Syphilis ging einher mit der absoluten Ungewißheit, ob sich die Krankheit wirklich ausschließlich über den Geschlechtsverkehr verbreitete oder ob auch schon einfache körperliche Kontakte dafür ausreichten. Auf jeden Fall hielt man die Prostituierten für diejenigen, die die syphilitische Gefahr am bedrohlichsten über das Land brachten. Wenn man ihrer schon nicht durch Verbote allein Herr werden konnte, sollten die krankheitsbringenden Weiber zumindest in ihrem Äußeren deutlich gekennzeichnet sein.

Kleider und Kasernierung

Die äußere Kennzeichnung der Prostituierten hatte es bereits in der Antike gegeben, und diese Sitte wurde – freilich mit unterschiedlichem Intensitätsgrad – viele Jahrhunderte beibehalten. Waren die Kleiderverordnungen nicht allzu demütigend, billigten sie die Dirnen sogar ausdrücklich. Denn die Männer, die die flüchtige Lust suchten, wußten auf diese Weise sofort, an wen sie sich wenden mußten.

Im allgemeinen hatten in der Renaissance die Dirnen rote Schleifchen an der Schulter zu tragen. In Ravenna jedoch wurde ihnen ein gelbes Kopftuch und das Tragen eines Korbes anbefohlen. In Padua war ihnen eine rote Kapuze vorgeschrieben, in Savoyen gar eine Haube mit Hörnern. In Sevilla durften die Prostituierten

keine Hüte, Handschuhe und lange Mäntel tragen; es wurde ihnen nur eine kurze Mantille zugebilligt.

Je »gefährlicher« durch das Auftauchen der Lustseuche die käufliche Liebe wurde, um so intensiver waren die Bemühungen, die Dirnen zu kasernieren, das heißt, sie in bestimmten Distrikten zu konzentrieren. Das ist in den großen Städten mit ihrer hohen menschlichen Anonymität stets schwieriger gewesen als in den kleinen.

Zwei charakteristische Kasernierungsmodelle sind aus dieser Zeit überliefert, aus Sevilla und Valencia. Im 16. Jahrhundert hieß das Dirnenareal von Sevilla El Compás. Es bestand aus 20 Häusern, die der Stadt gehörten. Eine Art Prostitutionsbeamter stand der Siedlung vor. Er sammelte von den Dirnen die Tagessteuer ein und bestimmte die Leute, die als Bordellhalter fungieren durften. Das waren mei-

102

stens Männer, aber gelegentlich werden in den Archiven auch Frauen genannt. Die Betreffenden hatten vor dem Bürgermeister einen Eid abzulegen, der sie verpflichtete, die Bordellordnung einzuhalten. Auch die Dirnen selbst bedurften einer städtischen Berufsgenehmigung. Sie zu erlangen, hatten die Mädchen zu versichern, daß sie älter als zwölf und keine Jungfrauen mehr waren. Ihren Gesundheitszustand überwachte ein Bordellarzt. Unkontrollierte Prostitution war verboten. Manche Frauen haben bis zu 20 und mehr Jahren im El Compás gearbeitet. Viele von ihnen waren verheiratet, und ihre Männer lebten mit im Distrikt.

Über das Dirnenquartier von Valencia liegt sogar ein Augenzeugenbericht vor. Er datiert vom Anfang des 16. Jahrhunderts und stammt aus der Feder des Reiseschriftstellers Antoine de Lalaing, eines Adligen aus dem Hennegau: »Die Anlage hat die Größe einer kleinen Stadt und ist wie eine solche von Mauern umgeben. Es gibt nur einen Zugang, vor dem zur Warnung an alle Übeltäter ein hoher Galgen aufragt. Der Torwächter nimmt allen, die eintreten wollen, Stöcke und Waffen ab und erklärt sich auch bereit, Geld und Wertgegenstände für sie aufzubewahren, bis sie wieder herauskommen. Übergeben sie ihm nichts, so ist er für Verlust oder Diebstahl nicht verantwortlich. In der Dirnenstadt von Valencia gibt es drei oder vier Straßen, an denen dicht gedrängt die kleinen Häuser stehen. In den Straßen promenieren, in Samt und Seide gekleidet und reichlich keck, die Dirnchen; andere blicken aus den Fenstern. Insgesamt mögen es an die vierhundert sein, und ihre Häuschen sind hübsch und gut ausgestattet. Sie dürfen alle nur vier Denare verlangen, dieser Preis gilt, solange sie in Valencia ihrem Gewerbe nachgehen.

Es gibt Schenken und Wirtshäuser in der Dirnenstadt, und da das Klima sehr mild ist, kann man beinahe Tag und Nacht durch

die offenen Türen und Fenster das häusliche Leben der Dirnen beobachten. Die Stadt Valencia bezahlt zwei Ärzte nur dazu, daß sie unausgesetzt das Dirnennest überwachen, und, wenn eine krank ist, sogleich für ihre Ausweisung sorgen. Die Kosten für diese Abhilfe tragen die städtischen Behörden, und zwar wohin immer das Mädchen geschickt werden will, es darf nur nicht weiter sein als ihr Heimatort. Ich schreibe das nieder, weil ich noch an keinem Ort dergleichen gesehen und so vorsorgliche Polizeiaufsicht festgestellt habe.«

Der Bericht, der mit solch romantischer Betulichkeit beginnt, endet mit der Schilderung des Ausweisungsverfahrens für erkrankte Prostituierte. Daß es sich bei solchen Erkrankungen nicht um Husten oder Rheuma handelte, dürfte klar sein. Es war die Syphilis, die den Leuten allerorts Angst machte.

103

Doch bald schon sollten andere Gesichtspunkte in den Mittelpunkt rücken. Nicht nur, daß die Syphilis im 17. Jahrhundert objektiv zurückging und es zu weniger Neuinfektionen kam, auch der moralische Radikalismus als Reaktion auf die Renaissance verlor an Heftigkeit. Dieser Wandel bereitete sich schon zu einer Zeit vor, in der die Gralshüter der Sitte noch die große Rede führten und sich Andersdenkende nur vorsichtig zu Wort meldeten. Einer von ihnen war Michel de Montaigne, ein Mann, in dessen Worten sich ein neues Menschenbild zu artikulieren begann. Nun hatte das geistige Mittelalter wirklich sein Ende gefunden.

Mätressen – die Kammerdienerinnen der Könige

Von der Sinnenfreude und der Würde der Frau

Der französische philosophische Denker Michel de Montaigne war schon fast 40 Jahre alt, als er 1572 in loser Folge seine später berühmt gewordenen Essays zu schreiben begann. Einer dieser geistvollen Aufsätze trägt die Überschrift »Über einige Verse von Virgil«. In ihm setzt er sich auch mit dem Problem der Prostitution auseinander.

Obwohl die Frau weit sensibler ist als der Mann, schreibt Montaigne, obwohl sexuell bedeutend erlebnisfähiger, wird sie von der Männergesellschaft getadelt, wenn sie sich so sinnlich gibt, wie sie im Grunde ist. Die Auslieferung der Frau an die maskuline Dominanz sei so vollkommen, daß es Frauen gäbe, die sich um der Liebe ihres Gatten willen prostituierten. Doch Frauen, so proklamiert der Essayist, seien sexuelle Geschöpfe wie der Mann und sollten als diese geachtet werden. Solange aber die Männer sie nur als Ware betrachten, werden sie bloß Bruchstücke aus dem Reich der Liebe erhalten. Aber eben dies nur wollten die Männer – und deshalb werde die Prostitution fortbestehen, ohne Rücksicht auf Krankheiten und auf Moralreformer.

Gewiß hatte Montaigne mit der letzten Prophezeiung recht. Aber das ist in diesem Zusammenhang nicht einmal das Wichtigste. Bedeutsam allein ist: Hier reklamiert ein Mann öffentlich die Würde der Frau und ihren gleichberechtigten Anspruch auf Sexualität. Das geschah in einer Zeit, da man junge Mädchen nackt in Eisenkäfige schmiedete und in die Garonne tauchte, da man Frauen Haare, Nase und Finger abschnitt, weil sie sich dem Begehren mehrerer Männer hingaben, und man sie Steine um die Stadt tragen ließ, bevor man sie der ewigen Verdammnis preisgab.

Montaignes Gedanken über einige Verse von Virgil gehen in ihrem ethischen Anspruch sogar über den antiken Dichter, der sie provoziert hat, hinaus. Und sie enteilen der damaligen, letztlich auch noch der heutigen Wirklichkeit so weit, daß sie nur als ein fernes, kaum erreichbares Ziel erscheinen. Denn was der Essayist auf seinem Familienschloß niederschrieb, wurde zwar gedruckt, von dem einen oder anderen sicher auch gelesen – beherzigt aber wurde es von keinem, schon gar nicht von jenen Mächtigen, die das Bild des neuen, des 17. Jahrhunderts bestimmten.

1589 bestieg Heinrich IV. den französischen Thron, nachdem sein Vorgänger, Heinrich III., ermordet worden war. Zunächst auf protestantischer Seite kämpfend, trat der neue Monarch, um Paris zu gewinnen, zum Katholizismus über. (In diesem Zusammenhang fiel der berühmte Satz: »Paris vaut bien une Messe!« – »Paris ist eine Messe wert!«) Durch Finanz-, Verwaltungs- und Justizreformen förderte er die Herausbildung des Absolutismus, jener Herrschaftsform, die das 17. Jahrhundert bestimmen sollte und die auch prägend für die Sexualmoral der Zeit wurde. Denn mit

»Honden gunst hoeren lieb Wierts gastereyen One Cost geneuſtman Kein Von allen Dreyen«

Heinrich IV. begann sich die Vorbildwirkung der französischen Könige zu etablieren, die bald ganz Europa beeinflußte. Was in Paris und Versailles galt, bestimmte auch das Leben in Berlin, Petersburg, Madrid – und am Minifürstenhof in Greiz an der Elster. Das bezog sich nicht nur auf die Architektur, die Literatur, die Musik und die Mode, sondern ebenso auf jene zwischengeschlechtlichen Lustbarkeiten, denen die Bourbonenkönige, deren erster Heinrich IV. war, mit Hingabe frönten.

Heinrich IV. soll 56 Mätressen gehabt haben, die berühmteste war Gabrielle d'Estrées. Der König begegnete ihr drei Jahre nach seiner Thronbesteigung im Schloß ihrer Eltern. Der Vater scheint geahnt zu haben, wohin die Absichten des Monarchen liefen, und er verheiratete schnell seine Tochter mit einem Adligen namens Nicholas d'Amervals. Doch das half nichts. Zwei Jahre später war sie des Königs Mätresse, und sie blieb es, bis sie im April 1599 starb. Sie wurde zu Grabe getragen als Marquise von Monceaux, Gräfin von Beaufort und Gräfin von Étampes. All dies hatte der König seiner Lieblingsfrau vor das Bett gelegt. So hoch können Prostituiertenpreise sein.

Heinrich tröstete sich über den Tod Gabrielles bei seiner zweiten Gemahlin, Maria de Medici. Er zeugte mit ihr den Thronfolger Ludwig XIII., der 1601 zur Welt kam, dicht gefolgt von einem anderen Knaben, den die Marquise von Verneuse gebar und der Seine Majestät ebenfalls zum Vater hatte. Die weitere Geburtenfolge ist kaum zu übersehen, Legitimes mischt sich mit Illegitimen, sofern solche Begriffe überhaupt noch geltend zu machen sind, wenn es um die Fruchtbarkeit eines Monarchen geht.

Die sexuellen Übertreibungen Heinrichs scheinen sich am Sohn Ludwig gerächt zu haben. Dieser war – vermutlich aus homosexueller Veranlagung – den Frauen dermaßen abhold, daß die Schwängerung seiner Gattin, Anna von Österreich, mehr als eine dynastische Pflichtübung betrachtet werden muß als eine Sache der Lust. Auch die kurzzeitige Existenz einer Mätresse namens Madame d'Hautefort ist offenkundig nur ein Tribut an die Etikette gewesen. Es wäre wohl sonst zu sehr aufgefallen, daß der König sich meist mit gutaussehenden jungen Männern umgab.

Doch die nachfolgenden Könige, vor allem darauf bedacht, ihre Macht über alles und jeden zu festigen, holten voller Eifer nach, was Ludwig XIII. auf dem Gebiet der Mätressenwirtschaft versäumt hatte. Sieht man einmal von den Übertreibungen ab, die eine mehr auf Effekte zielende Historienschreiberei und eine mehr dem Pornographischen zugeneigte Profanliteratur zu dem Thema beigesteuert haben, so bleibt doch eine auffallende Affinität des Absolutismus zur käuflichen Liebe unübersehbar. Die uneingeschränkte Machtbefugnis des Monarchen im politischen, militärischen und finanziellen Bereich, seine von keiner Verfassung regulierte oder gar kontrollierte Verfügungsgewalt fanden im Sexuellen ihr Spiegelbild. So wurde im Bett des Königs nicht nur über Aufstieg und Fall der Mätressen entschieden, hier gabelten sich zwei Wege, von denen der eine zu Glanz, Macht und sehr viel Geld führte, der andere aber zu peinigender Bedeutungslosigkeit und Schattendasein. Wenn in späteren Zeiten einmal die Prostitution in die große Politik hineinspielen wird, dann werden das Einzelfälle sein, die zu den gern beschriebenen Sensationen gehören werden. Im 17. und 18. Jahrhundert aber war die Mätresse ein strategisches Mittel im Intrigengewirr um die Gunst des Königs und damit um Einfluß und Macht. Die Körper dieser Frauen, ihre Schönheit und ihr Charme wurden bewußt zur Durchsetzung von Zielen eingesetzt, die mit Erotik und Sexualität überhaupt nichts mehr zu tun hatten. Vom »galanten Zeitalter«, wie sich diese Epoche allzugerne nennen ließ, konnte letztendlich keine Rede sein.

Zwei Monarchen haben dafür Beispiele geliefert, die an Drastik und Selbstcharakterisierung nicht zu übertreffen sind. Es handelt sich um Charles II. von England und Ludwig XV. von Frankreich.

Die Dirnen werden Gräfinnen und Baronessen

Der König, der 1660 an der französischen Kanalküste das Schiff bestieg, um auf der anderen Seite des Wassers den Thron in Besitz zu nehmen, war ein Mann des Trotzes. Mit Cromwells Tod war der Puritanismus, jene Weltsicht voller reiner, enthaltsamer Frömmigkeit, ins Grab gesunken beziehungsweise in die Neue Welt verbannt. Die Revolution hatte in ihrem Eifer den Vater des nunmehrigen Königs einen Kopf kürzer gemacht und dessen Sohn ins Exil gezwungen. Charles II. unblutige Rache für das Schicksal seiner Familie bestand in der Absicht, alles rückgängig zu machen, was überhaupt rückgängig zu

machen ging. Weil sich das auf dem Gebiet der Ökonomie bald als völlig unmöglich erwies, sollte wenigstens im Bereich der Künste und der Moral die spießerische Muffigkeit weggefegt werden.

Noch bevor die Künstler und Gaukler an den Hof kamen, waren die Mätressen schon da. Die lange Reihe der königlichen Bettgenossinnen, die sich nicht nur mit Geld, sondern auch mit Titeln bezahlen ließen, wurde von Barbara Palmer eröffnet, einer verheirateten Frau mit ausgeprägtem Karrierebewußtsein. Kaum hatte sie sich Charles hingegeben, wurde ihr Gatte mit der Würde eines Grafen und eines Barons honoriert, sie selbst avancierte zur Herzogin von Cleveland. Als kurz darauf der König Katharina von Braganza ehelichte, sah Barbara bereits Mutterfreuden entgegen, wobei unklar blieb, ob sich der Ehemann, der Monarch oder ein gewisser

Allegorische Darstellung der weiblichen Unzucht. Kupferstich, 17. Jh.

Philip Stanhope der Vaterschaft rühmen durften, denn auch mit letzterem unterhielt sie ein einträgliches Verhältnis.

Es ist überhaupt rätselhaft, wie es die Palmer fertiggebracht hat, bis 1674 Charles Mätresse zu bleiben, denn man wußte am Hofe nicht nur, daß sie dem König Hörner aufsetzte, sondern auch mit wem – und zwar mit dem Höfling Henry Jermyn, dem Schauspieler Charles Hart, dem Seiltänzer Jacob Hall und mit John Churchill, der auf Barbaras Betreiben Graf von Malborough wurde und aus dessen Nachkommenschaft knapp 300 Jahre später Englands berühmtester Premierminister hervorgehen sollte.

Nell, die Tochter einer dicken Frau

Bereits ein Jahr nachdem Barbara nun doch das königliche Bett für immer räumen mußte, saß eine andere junge Frau dem Maler Sir Peter Lely Modell. Das Bild ist erhalten. Es zeigt eine temperamentvolle, junge Dame mit schwarzem Lockenkopf, schalkhaftem Blick und nackten Schultern. Ihr sinnlich geschwungenen Lippen zeugen von viel Selbstbewußtsein, zu dem sie freilich auch allen Grund hatte. Immerhin war die Porträtierte aus einem durchaus lumpigen Badehaus zur neuen königlichen Mätresse aufgestiegen.

Als Nelly Gwyn 1650 das Licht der Welt erblickte, saß Charles noch im französischen Exil. Ihre Mutter soll eine ungewöhnlich dicke Frau gewesen ein, die dem Whisky und den Zigarren bis zum Exzess zusprach. Sie arbeitete als Vorsteherin eines jener Badehäuser, in denen auch andere Triebe befriedigt wurden als nur die nach Reinlichkeit. Dort diente auch Nells ältere Schwester als Prostituierte.

Nell selbst begann ihre Karriere in einem primitiven Keller-Café, zu dessen

Räumlichkeiten auch ein Zimmer gehörte, in das die Serviererinnen mit einem liebeshungrigen Gast kurz verschwinden konnten, um ihr Gehalt durch einen flüchtigen Liebesdienst aufzubessern. Das junge Mädchen hätte wohl schwerlich aus eigener Kraft diesem Milieu entkommen können. Doch hier griff Charles das erste Mal in Nells Leben ein, freilich nicht direkt und in persona, aber durch seine Politik.

Für die Puritaner hatte das Theater stets zu den Stätten des Lasters gehört. Wenn es schon nicht möglich war, die Schauspieltruppen gänzlich zu verbieten, so durften sie wenigstens keine Frauen auf der Bühne beschäftigen. Deren Rollen mußten von Männern gespielt werden. Das wurde unter dem neuen König anders. Shakespeares Julia brauchte nicht länger ein junger Mann, sondern durfte eine Frau sein. Ganze Scharen von Aktricen nebst weiblichen Hilfskräften zogen in die Theater ein, und auch Nell verließ ihr stickiges Café und verdingte sich an einem Musentempel als Obstverkäuferin. Offenbar hat sie sich dabei besser in Szene zu setzen vermocht als manche Schauspielerin auf der Bühne. Sie kam schnell zu Geld, aber sicherlich nicht, weil die Provision auf ihre Orangen so hoch war. Sie entzückte die männlichen Zuschauer durch immer elegantere und offenherzigere Kleider, bis schließlich das richtige Opfer eingefangen war. Es handelte sich um den Grafen von Buckingham, der am Hofe als eine Art Sexualagent des Königs tätig war, das heißt, der überall nach jungen Schönheiten Ausschau hielt, um sie möglicherweise in die Mätressenschar des Monarchen einzureihen.

Buckingham arrangierte für Nell ein Tête-à-tête mit Charles. Der König hätte das Mädchen sofort in seine erotischen Dienste gestellt, wenn nicht bei dieser Gelegenheit – wohl das einzige Mal – der hübschen Klientin niedrige Herkunft zum Durchbruch gekommen wäre. Nachdem sie Seiner Majestät sexuell gefügig gewesen war, verlangte nämlich Nell unumwunden Bargeld, anstatt zu warten, bis der König gnädigst von sich aus zur Börse griff. Das brachte sie für kurze Zeit in die zweite Reihe der Mätressenschar. Doch offenbar müssen die erotischen Qualitäten der jungen Dame dem Herrscher unvergeßlich gewesen sein. Er empfing sie immer häufiger, und bald bezog Nell ein fürstlich ausgestattetes Haus, was auch äußerlich bekundete, daß sie nun zur Nummer Eins in des Königs Bett avanciert war. Im Volk wurde Nell sehr populär, schon deshalb, weil sie zu den wenigen protestantischen Mätressen am Hof gehörte. Man hoffte, daß ihr Einfluß des Königs heimliche Neigung zum Katholizismus wenigstens dämpfte. So wurde sie in die Rolle einer religiösen Missionarin gedrängt, der man noch zu ihren Lebzeiten ein Drama widmete: »Die vorgebliche Kurtisane« (1679) von Aphra Behn.

Staatsrente für sexuelle Auslandsmission

Ganz so emphatisch wird es in Wirklichkeit nicht zugegangen sein. Was allerdings diese Mätressen von den einfachen Prostituierten unterschied, waren zwei wichtige Sachverhalte: Zum einen lebten diese Frauen mit dem jeweiligen Monarchen über eine bestimmte (in manchen Fällen gar nicht so kurze) Zeit in einer Art Pseudokonkubinat, zum anderen waren sie sowohl passives Objekt wie auch aktives Subjekt mit teilweise weitreichenden politischen, oft sogar militärischen Einflüssen. Die absolutistischen Höfe Europas waren schier undurchdringliche Nester von Kabalen, und mancher Intrigant wußte genau, daß der sicherste Weg, sein Anliegen vor den König zu bringen, der über dessen Mätresse war. Gelegentlich wurden diese Frauen sogar mit diplomatischem Auftrag

ins Ausland geschickt. Das trifft zum Beispiel auf die Mätresse Louise de Kéroualle zu, die vom französischen König Ludwig XIV. an den Hof Charles II. entsandt worden war, um mittels weiblicher Waffen die anglo-französischen Beziehungen zu verbessern. Die Emissionärin ging sehr geschickt zu Werke. Sie verweigerte sich zunächst keusch Seiner Majestät, was zur Folge hatte, daß der alternde König um so mehr für sie entflammte. Als sie sich ihm endlich hingab, entlohnte er die Französin gleich mit mehreren Hoftiteln, von den materiellen Großzügigkeiten ganz zu schweigen. Die Öffentlichkeit argwöhnte, daß die Fremde nicht nur zu des Monarchen Lustbarkeit von Versailles ausgeschickt worden war. Vielmehr vermutete man zu Recht, daß Louise den König vom protestantischen Weg abbringen sollte, auf dem er ohnehin ziemlich unsicheren Schrittes daherging. So wurde die katholische Louise zur Bettgegenspielerin der protestantischen Nell.

Wenn auch nicht unbedingt sexuell, so aber doch politisch trug in dieser Auseinandersetzung die englische Obstverkäuferin aus dem Theater den Sieg davon. Zwar wurde 1670, als Louise schon in Charles Bett lag und sich darin mit Nell abwechselte, der Geheimvertrag von Dover zwischen England und Frankreich abgeschlossen. (Dessen Zustandekommen konnte sich die Mätresse von der Seine durchaus als diplomatischen Erfolg teilweise mit zuguteschreiben.) Doch schon drei Jahre später erfolgte der Abschluß der sogenannten Testakte, die die Katholiken von allen Staatsämtern ausschloß. Nells Fraktion am Hof hatte sich behauptet. Als dies geschah, feierte der Sohn Louise de Kéroualles, der dereinst als erster den Titel eines Grafen von Richmond tragen sollte, seinen zweiten Geburtstag.

Als Charles 1688 starb, ging Louise zurück nach Frankreich. Ihr englischer Besitz wurde konfisziert. Doch der französische Hof wußte ihre Verdienste um das Vaterland zu schätzen. Er setzte der Mätressen-Diplomatin eine hohe Leibrente aus.

Büchsenknall und Lustgestöhn

So sehr sich diverse Bettgeschichten und Politik unter der Herrschaft Charles II. ineinander verwoben, so sollte er doch auf diesem Gebiet noch seinen Meister finden, der ihn darin um etliches übertraf. Er wurde 1710 geboren, als Englands Mätressenmonarch schon 22 Jahre tot war: Ludwig XV. von Frankreich.

Als Ludwig den Thron bestieg, war er gerade fünf Jahre alt. 28 Jahre regierten für ihn andere, zunächst Philipp II. von Orléans, dann Kardinal Fleury. Es mußte wohl den Charakter und den Machtwillen eines Menschen verderben, wenn man ihn erst als Zweiunddreißigjährigen in seine Rechte einsetzte, wie das im Falle Ludwigs XV. geschah.

Von der Politik weitgehend ausgeschlossen und ihr aus innerer Motivation wohl auch kaum zugetan, interessierte sich der junge Monarch zunächst nur für die Jagd. Seine Ehe mit Maria Leczinska, der Tochter des exilierten polnischen Königs, betrachtete er mehr als eine Sache der Pflicht als der Liebe und der Lust. Und auch die junge Gemahlin muß es bald leid gewesen sein, dem Herrscher nur ein Kind nach dem anderen zu schenken und ansonsten so gut wie nicht beachtet zu werden. Nach einigen Jahren jedenfalls verweigerte sie dem Monarchen kurzerhand den Zutritt in ihr Schlafgemach, nicht ahnend, daß sie damit eine Serie von Mätressenaffären von solchem Ausmaß auslöste, wie sie die Sittengeschichte bis dahin noch nicht hatte registrieren können. Gegen das, was nun folgen sollte, nahmen sich die Erotikgeschichten des englischen Charles wie Gesellenstücke aus.

Die Sache begann mit einer Affekthandlung. Erzürnt über die Abweisung an der ehelichen Schlafzimmertür, verlangte Ludwig von seinem Kammerdiener, ihm irgendeine Frau zu bringen. Entweder war dieser auf eine solche Forderung längst vorbereitet oder hatte durch Zufall eine besonders glückliche Hand. Jedenfalls muß die junge Frau, die bereits wenige Minuten später das Boudoir betrat, Seine Majestät in höchstem Maße befriedigt haben. Sie wurde sehr gut bezahlt und verschwand ebenso schnell wieder in der Bedeutungslosigkeit, wie sie aus ihr hervorgetreten war.

Ludwigs Beratern jedoch gab die Episode zu denken. Konnte es, so spekulierten sie, nicht möglich sein, daß den König öfters solche sexuellen Begehrlichkeiten heimsuchten und wäre es da nicht vorteilhaft, eine Frau zur Verfügung zu haben, die neben ihren körperlichen Reizen auch politischen Verstand mit in Ludwigs Bett nahm, um die Ambitionen ihrer Hintermänner ganz beiläufig zu vertreten.

Auf der Suche nach einer solchen Person fiel die Wahl auf eine junge Bedienstete aus der Gefolgschaft der Königin, auf Louise Julia de Mailly. Die Entscheidung schien zwar dem erotischen Geschmack des Königs zu entsprechen, aber die Arrangements des ersten Treffens waren schlecht. Der formelle Devotismus, den die junge Adlige an den Tag legte, ließ Ludwig nicht ahnen, daß die Dame zu noch ganz anderem bereit war.

Nach diesem Fehlschlag beschlossen die einflußreichen Regisseure im Hintergrund, direkter vorzugehen. Sie legten Madame de Mailly halbnackt und in aufreizender Pose auf eine Couch und führten den König wie zufällig an der leicht pornographischen Szenerie vorbei. Diesmal biß der Monarch mit solch einer Vehemenz an, daß die Hofdame nach vollbrachtem Werk derangiert vor ihren Auftraggebern erschien, ihre nackten, von den Spuren der Lust gezeichneten Beine vorwies und ausrief: »Nun seht, was dieser Wüstling aus mir gemacht hat!«

Nichtsdestoweniger stieg Mailly binnen kurzem zur königlichen Prostituierten auf. Die Königin erzürnte sich maßlos. Zwar war ihr klar, daß Ludwig schon ein Weib brauchte, wenn sie sich ihm selber verweigerte. Daß dieser Ersatz aber aus ihrem eigenen Hofstaat kam, fand sie in höchstem Maße geschmacklos. Ludwig scherte sich wenig um diese ehelichen Proteste. Der Querelen von Versailles überdrüssig kaufte er seiner Mätresse Schloß Choisy und mietete sich dort gleich selber mit ein.

Doch bald begriff Madame de Mailly, daß der König im Alltag weit schwerer zu ertragen war als bei gelegentlichen lustvollen Begegnungen. Seine emphatische Neigung zur Jagd ging ihr ebenso auf die Nerven wie seine Einfallslosigkeit gegenüber allen Dingen, die nichts mit Büchsenknall und Lustgestöhn zu tun hatten.

All dies allein zu ertragen, schien Madame auf die Dauer unmöglich. Da besann sie sich ihrer vier Schwestern, die – darf man den Chroniken glauben – bis auf eine von ihnen Gespielinnen des Königs wurden.

Der Konkubine-Dynastie der Maillys im Bett des Monarchen folgte eine Bürgerliche. Sie hieß Jeanne-Antoinette Poisson, war 24 Jahre alt und seit kurzem mit Charles Guillaume la Normant d'Etoiles verheiratet. Kaum hatte die bildschöne junge Dame das erotische Interesse des Souveräns bemerkt, überredete sie ihren Gatten zu einer längeren Geschäftsreise. Als Guillaume zurückkehrte, war Jeanne-Antoinette inzwischen die Chefmätresse des Königs geworden. Die neue Konkubine erhielt umgehend den Titel einer Marquise und einen neuen Namen, der sie in der erotischen Kulturgeschichte Europas unsterblich machen sollte: Madame de Pompadour.

Das Phänomen Pompadour

Die Pompadour erlangte sehr schnell große Berühmtheit. Kinder, Moden und Farben wurden nach ihr benannt, zahllose Bücher über sie geschrieben, eine Operette trug ihren Ruhm um die Welt.

Bei sachlicher Betrachtung stellt sich schnell heraus, daß die Pompadour all ihren Vorgängerinnen (und sicher auch, sieht man von einer ab, den meisten ihrer Nachfolgerinnen) überlegen war, denn sie besaß eine Eigenschaft, die in diesem Gewerbe sehr selten anzutreffen ist: Sie konnte strategisch denken.

Ihr wurde sehr schnell bewußt, daß nicht nur der sexuelle Trieb des Königs befriedigt, sondern auch sein geistiger Horizont erweitert werden mußte. Auf diese Weise vermochte sie, die Welt der Kunst in das von Jagdlust dominierte Denken des Königs einzubringen.

Empfang im Schlafgemach der Dame. Die hohen Herren besuchten ihre Mätressen natürlich in deren Gemächern. Kupferstich von J. D. St. Jean, 17./18. Jh.

111

Die Mailly-Mädchen hätten es nie gewagt, sich der Königin zu nähern. Die Pompadour brachte es fertig, sich ihr zur Freundin zu machen und die permanenten Spannungen zwischen dem gekrönten Paar wenigstens auf einem erträglichen Niveau zu halten. Aber sie war auch Diplomatin in der Politik. 1756 begünstigte sie nachweislich das Bündnis Frankreichs mit Österreich gegen Friedrich II. von Preußen, sie spielte also mit in der Ouverture zum Siebenjährigen Krieg (1756–1763), den dann freilich ihr König verlor.

Möglichen eigenen Niederlagen wußte sie allerdings weit geschickter zu begegnen. So war es ihr nicht entgangen, daß der König auf ihren bombastischen Bällen immer jüngeren Frauen schöne Augen machte. Aus dieser Richtung drohte ihr größere Gefahr als von den Truppen der Siegermächte. Doch die Pompadour zeigte sich auch hier als virtuose Beherrscherin der höfischen Spielregeln. Statt sich auf einen zermürbenden Kleinkrieg mit ihren potentiellen Konkurrentinnen einzulassen, veranlaßte sie den Kauf eines kleinen Hauses im Wildpark von Versailles. Dort wurden ständig zwei, drei blutjunge Mädchen untergebracht, die dem König zur Verfügung standen, wenn er der welkenden Schönheit der Pompadour keine allzu stimulierenden Seiten abgewinnen konnte. Der französische Absolutismus hatte sein monarchisches Minibordell, dem die Pompadour vorstand und das von einer gewissen Mademoiselle Bertrand als sogenannte Obermutter verwaltet wurde.

Ein Jahr nach der Niederlage im Siebenjährigen Krieg starb die erst dreiundvierzigjährige Pompadour. Ihr Name ist in der Welt der Mode erhalten geblieben. Der Pompadour bezeichnet jene kleine Beuteltasche, die viele Jahrzehnte die Prostituierten der Welt auf ihren Patrouillengängen der Liebe begleiten sollte.

Glanz und Tod der Dubarry

Kaum lag die Pompadour unter der Erde, begann die Suche nach einer geeigneten Nachfolgerin. Doch das war schwieriger als vermutet. Der alternde König wurde selbst gegenüber bedeutend jüngeren Frauen immer wählerischer. So folgte ein vierjähriges Mätressen-Interregnum.

Schließlich gelang der große Wurf mit einem vierundzwanzigjährigen Mädchen aus der Provinz namens Jeanne, der Tochter einer Kneipenwirtin und eines unbekannten Vaters.

Jeannes Mutter muß eine lebenstüchtige Frau gewesen sein. Sie kam mit ihrem Kind nach Paris, um bei bekannten hauptstädtischen Prostituierten eine Anstellung als Haushälterin anzunehmen. Später heiratete sie einen Beamten, der immerhin so wohlhabend war, daß er Jeanne in einem Kloster erziehen lassen konnte.

Danach verlieren sich die Lebensspuren des jungen Mädchens für ein paar Jahre im dunkeln. Es heißt, sie soll für eine berühmte Pariser Bordellwirtin tätig gewesen sein. Als was, ist nicht bekannt – aber angesichts ihrer Schönheit und ihrer mustergültigen Proportionen kommt eigentlich nur eine Beschäftigung in Frage. Doch genaues weiß man nicht.

Licht kommt erst wieder in die Biographie Jeannes mit dem Jahre 1763, als sie die Geliebte des Grafen Dubarry wurde, ein Mann zweifelhaften Rufes, von dem man nicht so recht wußte, wie er überhaupt zu seinem Adelstitel gekommen war.

Als Gattin des Bruders von Dubarry wurde Jeanne Ludwig vorgestellt, eine etwas leichtsinnige Aktion der königlichen Mätressensucher, denn an der Sache war natürlich kein Wort wahr. Offenbar gingen sie davon aus, daß Seine Majestät wieder kein Interesse zeigen würde. Doch womit keiner gerechnet hatte: Ludwig entflammte sofort. Das brachte die für die erotischen Angelegenheiten des Königs zuständigen

Lais von Korinth. Die gleichnamige berühmte griechische Hetäre war lange nach ihrer Zeit Anlaß zur künstlerischen Auseinandersetzung mit dem Thema der käuflichen Liebe. Gemälde von Hans Holbein d. J., 1526. Kunstmuseum Basel

Marly-le-Roi.
Das Lustschloß nahe
Versailles nutzte
Ludwig XIV. für seine
intimen Tête-à-têtes.
Gemälde von
Pierre-Denis Martin,
1723. Musée de
Versailles

Der verlorene Sohn.
Das biblische Gleichnis
des verlorenen Sohnes,
der mit den Dirnen Besitz
und Ehre verpraßt und
mit den Schweinen
essen muß, war für
viele Künstler immer
wieder ein beliebtes
Thema. Gemälde von
Johannes Liss, um 1620.
Gemäldegalerie der
Akademie der Künste
in Wien

»Möchten Sie nun Ihre
Bouillon?« Porno-
graphische Bilder, mit
denen die Bordell-
zimmer geschmückt
wurden, sollten
animierend auf die
Kundschaft wirken.
Kreidelithographie,
Paris, um 1840

Illustration aus
der »Galerie
zu den Memoiren des
... Casanova«.
Lithographie von
Julius Nisle, um 1850

Höflinge in arge Bedrängnis. Die Geburtsurkunde des Mädchens mußte sofort auf ein höheres Niveau der Herkunft gebracht und eine Scheinhochzeit mit dem besagten Dubarry-Bruder arrangiert werden. Am 22. April 1769, fünf Jahre nach dem Tod der Pompadour, wurde Jeanne, mittlerweile Comtesse Dubarry, offiziell am Hofe eingeführt und zur Mätresse Ludwigs XV. erhoben.

Der Monarch überschüttete die neue Geliebte mit Kostbarkeiten. Das königliche Kleinbordell im Wildpark wurde aufgelöst. Ludwig, der sichtlich alterte und längst nicht mehr der Weiberheld von einst war, sah in der Dubarry die Unifikation aller Frauen. Das hielt an, bis er fünf Jahre später, 1774, starb. Auf dem Totenbett gab er diese Eigenbilanz seines Lebens: »Ich habe schlecht geherrscht und regiert, weil ich wenig Talent habe und schlecht beraten worden bin.«

Indessen trieb die Entwicklung des Landes, von Mißwirtschaft, Unterdrückung und Korruption gekennzeichnet, immer schneller auf die Revolution zu. Als diese 1789 ausbrach, stand die Dubarry auf der royalistischen Seite. Unter der Jakobiner-Diktatur wurde sie wegen ihrer Verbindungen zu konterrevolutionären Emigranten zum Tode verurteilt und 1793 hingerichtet.

Die Vorbilder verdarben die Sitten

Die absolutistische Mätressenwirtschaft, wie sie am englischen und französischen Hof praktiziert wurde, fand die Bewunderung fast aller europäischer Monarchen, und sie setzten alles daran, sich auf diesem Gebiet gegenseitig zu übertreffen.

So soll Philipp III. von Spanien 322 uneheliche Kinder gehabt haben. In Deutschland machten die Klein- und Kleinstfürsten rigoros vom sogenannten »Jus primae noctis«, vom »Recht der ersten Nacht« Gebrauch, jener niederträchtigen Form des Sexualusorpatismus, die zugunsten des Herrschers die Untertanen der Freuden der Hochzeitsnacht beraubte.

Besonders schlimm tieb es Friedrich August I., Kurfürst von Sachsen und König von Polen, dessen Beiname »der Starke« wohl weniger auf seine politischen Erfolge als nachträglich auf den Umstand zurückgeführt worden war, daß auch er eine große Zahl illegitimer Kinder in die Welt gesetzt hatte. Das Schicksal einer seiner Mätressen machte besonders in seiner literarischen Nachwirkung Furore. Es handelt sich um Anna Konstanze Reichsgräfin von Cosel, einer politisch engagierten Frau, die, nachdem sie als Geliebte ausgedient hatte und den strategischen Interessen des Monarchen im Wege stand, hinter Schloß und Riegel verschwand. 27 Jahre wurde sie auf Schloß Stolpen gefangengehalten, lange Zeit von der unverbrüchlichen, aber trügerischen Überzeugung bestärkt, daß August sie wieder in seine Gnade aufnehmen würde. Sie kam erst frei, als der legendäre Weiberheld auf dem Königsthron 1733 starb.

Vielleicht ist die Cosel das drastischste Beispiel dafür, wie diese Frauen mehrere Rollen gleichzeitig spielten: Sie waren Objekte der Lust und wurden oft genug zum Spielball der Macht degradiert, nur selten haben sie wirklichen Einfluß auf die sachlichen Herrschaftsentscheidungen des Monarchen ausgeübt. Wenn sie diesen im Wege standen, wurden sie beiseite geschoben. Die meisten dieser Frauen haben diesen Zustand durchaus bewußt erlebt, wie zum Beispiel jene, die wir der literarischen Phantasie Schillers verdanken. In seinem bürgerlichen Schauspiel »Kabale und Liebe« sagt Lady Milford, die Favoritin des Fürsten zu ihrer Zofe Sophie: »Es ist wahr, liebe Sophie – ich habe dem Fürsten meine Ehre verkauft; aber mein Herz habe ich frei behalten – ein Herz, meine Gute, das vielleicht eines Mannes noch wert ist –

über welches der giftige Wind des Hofes nur wie der Hauch über den Spiegel ging – Trau' mir es zu, meine Liebe, daß ich es längst gegen diesen armseligen Fürsten behauptet hätte, wenn ich es von meinem Ehrgeiz erhalten könnte, einer Dame am Hof den Rang vor mir einzuräumen.«

Eben letzteres konnten sie nicht, weder die Mätressen von Charles noch die des starken August. Sie waren Opfer und Täter in einer Person, passives Objekt und aktives Subjekt dieses Systems. So wurde das Mätressentum als eine Form der höfischen Prostitution zu einem der markantesten Markenzeichen des späten Feudalismus, zum schillernden Symbol seines Untergangs.

Die Gassen der schönen Sünden

Das Haus in der »Straße der zwei Türen«

Prostitution gab es im 17. und 18. Jahrhundert allerdings nicht nur bei Hofe. Das allgemeine Dirnenwesen blühte ebenso, obwohl es in vielen Ländern noch offiziell verboten war. Die juristischen Edikte erwiesen sich ohnehin als uneffizient und unrealistisch. Die Anti-Prostitutionsparagraphen wurden häufigen Revisionen unterworfen, die letztlich darauf hinausliefen, daß man die käufliche Liebe nur unter Strafe stellte, wenn es eine moralisch engagierte, hochgestellte Persönlichkeit im konkreten Falle ausdrücklich verlangte oder wenn die Polizei aus anderen Gründen um eine Fahndung nicht herumkam. Auch das Strafmaß war mehr eine Sache des Gutdünkens als der genauen gesetzlichen Normierung.

Dieses juristische Vakuum erwies sich bald als das rechte Klima, in dem die Bordelle prächtig gediehen. In Paris war zur Zeit Ludwigs XV. und seines Nachfolgers das berühmteste Freudenhaus das von Madame Gourdan in der Rue des Deux Portes, der »Straße der zwei Türen«. Es handelte sich um das nämliche Etablissement, in dem die spätere Dubarry ihre ersten Sporen verdient haben soll.

Im Mittelteil des Gebäudes befand sich der Große Salon. Dort posierten die Mädchen bereits in den Stellungen, in denen sie ihre späteren Freier zu befriedigen gedachten. Ansonsten war das Bordell mit allen Raffinessen ausgestattet, die auch einem heutigen keine Schande machen würden. An den Wänden befanden sich pornographische Bilder, Statuen mit eindeutig-zweideutigen Personengruppierungen zierten die Flure, ein Horrorkabinett mit Peitschen und Foltergeräten war ebenso vorhanden wie eine Nische für Voyeure, die ein Paar beim Liebesakt heimlich beobachten wollten.

Das Haus der Gourdan war jedoch nicht nur ein Vergnügungs-, sondern auch ein Ausbildungszentrum. Im Requirieren junger Schönheiten vom Lande muß die Chefin eine Meisterin gewesen sein. Die »Neuerwerbungen« kamen zuerst in das Badehaus, das unmittelbar zum Bordell gehörte. Dort wurden sie gewaschen, gepudert und parfümiert, und erst dann erfolgte die Einweisung in die Künste und Kunstkniffe der Prostitution.

Die Gourdan unterhielt noch ein zweites Haus auf dem Lande, das die benachbarten Bauern sinnigerweise das »Kloster« nannten. Das Gebäude diente als Aufenthaltsort für kranke oder schwangere Liebesangestellte des Haupthauses in Paris, konnte aber auch in ein kleines Lustschloß verwandelt werden, wenn sich ein besonders hochgestellter Kunde dort einfand.

Eine andere berühmte Bordellchefin war eine gewisse »Madame Paris«, die in der Rue de Bagneaux ihr Geschäft betrieb, eine der besten Adressen für die französische Lebewelt in der Mitte des 19. Jahrhunderts. Das Freudenhaus wurde durch die Klage eines Priesters berühmt, der das

In der Empfangshalle eines Bordells. Der Kunde hat zunächst die Möglichkeit, anhand der Bilder eine Dame seines Geschmacks zu wählen. Kupferstich, 17. Jh.

Die Geschäfte liefen immer besser, allerdings wurden die Wünsche der Kunden auch immer anspruchsvoller. Es gelüstete sie nach immer jüngeren Mädchen. Als aus diesem Grunde »Madama Paris« ein zwölfjähriges Kind für das Gewerbe anheuern wollte, erhielt sie in dieser Sache eine Anzeige. Die Polizei kam nun nicht umhin, einzugreifen und der Bordellwirtin Berufsverbot zu erteilen.

Aber solche Vorfälle hatten so gut wie keinen Einfluß auf die Blüte des Gewerbes. Um auch weniger bekannten oder etwas entlegeneren Bordellen Kundschaft zu verschaffen, engagierte man ganze Scharen männlicher Lockvögel, die den Reisenden verblümt oder unverblümt den Himmel auf Erden verhießen. Desweiteren kursierten in der Stadt Dirnenlisten mit genauer Anschrift der Mädchen, ihrem Preis und ihren sexuellen Spezialitäten. Besonders geschäftstüchtige Einzelprostituierte ließen spezielle Visitenkarten verteilen, auf denen sie sich unverhüllt den Kunden anboten. So offerierte ein gewisses Fräulein Adelaid vom Palais Royal Nr. 88 unverhohlen:

>   »Bist du auf Vergnügen aus,
>   so findest du mich stets zu Haus.«

Überhaupt bildete das Palais Royal, das einst für Kardinal Richelieu errichtet worden war, inzwischen den Haupttreffpunkt der Pariser Prostitution. Hier versammelten sich im 18. Jahrhundert täglich bis zu 1 500 Freudenmädchen.

Neben den normalen Bordellen gab es Freudenhäuser mit Spezialitäten. Bestimmte Etablissements waren Geistlichen vorbehalten, versehen mit besonders gesicherten Räumen, damit der Bruch des Gelübdes nicht nach außen dringen konnte. Andere Absteigen gaben die zweifelhafte Versicherung ab, daß man es bei den dort engagierten Mädchen nur mit Jungfrauen zu tun habe. Das mochte zwar im biologischen Sinne eine Übertreibung sein, fest-

zuchtlose Treiben aus seiner Nachbarschaft verbannt sehen wollte. Die entsprechende Eingabe kletterte den Instanzenweg nach oben und gelangte schließlich auf den ehrwürdigen Schreibtisch des Bischofs von Paris, der sich verpflichtet sah, seinem Glaubensbruder beizustehen. Aber auch Seine Eminenz wurde von der Polizei abgewiesen. Das besagte Haus, beschieden die Ordnungshüter, werde mit solch einer Akuratesse geführt, daß selbst der Herr Bischof ihm einen Besuch abstatten könne.

»Madame Paris« mußte also hochgestellte Freunde bei der Polizei gehabt haben. Daß sie ihr Etablissement in der Rue Bagneaux aufgab und 1750 in den Vorort Saint-Honoré umzog und dort das Hôtel du Roule eröffnete, lag weniger an behördlichen Schikanen als daran, daß die Chefin ihr Gewerbe noch einträglicher zu gestalten beabsichtigte. Nun saßen die Mädchen in aufreizende Kleidungsreste gehüllt im zentralen Warteraum, sangen und tanzten und warteten auf Kundschaft. Man konnte schon ein Mädchen für eine Nacht für zwölf Francs haben, wenn man mit der Dame jedoch souppieren wollte, kostete es **124** das doppelte.

steht jedoch wie das Beispiel von »Madame Paris« zeigt, daß damals auch schon Kinderprostitution vorkam. Freier, die exotischen Sex bevorzugten, konnten Bordelle mit ausschließlich farbigen Mädchen besuchen. Schließlich gab es Häuser, die von sich behaupteten, sie würden nur Damen aus Adelskreisen beschäftigen.

Der Sumpf, der sich an der Staatsspitze ausbreitete, wälzte seinen Morast in die Straßen und Gassen der Metropole absolutistischer Macht.

Die Spitzel der Unzucht

Wie jede Diktatur war auch das Reich Ludwigs XVI. ein Staat der Spitzel. Diese fanden sehr bald heraus, daß die Prostitution ihrem schmutzigen Handwerk ein vorzügliches Betätigungsfeld bot. So wurden die Bordellbesitzerinnen angewiesen, detaillierte Berichte über ihre Kunden, einschließlich ihrer speziellen Neigungen, anzufertigen. Der erpresserische Hintergrund dieser Order liegt auf der Hand.

Um hinter die Rekrutierungsmethoden vor allem bei jungen Mädchen zu kommen, schlüpften Geheimpolizisten selbst in die Rolle der Anwerber. Das tat auch ein gewisser François Guillotte, der von den Eltern eines siebzehnjährigen Mädchens

125

zum Schein folgendes Schriftstück unterschreiben ließ:

»Wir, die unterzeichneten François Ricard und seine Ehefrau, Perrine Ricard, geborene Boette, versichern auf Treu und Gewissen Herrn François Jacques Guillotte, daß wir uns über kein Kind beklagen werden, daß er möglicherweise mit unserer siebzehnjährigen Tochter, Marie Ann Ricard, haben wird, und wir stimmen zu, daß er mit ihr Geschlechtsverkehr ausüben kann, als wäre sie seine Ehefrau, vorausgesetzt er bezahlt uns die vereinbarte Summe von 300 englischen Pfund im voraus und daß er alle Kinder anerkennt, die er von unserer Tochter haben könnte ... – Paris, den 13. Mai 1729.«

Als die Eltern unterschrieben hatten, ließ der Spitzel sie wegen unzüchtigen Mädchenhandels festnehmen. Die beiden saßen zwar nur kurze Zeit im Gefängnis, aber die Presseberichte über den Vorfall sollten allen Bordellbesitzern deutlich machen, solche Anwerbungen besser im Einvernehmen mit der Polizei vorzunehmen.

Anderen Spitzeln diente die Kontrolle der Freudenhäuser mehr dazu, sich bargeldlos Kostproben der Lust zu verschaffen, als das offiziell noch bestehende Verbot durchzusetzen. Dem Polizeipräfekten de Sartine, der 1759 sein Amt übertragen bekam, wurde nachgesagt, daß er mit Konsequenz »alles verbiete, so daß auf diese Weise schon wieder alles erlaubt sei«.

Das bringt die Sache in der Tat auf den Punkt. Der absolutistische Staat war so voller Restriktionen, daß sie sich unversehens in lauter Lizenzen verwandelten. Aber auch diese Dialektik konnte nicht verhindern, daß die Geschichte über ihn hinwegging, daß der korrupte Hofklüngel immer weniger den Lauf der Zeit bestimmte und das Bürgertum, im Besitz zukunftsweisender Produktionsmittel, die Führung der Gesellschaft übernahm. Die freie, ungehemmte Entfaltung des Individuums wurde zum Postulat einer neuen Ära. Diese Forderung schuf auch für die Prostitution einen neuen Nährboden. Das war zwar in den Ländern weniger auffällig, in denen wie in Deutschland eine strenge Staatszucht oder wie in Österreich und Italien eine strenge Kirchenzucht die »öffentliche Moral« in Schach zu halten suchte. Umso ungehemmter breiteten sich die neuen Lebensauffassungen dort aus, wo der Dritte Stand wenigstens ökonomisch (wenn auch nicht in jedem Falle politisch) bereits an den Schalthebeln der Macht saß. Und das war in erster Linie in Frankreich und in England der Fall.

Die Entdeckung Englands

Diesen Wandel der Dinge begleitete die Tatsache, daß sich das kontinentale Europa im zunehmenden Maße für jene Insel zu interessieren begann, die jenseits des Kanals oft genug im diffusen Nebel lag. Die Engländer reisten seit eh und je in die Welt, aber die Welt reiste nur in den seltensten Fällen nach England. Das wurde nun anders.

Wer in der europäischen Gesellschaft des jungen Bürgertums etwas auf sich hielt, mußte wenigstens einmal in London gewesen sein. Und wie immer bei großen Menschenbewegungen war die Prostitution mit im Troß. Freudenmädchen aus den

Szene »Aus dem Leben einer Buhlerin«. Kupferstich von William Hogarth, England, Mitte 18. Jh.

Szene aus »Die Wirkungen des Fleißes und der Faulheit«. Von der Prostitution zur Kriminalität war es oft nur ein kleiner Schritt. Kupferstich von William Hogarth, 1747

Szene »Aus dem Leben einer Buhlerin«. Die Buhlerin ist soeben dabei, eine schwer arbeitende junge Frau abzuwerben. Kupferstich von William Hogarth, Mitte 18. Jh.

Orgie. Im Hinterzimmer eines englischen Wirtshauses geht es recht wild zu, so daß selbst der Wirtin das Entsetzen im Gesicht steht. Kupferstich von William Hogarth, 1735

Niederlanden, aus Frankreich, Deutschland und Italien packten ihre ärmliche Habe und reisten an die Themse. In der Mitte des 18. Jahrhunderts gab es in London 50 000 Dirnen.

Das Dirnentum durchzog alle Schichten der britischen Gesellschaft – beim König angefangen, der damals Georg III. hieß, ein Mann, der seiner Sinne nicht Herr war und deswegen 1811 unter Regentschaft gestellt werden mußte. Dessenungeachtet saß er 60 Jahre lang auf dem Thron. In dieser Zeit hat er nicht viel zuwege gebracht, und ein Zeitgenosse charakterisiert ihn: »Ohne Kenntnisse, ohne Geschmack, ohne einen Blick in irgendeine Wissenschaft, ohne Gefühl für irgendeine Kunst – und König! Die Erziehung hatte nichts getan, seinen Geist zu erweitern, welcher mehr als gewöhnlich von Natur beschränkt war.«

Seinen Sexualtrieb betreffend, war dieser Versager auf dem Thron von der Natur eher unbeschränkt ausgestattet, was die Errichtung eines speziellen Königsbordells notwendig machte. Es handelte sich dabei um einige Häuser in einer Gasse nahe des Saint-James-Palastes, ein herrschaftliches Lustareal, das – nomen est omen! – die Bezeichnung »Kings Place« trug.

Die alte, neue Angst: Syphilis

Ob sich der deutsche Partikularfürst sein kleines »Versailles« (und sei es nur in Form eines provinziellen Sommerpalais') errichten ließ oder ob sich der erfolgreiche Unternehmer aus Manchester in London eine Exklusivdirne hielt und nur in den feinsten Edelbordellen verkehrte – beide Dinge haben einen gemeinsamen Nenner: Sie belaufen sich auf eine weitgehend unkritische Imitation dessen, was die Staatsspitze mit Verve vorlebte. Der finanzkräftige Tuchfabrikant fühlte sich schon als halber Lord, wenn er es sich leisten konnte, eine

Dame auszuhalten, die einem Grafen nicht eben zur Schande gereicht haben mochte.

Doch Nachahmung als Hauptmotiv sozialen Handelns kann keine Bewegung in das gesellschaftliche Normgefüge bringen. So stellten die Prostituierten nach den bürgerlichen Revolutionen in England und Frankreich nicht mehr und nicht weniger dar, als sie vor diesen geräuschvollen Paukenschlägen der Geschichte dargestellt hatten. Ob unter Cromwell an der Themse oder später unter dem Direktorium an der Seine: Die Huren besaßen ihre unveränderte und offenbar unveränderliche Hierarchie, mit einer kleinen Schicht von Bestverdienerinnen an der Spitze und dem großen Fußvolk der Lust an der Basis jener Pyramide aus käuflichen Körpern.

Daran mochte auch die bürgerliche Aufklärung so gut wie nichts ändern. Im Gegenteil: Ihre begründeten Attacken gegen das absolutistische Mätressenwesen, wie sie beispielsweise von Diderot, Voltaire, Lessing und Schiller vorgetragen wurden, schienen jenen konservativen Moralisten recht zu geben, die in den Verlockungen des Fleisches seit eh und je die Wurzel aller Menschheitsübel sahen. Zwar hatte das neue Menschenbild der Aufklärung die freie Selbstbestimmung des einzelnen nicht auf dessen rationale Überzeugungen allein beschränkt, sondern sie ausdrücklich auch auf die körperliche Integrität und eine unbevormundete Liebesentscheidung ausgedehnt – in der Praxis der Prostitution aber hat all das nichts bewirkt. Zwischen dem, was in den philosophischen Traktaten und den Schauspieltexten stand, und dem, was die Pariser Conciergen Nacht für Nacht erlebten, lagen Welten, zwischen denen es kaum eine Brücke gab.

Nicht die Aufklärung griff regulierend und verändernd in das Dirnenwesen ein, sondern ihr geistesgeschichtliches Gegenteil: die Angst. Die philosophischen Interpretationen und Postulate wurden von der Macht des Faktischen ins Abseits gestellt.

Die Fakten aber besagten, daß in der ersten Hälfte des 19. Jahrhunderts die Verbreitung der Geschlechtskrankheiten erschreckend anstieg, ja in manchen europäischen Regionen jenen epidemischen Charakter annahm, der schon einmal im 16. Jahrhundert die Menschen erschüttert hatte.

Die allgemeine Verängstigung wurde dadurch verstärkt, daß es im Bewußtsein des einfachen Volkes damals vermeintlich nur eine Geschlechtskrankheit gab: die Syphilis. Zwar hatte Benjamin Bell bereits um 1790 zwischen Syphilis und Gonorrhoe unterschieden, und Philippe Record war 1837 der zweifelsfreie wissenschaftliche Beweis dieses Unterschiedes gelungen, doch sollte es noch Jahrzehnte bedürfen, bis dieser Sachverhalt in das allgemeine Bewußtsein drang.

Vorläufig war jede krankhafte Veränderung der Geschlechtsorgane, aber auch des allgemeinen Geisteszustandes im Volksbewußtsein »syphilitisch«. Dieser Umstand läßt es als erklärlich erscheinen, daß man sehr bald nach einer umfassenden gesundheitlichen Kontrolle der Prostituierten rief. Freilich stellte sich sehr bald heraus, daß diese medizinische Reglementierung genauso wirkungslos war wie die polizeiliche.

Das preußische Hin und Her

Paris und Berlin setzten sich im medizinischen Feldzug gegen die Prostitution an die Spitze. An der Seine wurden im wöchentlichen Wechsel die Bordell- und die Straßenhuren ärztlich inspiziert, so schrieb es jedenfalls die entsprechende Verordnung von 1809 vor. Die dafür zuständige städtische Gesundheitsbehörde bestand aus 26 Mitarbeitern, einem Chef, einem Chefassistenten, 14 Ärzten und 10 Sanitätern. Diese lächerlich kleine

129

Schar stand einem Heer von Prostituierten in einer der dirnenreichsten Städte der Welt gegenüber. So konnte es nicht ausbleiben, daß diese »Untersuchungen« eher Serienabfertigungen glichen. Dennoch erhielten die Mädchen ein Zertifikat in Form einer Karte, die der Besitzerin mit dem Diagnosedatum die Freiheit von Geschlechtskrankheiten bescheinigte. Diese Karte war jedem Kunden auf Verlangen vorzuzeigen, der sich daraufhin in völlig unbegründeter Sicherheit wiegte.

In Berlin ging man noch strenger – und mit größerem Bürokratismus – vor. Man stellte kurzerhand die Übertragung von Geschlechtskrankheiten unter Strafe. Wenn eine Dirne einen Kunden ansteckte, mußte sie für drei Monate ins Gefängnis und hatte anschließend die Arztkosten zu bezahlen. Umgekehrt wurde auch jedem Mann, der eine Dirne infizierte, mit Strafe gedroht. Das mochte sich auf dem preußischen Kanzleipapier vernünftig und gerecht lesen, nur in der Praxis bestand das schier unlösbare Problem darin, daß man bei einer Lebedame wohl schwerlich feststellen konnte, von wem sie angesteckt worden war, ebenso umgekehrt bei einem Lebemann. Dessenungeachtet beorderte man alle Berliner leichten Mädchen jede Woche einmal zur ärztlichen Untersuchung. Dabei konnte es, angesichts der damaligen absoluten Unkenntnis in Sachen Asepsis, durchaus passieren, daß eine Dirne gesund zum Arzt ging und ihn infiziert verließ. Sehr bald mußten die preußischen Beamten erkennen, daß ihre Mediziner mehr zur Verbreitung der Geschlechtskrankheiten beitrugen als zu deren Eindämmung.

Die Königsmauer als Sündendistrikt

Als man dies mit Erschrecken wahrnahm, griff man auf eine Methode zurück, die sich an anderen Orten und zu anderen Zeiten längst als unbrauchbar erwiesen hatte: auf die Kasernierung. Als Sündendistrikt wurde die sogenannte Königsmauer auserkoren, eine unansehnliche Häuserzeile, dunkel, verwinkelt und daher unübersichtlich. Dorthin wurden die 33 Bordelle, die die preußische Hauptstadt polizeilich lizensiert hatte, umquartiert. Die Gegend konnte es mit den düsteren Straßenszenerien eines E. T. A. Hoffmann aufnehmen. Die Folge war, daß bald mehr große und kleine Gauner das Quartier bevölkerten als Freier, die sich vom kriminellen Flair der Gegend abgestoßen fühlten und deshalb streunende Dirnen bevorzugten. Aber gerade das hatte ja verhindert werden sollen. Die preußische Prostitutionsbekämpfung erlebte ihr zweites Disaster. Am 1. Januar 1846 ließ der Innenminister alle öffentlichen Häuser an der Königsmauer entlang schließen.

Widerspruch gegen diese Maßnahme kam nicht nur von den unmittelbar betroffenen Dirnen, Zuhältern und Bordellbesitzern, sondern auch von einer völlig unvermuteten Seite, von der preußischen Armeeführung, die in der Existenz von Bordellen die friderizianischen Ordnungsprinzipien eher gewahrt sah, als im Aufblühen eines unkontrollierbaren Marktes der freien Liebe. Und in der Tat wurden 1851 die Berliner Bordelle wieder geöffnet, um fünf Jahre später wieder geschlossen zu werden. Dieses geradezu peinliche Hin und Her spricht für sich selbst. Der preußische Verwaltungsapparat, ansonsten gewohnt, allen Fährnissen administrativ zu begegnen, zeigte sich auf diesem Gebiet von geradezu kindlicher Hilflosigkeit. Auch die Aktivitäten der sogenannten Sittenpolizei, die zu dieser Zeit entstand, und die emsig Prostituierte und oft genug auch jene, die man der Prostitution nur »für fähig« hielt, zu »Eingeschriebenen« machte – selbst sie konnte am lädierten Ansehen der staatlichen Autorität in dieser Sache nicht viel ändern.

Ihr angeschlagener Ruf machte die Moralbeamten eher noch rigoroser als nachsichtiger. Polizeioffiziere drangen zu jeder beliebigen Zeit in die Behausungen der Dirnen ein und forderten detaillierte Informationen, die im Grunde genommen oft genug Denunziationen waren. Huren durften sich nicht in der Nähe von Kirchen und königlichen Gebäuden blicken lassen, nicht einmal ein Theater oder einen Zirkus besuchen. Die polizeiliche Einschreibung war zwar auf dem Papier freiwillig, sie konnte aber auch gegenüber »verdächtigen Personen« von »Amtes wegen« verordnet werden.

Die »Frauen der Queen«

Obwohl sich das preußische Kontrollsystem oft genug in seinen eigenen Widersprüchen verfing und in seiner Wirkung weit hinter den Erwartungen zurückblieb, wurde es in den meisten europäischen Großstädten für vorbildlich gehalten und – wenn auch mit Variationen im Detail – übernommen.

Lediglich die britische Demokratie, der amtliche Personenregistraturen, wen immer sie betrafen, von jeher suspekt erschienen, nahm die Sache so ernst, daß sich das Parlament innerhalb eines Jahrzehnts gleich dreimal in dieser Angelegenheit gesetzgeberisch betätigte (1864, 1866, 1869). Wenn schon die leichten Mädchen unter offizielle Kontrolle gestellt werden mußten, weil auch im Inselreich Horrorgeschichten umliefen, wie die Syphilis die Wehrkraft zu zersetzen begann, dann sollte

das nur dort geschehen, wo die militärische Macht am konzentriertesten den »Spirochäten der Lust« ausgesetzt war. Das betraf vor allem die großen Hafenstädte. Hier wurden die Dirnen behördlich auf Geschlechtskrankheiten untersucht, und im Falle eines negativen Befundes erhielten sie ein offizielles Lizenzdokument, was einige der solchermaßen beurkundeten Damen dazu verleitete, sich fortan »Frauen der Queen« zu nennen.

Im zweiten britischen Anti-Prostitutions-Gesetz von 1866 wurden zwar weitere Küstenstädte in das Kontrollsystem einbezogen, London aber, die größte Stadt Europas mit einem beträchtlichen Aufgebot an käuflichen Liebesspenderinnen, blieb noch immer von ihm unberücksichtigt. Das löste eine typisch englische Reaktion aus. 1868 wurde eine »Vereinigung zur Förderung der Ausweitung des Gesetzes über Ansteckungskrankheiten von 1866 auf die zivile Bevölkerung des Vereinigten Königreiches« gegründet. Der Verein machte in erheblichem Maße von sich reden, besaß bald 43 lokale Niederlassungen – und provozierte so seine Gegner, sich ebenfalls zusammenzuschließen. Widersacher und Befürworter des Gesetzes lieferten sich heftige polemische Duelle.

Die betreffenden Paragraphen freilich wurden nicht von diesen geifernden Kontrahenten ins Abseits gestellt, sondern vom Leben selbst. Das Parlament mußte bald erkennen, daß seine Verordnungen im Widerspruch zu den tatsächlichen technischen, administrativen und personellen Möglichkeiten standen. Es wurde medizinisch unzureichend und oberflächlich untersucht, und die Registratur lief der Realität in immer größerem Abstand hinterher. Es war, als wollte man auf einer Wiese jeden Grashalm mit einer Nummer versehen.

Die Befürworter der Kampagne trösteten sich über ihre Niederlage mit der Tatsache hinweg, daß die Infektionsrate der Syphilis **131**

nicht jene epidemische Höhe erklomm, die
man befürchtet hatte. Die tatsächlichen
Ursachen, daß man der Prostitution – wie
schon so oft in der Geschichte – nicht mit
staatlichen Restriktionen beikommen
konnte, lagen aber weniger auf veneri-
schem als auf sozialem Gebiet. Großbritannien lieferte dafür das klassische Beispiel,
die Entwicklungen in den anderen europäischen Ländern sind nur Variationen
dieses Exempels.

Die industrielle Revolution hatte völlig
neue Dimensionen von Bevölkerungskon-
zentrationen in den Städten bewirkt. Die
sozialen Mechanismen, die innerhalb dieser großen Menschenmengen funktionier-
ten, waren weitgehend verdeckt von der
geschäftigen Betriebsamkeit der Metropolen. Die sozialen »Erkrankungen« blieben
verborgen unter dem Glanz, unter der Glo-
rie des aufstrebenden Empires. Zudem gab

132

es in diesem Jahrhundert schlimmere Übel
als die Prostitution, aber nur wenige, die
gleichermaßen sichtbar gewesen wären
und die in so auffälliger Weise dem Kodex
puritanischer Moral widersprochen hätten.
Vor allem aus diesem Grund wurde sie –
ähnlich wie Alkoholismus, Pornographie
und Kinderarbeit – Objekt sozialreformeri-
scher Bemühungen.

Ein zeitgenössischer Statistiker namens
Michael Ryan gibt für das Jahr 1839 die
Zahl der Londoner Prostituierten mit etwa
80 000 an. Die Themse-Metropole hatte damals 769 628 Einwohner, davon 394 814
weibliche. Dividiert man die letzte Zahl
durch Ryans Ziffer erhält man den Quo-
tienten 4,94. Das bedeutet: Fast jede fünfte
Londonerin wäre eine Prostituierte gewesen. Einigen Kritikern Ryans war diese
Zahl zu hoch. Doch sie könnte nach dem
zeitgenössischen Verständnis des Dirnen-
wesens wohl annähernd stimmen. Denn
der Begriff der Prostitution fand damals
eine ziemlich extensive Auslegung, und
man bezeichnete eine Frau schon als Hure,
die mit einem Mann in »wilder« Ehe lebte,
wozu viele schon aus wirtschaftlichen
Gründen gezwungen waren. Andererseits
vermehrten sich im industriellen Zeitalter
die sozialen Faktoren, die ein Anwachsen
der Prostitution in erheblichem Maße be-
günstigten. Folgende Sachverhalte wären
in diesem Zusammenhang unter anderen
zu nennen:

1. Die ständig anwachsende Produktivität
   der Arbeit machte es möglich, mit immer
   weniger Menschen immer mehr zu er-
   zeugen. Diejenigen, die in diesem Prozeß als erste von der Fabrik auf die Straße
   gesetzt wurden, waren Frauen im prosti-
   tutionsfähigen Alter.
2. Dem relativ niedrigen sozialen Standard
   des Proletariats stand ein hoher Kinder-
   reichtum in diesen Schichten gegenüber.
   Der Lohn des Vaters reichte meist nicht
   aus, die ganze Familie zu ernähren. Die

Ehefrau und die älteste Tochter mußten ein Zubrot verdienen. Es kam nicht selten aus den Bereichen der käuflichen Liebe.

3. Typisch weibliche Arbeiten (Hand- und Nadelarbeiten, Reinigungsarbeiten) standen in der Entlohnungsskala an unterster Stelle. So wurden die Berufe wie Dienstmädchen, Putzmacherin, Näherin und Friseuse zu den ergiebigsten Reservaten der Prostitution.

4. Der zunehmende Handel brachte häufiges Reisen der männlichen Oberschicht mit sich. Das beschwerliche Unterwegssein wurde durch manche exotische Annehmlichkeit erleichtert, und dazu gehörte in erster Linie die käufliche Schöne in der anderen Stadt. Aber oft genug war auch die eigene Heimatstadt mittlerweile so groß und damit anonym genug, daß der mit Bargeld finanzierte Seitensprung völlig risikolos verlief.

5. Die jungen Männer der Oberschicht hatten primär ihre Karriere im Auge zu haben. Die Gründung einer eigenen Familie stand erst zur Debatte, wenn die berufliche Existenz gesichert schien. Demzufolge wurde in diesen Kreisen immer später geheiratet. Bis dahin gaben die Dirnen, was die Ehefrau, die man sich noch versagte, später zu geben hatte.

Schon aus diesen fünf Faktoren geht hervor, daß die Prostitution keineswegs, wie mancher moralisierende Eiferer glauben zu machen suchte, ein Phänomen der unteren Schichten war. Sie bildete im Gegenteil das dubiose Begegnungsfeld der verschiedenen Klassen. Hier trafen sich arm und reich unter dem Mantel der Verschwiegenheit, es sei denn, die eine oder andere der käuflichen Damen wußte eine spitze Feder zu führen. Dann konnte die Angelegenheit sehr schnell bedrohlich werden, was der Fall der Harriette Wilson, geborene Dubochet, hinlänglich beweist.

Er – Sie – Es. Zuhälter, Dirne und deren Mutter. Die Prostitution der Tochter war oft die einzige Überlebenschance der Lumpenproletarier. Kohlezeichnung von Hans Baluschek, 1906

Wellington als Rattenfänger

Harriette stammte aus ärmlichen Verhältnissen. Ihre Mutter war mit einem Schweizer Uhrmacher verheiratet gewesen, der dem gepriesenen Fleiß seiner Landsleute ein schlechtes Zeugnis ausstellte und lieber auf Kosten seiner Frau lebte. Diese verdiente ihr Geld damit, vornehmen Herren die Strümpfe zu stopfen. Nebenher schenkte sie ihrem nichtsnützigen Mann 15 Kinder, von denen allerdings sechs bereits im Kindesalter starben. Von den sechs Mädchen, die überlebten, gaben sich vier der Prostitution hin und machten in diesem Gewerbe eine glänzende Karriere. Die eine heiratete später einen Lord, die an-

133

dere begann zwar als Straßenhure, besaß aber bald eine Nobelklientel, von der sie höchste Honorare empfing, die dritte avancierte zur Mätresse des Marquis von Hertford und die vierte schließlich, Harriette selbst, wurde landesweit berühmt und berüchtigt, weil sie an Verschlagenheit und Witz nicht nur ihre Blutsverwandten, sondern wohl auch alle ihre Berufsgenossinnen in den Schatten stellte.

Als nämlich Harriette den Zenit ihrer Karriere als Hure der feinsten Gesellschaft überschritten hatte und demzufolge ihre Einnahmen allmählich, aber unaufhaltsam zurückzugehen drohten, kam sie auf eine Idee, die später geradezu Schule machen sollte: Sie begann ihre Memoiren zu schreiben. Vorher aber wandte sie sich brieflich an all ihre Kunden und teilte ihnen mit, daß sie für 200 Pfund bereit wäre, den Namen des betreffenden Freiers aus dem Buch herauszulassen. Viele gingen auf diese frivole Erpressung ein und zahlten. Andere wiesen den Handel zurück, und manch einer wird das später bereut haben. Zu den Verweigerern gehörte auch der berühmte Admiral Wellington, der Held von Waterloo. Er beantwortete Harriettes Ansinnen mit dem lakonischen,

134

in roter Tinte geschriebenen Satz: »Schreib's und sei verflucht!« Später fand sich der gefeierte Seeheld folgendermaßen in den »Memoiren« wieder: »Wellington war nunmehr mein ständiger Besucher – ein sehr unterhaltsamer, der Himmel weiß es! Und wenn er am Abend seinen weiten roten Umhang trug, sah er aus wie ein Rattenfänger.«

Die »Memoiren«, die 1825 in Serien zu erscheinen begannen und die eine Vielzahl von Nachauflagen erlebten, brachten ihrer Autorin das stattliche Verlagshonorar von 10 000 Pfund ein, die zahlreichen Schweigegelder nicht mitgerechnet. Daß die Geldquelle so schnell nicht versiegte, war vor allem dem Umstand geschuldet, daß das Buch in Fortsetzungen erschien, versehen mit mehr oder minder diskreten Vorankündigungen. Mancher wird dann schnell zur Börse gegriffen haben, ehe er in der nächsten Folge womöglich an der Reihe war.

Obwohl Harriette auf diese Weise die englische Öffentlichkeit für geraume Zeit in Atem hielt, obwohl ihr Buch und die raffinierten Umstände seiner Veröffentlichung ihr reichlich Geld einbrachten, starb sie um 1840 unbeachtet und fast so arm wie am Anfang ihrer Karriere.

Eine weitere Berühmtheit: Lady Hamilton

Wir kennen heute nur die Biographien der prominentesten Huren des 19. Jahrhunderts, und diese machen im Riesenheer der Prostitution nicht einmal ein Prozent aus. Das Schicksal der meisten kleinen und mittleren versank schnell im Dunkel der Zeit. Aber auch die Lebensläufe der wenigen arrivierten Beischläferinnen haben den ambitionierten, auf Macht orientierten Glanz der absolutistischen Kurtisanen verloren. Es geht nunmehr nur noch ums

»Nach-oben-Schlafen«, um das Avancement um jeden Preis, auch um den der Geschmacklosigkeit. Das betrifft die Freundin von Harriette, Julia Johnstone, die sich auch literarisch versuchte und mit ihren »Wahren Bekenntnissen« einen billigen Abklatsch der »Memoiren« lieferte.

Selbst die berühmte Lady Hamilton ist von diesem Urteil nicht auszunehmen, obwohl sie wenigstens versuchte, die englische Politik auf Sizilien, wo ihr Gatte Botschafter im Range eines Ministers war, in ein günstiges Licht zu setzen. Bevor sie dazu überhaupt in der Lage war, mußte sie einen langen Weg durch adlige Betten hinter sich bringen. Und auch Hamilton hätte das ehelose Vergnügen mit der Schönen der Trauung vorgezogen, wenn nicht der Hof darauf bestanden hätte, daß die ständige Begleiterin des Ministers endlich salonfähig würde. Nach Erledigung dieser Formalität konnte sich die Hamilton an der Seite ihres Gatten auf dem Gebiet der Diplomatie betätigen. Hamilton hatte seine Geliebte einst von seinem Neffen übernommen, was sie nicht hinderte, ein Verhältnis mit dem Helden der Nation anzufangen, mit Admiral Horatio Nelson. Ihm schenkte sie 1801 eine Tochter, der sie den beziehungsvollen Namen Horatia gab. Die arrivierte Dirne wäre nie auf die Idee gekommen, sich wegen dieses Seitensprungs scheiden zu lassen. Schließlich stand beim Tod des gehörnten Gatten ein beträchtliches Erbe ins Haus, in dessen Genuß die Lady zwei Jahre nach Horatias Geburt kam.

Skandale wurden von Skandälchen abgelöst, Skandälchen von Skandalen. Cora Pearl, eine englische Prostituierte, die in der 2. Hälfte des 19. Jahrhunderts in Paris ihr Glück machte, pflegte ihre Kunden zu Festessen einzuladen, bei denen sie sich am Ende auf einem großen Silbertablett nackt als Nachtisch servieren ließ.

Wenn es in all diesen Prostituierten-Biographien den Anflug tragischer Momente

gab, dann waren davon stets die käuflichen Frauen betroffen. Zu den wenigen Fällen, wo sich diese Regel ausnahmsweise einmal umkehrte, gehörte der Fall Ludwig I. von Bayern und seiner berühmten Mätresse Maria Dolores Eliza Rosanna Gilbert, bekannt geworden unter dem Namen Lola Montez.

Der verjagte König und seine weitgereiste Konkubine

Die dunkelhaarige Frau mit dem spanischen Pseudonym stammte in Wahrheit aus Irland. Sie wurde 1818 in Limerick als Tochter eines britischen Armeeoffiziers geboren. Zusammen mit ihren Eltern ging sie als Kind nach Indien, doch der Vater starb bereits, als das Mädchen erst sieben Jahre alt war. Die Mutter tröstete sich schnell über den Tod des Gemahls, heiratete bald wieder und schickte die Tochter zur weiteren Erziehung nach Großbritannien. Als Neunzehnjährige entfloh sie dem strengen Pensionatsregime und begab sich in den Armen eines gewissen Kapitäns

135

James wieder nach Indien. Doch am Ganges erwies sich schnell, daß der Freiersmann zwar sein Heiratsversprechen wahrmachte, aber für die eheliche Treue höchst untauglich war. Enttäuscht begab sich die junge Frau ein zweites Mal auf die weite Heimreise, nun aber entschlossen, ihr Glück in die eigenen Hände zu nehmen. Sie wurde Tänzerin unter dem Künstlernamen Lola Montez.

Ihr Erfolg zu Hause war mäßig, doch auf den Europa-Gastspielen jubelte man ihr zu – vor allem jene Männer, die sich durch großzügige Spenden einen Weg in Lolas Bett zu erkaufen gedachten, was vielen, sehr vielen gelang. Mit diesem recht zweideutigen Ruf kam sie 1846 nach München und setzte ohne viel Anstrengung das Herz des bayerischen Königs in Flammen.

Nun hatte der Monarch schon in den Jahren zuvor durch allzu große Repräsentationsfreude den Unmut seiner Untertanen hervorgerufen. Unter seiner Regentschaft waren in der Metropole die Feldherrenhalle, die Pinakothek und das Odeon entstanden. So sehr diese Bauten später zum architektonischen Glanz der Stadt an der Isar beitrugen, so machten sie andererseits das große soziale Gefälle zwischen Hof und Volk über alle Maßen deutlich. Auch die Mätressenwirtschaft des inzwischen über sechzigjährigen Monarchen wurde nicht nur bespöttelt, sondern mit immer zorniger werdenden Kommentaren versehen.

In diese gereizte politische Situation platzte die Tänzerin mit dem spanischen Flair hinein. Fast mühelos brachte sie den vom Volkszorn bereits angeschlagenen Monarchen vollends um den Verstand. Ludwig räumte Lola nicht nur in seinem Schlafgemach völlige Bewegungsfreiheit ein, sondern auch – was viel schlimmer war – in seiner Verwaltung. Die Montez sorgte für die Entlassung zahlreicher königlicher Berater, besonders jener, die aus dem jesuitischen Umfeld kamen. Gegen

eine Jahresentschädigung, die das Gehalt eines Ministers um etliches übertraf, schaltete und waltete sie mit unbedarfter Arroganz, brüskierte hohe Beamte und ließ nur eine Meinung gelten, nämlich die eigene. Schließlich wurde die gesamte königliche Regierung vom Volk als Lola-Ministerium verspottet.

Doch dann kam das Revolutionsjahr 1848, und die an sich royalistischen Bayern jagten ihren König, der sich so bedingungslos in die Hände einer ausländischen Balletteuse gegeben hatte, ohne viel Federlesens vom Thron und seine Konkubine außer Landes.

In dieser Situation freilich zeigte sich, daß die Montez einen neuartigen Mätressentyp verkörperte. Wie kaum eine ihrer Vorgängerinnen in diesem einträglichen, aber anrüchigen Geschäft zeigte sie sich von ihrem »Herrn« unabhängig, die solitäre Bindung an das politische oder menschliche Schicksal des Monarchen fehlte. Sie wußte, wie es auch ohne Ludwig weiterging – was zum Beispiel der Pompadour nicht so ohne weiteres gelungen wäre. Auch im Bereich der Spitzenprostitution machten sich emanzipatorische Züge deutlich: der Sturz des »Aushälters« ist nicht mehr unbedingt identisch mit dem Sturz der Ausgehaltenen.

Lola Montez hat das bayerische Disaster später sogar geschickt vermarktet. Sie ging nach einem kurzen Aufenthalt in Spanien später nach Amerika, wo sie in einer Show unter dem Titel »Lola Montez in Bayern« auftrat und vor allem in den Goldgräberstädten Kaliforniens großen Erfolg hatte. In San Francisco heiratete sie schließlich einen betuchten Zeitungsverleger, den sie bald genauso tyrannisierte wie den bayerischen Ludwig, so daß der Pressemann heilfroh schien, als seine Angetraute für einige Zeit nach Australien entschwand.

Von dort kehrte die Montez mit angeschlagener Gesundheit zurück, entschlossen, den Rest ihres Lebens damit zu verbringen, möglichst viele New Yorker Straßenhuren dem seelischen Heil zuzuführen. Obwohl sie 32 Jahre jünger als ihr einst geliebter Monarch gewesen war, ging sie diesem um sieben Jahre in den Tod voran. Sie starb 1861 in der anonymen Millionenstadt, Ludwig endete 1868 in Nizza.

Das turbulente Leben der Lola Montez zog zahlreiche begabte, aber auch minder talentierte Schriftsteller wie ein Magnet an. Das Publikum in der zweiten Hälfte des 19. Jahrhunderts verlangte – namentlich in den USA – nach Sensationen und Indiskretionen. Was konnte also aufregender sein, als einen Blick in das geheimnisvolle Leben der großen und kleinen Prostituierten zu werfen. Die Hure wird so zur großen Entdeckung der Literatur.

Die vermarktete Lust

Gute Hure, böse Hure

Die Darstellung der käuflichen Liebe war für die Dichter schon immer von großem Reiz gewesen. Das Motiv der Dirne und die Absichten und Haltungen, die sich mit ihrer Darstellung verbanden, unterlagen jedoch im Verlauf der Jahrhunderte großen Veränderungen. In diesen Veränderungen spiegelt sich die instabile Stellung der Prostitution im gesellschaftlichen Wandel der Zeiten, das verschiedenartige Maß ihrer Anerkennung oder Verurteilung, ihrer juristischen Duldung oder Verbannung. Die Moral der jeweiligen Zeit, die jeweils dominierenden religiösen Dogmen formten die künstlerische Reflektion dieses Themas.

In der Antike wurde – auch in der literarischen Gestaltung – die Dirne als ein Wesen behandelt, das ganz selbstverständlich zum Leben, vor allem zum städtischen, dazugehört. Sowohl in der attischen wie in der römischen Komödie agiert die Hetäre als ein wichtiger Bestandteil des theatralischen Personenensembles. Die Kritik an ihr kommt, wenn sie überhaupt erfolgt, aus charakterlichen, nicht aus moralischen Motivationen. Lukians »Hetärengespräche« und Alkiphrons »Hetärenbriefe« sind Zeugnisse jenes vorurteilsfreien Umgangs mit dem Gewerbe der käuflichen Lust.

Doch mit dem Siegeszug des Christentums änderte sich das von Grund auf. Zwar war die Hure noch immer ein beliebtes Motiv verschiedenartigster Legenden und frommer Geschichten, sie wurde aber vor allem benutzt, um zu zeigen, wie die Kraft des Glaubens auch die verworfensten Geschöpfe zu läutern und dem Seelenheil zuzuführen vermag. Das Neue Testament hatte in der Gestalt Maria Magdalenas sozusagen das Besserungsmodell einer Hure geliefert, denn hier hatte Jesus Christus selbst das Werk der Bekehrung einer Prostituierten vollbracht. Keine, auch noch so kritische Schrift der Antike hätte den leichten Mädchen die Aufgabe ihres Gewerbes abverlangt, die christlichen Schriften zu diesem Thema taten das alle. Ob sich die Mönche oder Nonnen, die oft genug als die Autoren dieser meist anonymen Geschichten in Frage kamen, mehr am Verworfensein der jungen weiblichen Geschöpfe innerlich vergnügten oder an deren schließlicher moralischer Erleuchtung, sei dahingestellt. In fast allen Fällen nimmt jedenfalls die Darstellung der Sünden mehr Raum ein als die Schilderung des Zustandes der Errettung.

Daneben gab es spätestens seit dem 14. Jahrhundert in allen europäischen Ländern volkstümliche Darstellungen der Dirne, die – nicht unbedingt der christlichen Lehre folgend – das Gewerbe in der gleichen Weise wertfrei schilderten, wie das die klassischen Werke der Antike getan hatten. In ihnen verschaffte sich der ungestüme Daseinswillen der plebejisch-bäuerlichen Schichten Geltung, und die Huren treten uns als vitale Geschöpfe in einem unerbittlichen Daseinskampf entgegen.

Die europäische Aufklärung, die neben anderem auch ein neues Verhältnis zur Volkskultur zu definieren suchte, hat die beiden auseinanderdriftenden Motivstränge erneut zu bündeln getrachtet. Sie ließ die einfache Hure ungeschoren und nahm statt ihrer die arrivierte ins Visier. Die Kritik an der Mätressenwirtschaft des Absolutismus hatte weniger religiös-moralische als politisch-reformerische Gründe. Beaumarchias' »Der tolle Tag« und Schillers »Kabale und Liebe« sind dafür überzeugende Beispiele.

Im 19. Jahrhundert, namentlich in dessen zweiter Hälfte, kam es zu einer neuerlichen Änderung in der Entwicklung des Motivs. Hatten die christliche und die aufklärerische Literatur – trotz vieler unterschiedlicher Grundpositionen – wenigstens insofern einen gemeinsamen Nenner, als sie Schrifttum als mögliches Mittel der Veränderung (sei es die der Seele oder die der politischen Zustände) verstanden, so war der Naturalismus auf eine Darstellung aus, die sich möglichst eng und ohne ästhetische Brüche an die Wirklichkeit anlehnte. Das bezog sich selbstverständlich auch auf die Prostitution.

Nun wollten es die Autoren genau bis ins Detail wissen, und die von ihnen dargestellten Dirnenschicksale mußten möglichst eine direkte Entsprechung in der Wirklichkeit besitzen. Da gab es beispielsweise eine gewisse Delphien Couturier, die Tochter eines französischen Farmers, die den wohlhabenden Arzt Eugene Delamare heiratete. Sie beging Ehebruch mit einem Nachbarn, später mit einem Bauern, einem Geistlichen und schließlich mit jedem, der dafür bezahlen konnte. Sie mißachtete nicht nur ihren Ehemann, ließ nicht nur ihre Tochter und Freunde im Stich, lebte nicht nur weit über die eigenen wie die familiären Verhältnisse, sondern sah sich vor allem außerstande, einen Weg der Umkehr zu finden. So nahm sie schließlich eine Überdosis Arsen.

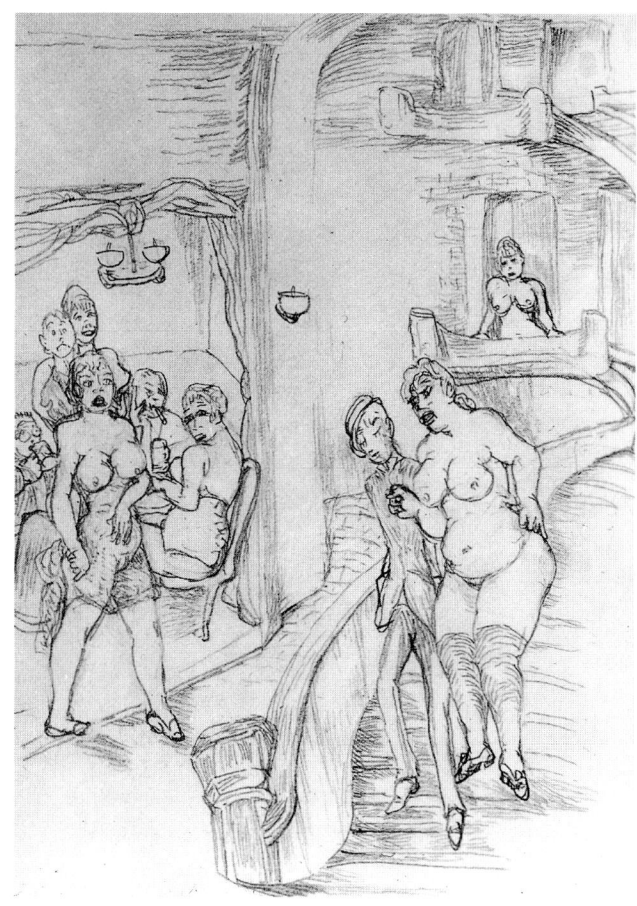

Das sind die historisch belegten Fakten, von denen heute kaum jemand noch wüßte, wenn es sich nicht gleichzeitig um das Fabelgerüst von Gustave Flauberts »Madame Bovary« handelte. Der Roman, der bei seinem Erscheinen von offizieller Seite wilde Proteste und schließlich 1856 ein regelrechtes Gerichtsverfahren provozierte, spiegelt drastisch die neue Haltung zum Sujet wider.

Obwohl sich die Hauptfigur von den Normvorstellungen einer christlichen Ehe weit entfernt, vermeidet der Autor jede moralische Verurteilung und dem Leser wird eine solche auch nicht unterschwellig aufgenötigt. Wenn er sie dennoch vollzieht, was Flaubert genauso implizierte wie den gegenteiligen Vorgang, dann ist das letztlich Sache des Rezipienten. Der Naturalismus trug damit nicht unwesentlich zur moralischen Emanzipation des Lesers bei.

139

Im Dickicht der großen Städte

Mit dem Fortschreiten der industriellen Revolution in der 2. Hälfte des 19. Jahrhunderts, mit dem rapiden Anwachsen von Millionenstädten wuchs ein nie dagewesener Nährboden für die Prostitution. Eisenbahnen und bessere Straßen und nicht zuletzt die Dampfschiffe, die über die Weltmeere kreuzten, machten die Erde »kleiner«, die Entfernungen »geringer« und den Absatzmarkt der käuflichen Liebe beträchtlich größer.

Das Leben der Dirne war zu allen Zeiten abenteuerlich gewesen. Wer in diesem Gewerbe Erfolg haben wollte, durfte kein Hasenherz sein, mußte den Mut zum Wagnis haben. Der Weg in die Neue Welt, in das »Land der unbegrenzten Möglichkeiten« bot auch diesen Frauen neue Chancen. Hatten die Straßenmädchen früher auf

einen eigenen kleinen Laden gespart – es mußte nicht immer gleich ein eigenes Bordell sein, ein Blumenladen oder ein Zeitungsstand taten es auch –, so sparten sie nunmehr auf ein Schiffsticket zur Fahrt über den Atlantik.

Die Geschichte der Prostitution in der Neuen Welt ist so alt wie die Geschichte der Besiedlung Amerikas durch die Weißen. Was sich in den frühen Jahren hier niederließ, war in der Regel eine reine Männergesellschaft. Man wollte hier Boden gewinnen, eine Existenz gründen, zu erträglichem Reichtum kommen – und dann seine Familie nachholen. Diese weitgehend pure Männergesellschaft, die harten, oft unbarmherzigen Jobs nachging, war auf Prostituierte in gleicher Weise angewiesen wie etwa die Heerhaufen des Dreißigjährigen Krieges. Nicht zufällig hatte Lola Montez in den Goldgräbergebieten ihre größten Erfolge gehabt. Man kann davon ausgehen, daß diese nicht nur künstlerischer Natur waren.

Der multinationale Charakter der amerikanischen Gesellschaft spiegelte sich auch in der Vielfalt der Herkunftsländer dieser New-Comer-Huren aus Europa. Eine Umfrage aus dem Jahre 1855, an der 2000 New Yorker Prostituierte teilnahmen, zeigte, daß 61 Prozent nicht die USA als ihr Geburtsland angaben. Die Herkunftsländer teilten sich folgendermaßen auf: Irland 35 Prozent, Deutschland 12,9, Polen 0,2, Österreich 0,1 und Italien 0,1 Prozent.

Innerhalb eines halben Jahrhunderts traten in dieser Statistik bemerkenswerte Veränderungen ein. 1912 ergab die Befragung von 2363 Prostituierten: In den USA waren 72 Prozent (gegenüber 39 im Jahr 1855), in Rußland 6,2, in Deutschland 5, in Österreich-Ungarn 4,5, in Irland 2,4 und in anderen Ländern 7,9 Prozent geboren.

Diese 7,9 Prozent, die die Statistik von New York pauschal unter »anderen Ländern« registrierte, kamen mit größter Sicherheit aus asiatischen Regionen, vor allem aus China. Hätte man die Umfrage in San Francisco gemacht, der Prozentsatz wäre noch weit höher ausgefallen. Denn die Metropole an der Westküste wurde zu einem Zentrum der Prostitution. Die Mädchen aus China kamen dort schiffsladungsweise an. Der Vorgang erfüllte alle rechtlichen Voraussetzungen des verbrecherischen Menschenhandels (worum sich die Transakteure damals genausowenig scherten wie ihre profitgierigen Nachfahren), und er hat eine penetrante Ähnlichkeit mit Erscheinungen heutzutage.

Illustration zu den »Hurengesprächen«, gehört, geschrieben und gezeichnet von W. Pfeifer (d. i. Heinrich Zille), Berlin, 1913. Deutsche Bibliothek, Deutsche Bücherei Leipzig

Die Hölle von Chinatown

Den Mädchen wurde erklärt, sie könnten jenseits des Indischen Ozeans gegen eine Vorausgebühr zwischen 200 und 500 $ eine gute Partie machen. Fast alle, die darauf hereinfielen, landeten in den Distrikten der käuflichen Liebe; Chinatown entwickelte sich zum großen Hurenbezirk San Franciscos.

Die sozialen Verhältnisse, die hier herrschten, übertrafen die schlimmsten Zustände in Europa. 1869 gibt ein Reporter des »San Francisco Chronicle« ein Bild vom »Huren-Hospital« in der Cooper Street: »Da ist nicht die Spur von Möbeln in den Zimmern, kein Tisch, keine Stühle, kein Hocker, nicht ein Fenster. Wenn eine der armen Dirnen nicht mehr zum Anschaffen taugt und der Arzt der Meinung ist, daß ihre Krankheit unheilbar ist, dann wird sie hierher zum Sterben gebracht. Man führt sie im Dunkeln in dieses Loch von ›Krankenhaus‹, man zwängt sie durch die Tür und befiehlt ihr, sich auf zwei schmutzige Reissäcke zu legen. Eine Tasse Wasser und eine mit gekochtem Reis sowie eine Öllampe aus Metall werden an ihre Seite gestellt. Die mit dem Sterbehaus zu tun haben, wissen, wie lange das Öl in der Lampe brennt, und wenn diese Zeit ver-

Szene aus »Die Stadt«. Das sündhafte Treiben nahm mit dem Anwachsen der Großstädte enorm zu. Holzschnitt von Frans Masereel, 1925

»Traurige Zeiten! – Überall Freudenmädchen!« Zeichnung von Kurt Werth aus „Die Ente" (1932)

strichen ist, kommen sie zurück, öffnen die Tür und treten ein. In der Regel ist die Frau dann tot, entweder verhungert oder weil sie sich selbst umgebracht hat. Manchmal glimmt noch ein Hauch von Leben in der einen oder anderen, wenn die ›Doktoren‹ hereinkommen. Aber das macht keinen Unterschied. Die ›Doktoren‹ sind gekommen, einen Leichnam abzuholen, und sie gehen niemals ohne einen Leichnam fort.«

In einem solchen Chinatown-»Hospital« endete eine der frühen Prominenten-Huren der USA, Martha Jane Cannary. Die junge Frau aus Schottland hatte als Tänzerin und Prostituierte in Virgina City, Nevada, Ogallala und Nebraska gearbeitet und sorgte schon deshalb allerorten für einen publicityträchtigen Presserummel, weil sie sich in der Öffentlichkeit – ungewohntes Bild in damaligen Zeiten! – stets in Männerkleidung zeigte. Schließlich verfiel sie dem Alkohol, landete in Chinatown und starb im »Hospital« in der Cooper Street, noch ehe ihre Öllampe niedergebrannt war.

»Was brauchen Sie Gehaltserhöhung, Sie haben ja ein Kapital zwischen den Beinen!« Zeichnung von Rudolf Schlichter aus »Die Pleite« (1923)

Die stumpfen Waffen der Moralisten

Als diese traurigen Hurenbiographien mit ihrem menschenunwürdigen Ende durch die Presse allgemein bekannt wurden, reagierte die amerikanische Öffentlichkeit in ganz ähnlicher Weise, wie es die europäische seit Jahrhunderten getan hatte: Es entstanden in allen großen Städten Gesellschaften – wie etwa die Female Reform Society – die es sich zum Ziel machten, den gefallenen Mädchen die Rückkehr auf den Pfad der Tugend durch die Unterbringung in karitativen Heimen zu ermöglichen.

Obwohl man den Initiatoren dieser Errettungsfeldzüge die subjektive Ehrlichkeit ihrer Absichten sicher nicht wird absprechen können, so war ihr Ton nicht frei von manchmal geradezu rührender Einfalt. Zunächst scheint diesen – meist weiblichen – Managern der Moral nicht bekannt gewesen zu sein, daß es solche domestizierenden Rettungsversuche schon seit der Antike gab. Sie haben samt und sonders die Prostitution nicht aus der Welt schaffen können, und die individuellen Einzelerfolge standen in keinem Verhältnis zum betriebenen Aufwand.

Doch selbst wenn man einmal von diesen Sachverhalten absieht, gegen die ja jeder moralisch engagierter Anti-Prostitutionsstreiter immerhin noch einwenden könnte, daß selbst eine gerette Seele aller Mühe lohne, so scheint das gesamte »Rettungskonzept« dieser Vereine an der Struktur der amerikanischen Gesellschaft zu Beginn des 20. Jahrhunderts mit haarsträubender Naivität vorbeizudenken. Die Fehleinschätzungen begannen schon damit, daß man sich weigerte, die Gesetze des Marktes, die man sonst in jeder Hinsicht, wenn es sich um Getreide, Fleisch und Waren aller Art handelte, akzeptierte, auch auf die Prostitution anzuwenden. Man betrachtete stattdessen das Treiben der »gefallenen« Mädchen als eine Art individueller Karambolage mit dem christlichen Sitten-Kodex. So modern sich die amerikanische Gesellschaft auch sonst gab, so sehr sie nach dem Urteil der Alten Welt das Gesellschaftsbild des 20. Jahrhunderts prägte, in diesem Punkt war sie in erschreckender Weise den längst als unbrauchbar erwiesenen mittelalterlichen Vorstellungen verhaftet: »Obwohl uns niemand dazu aufgerufen hat, uns über den Fall irgendeines Mitgliedes unserer Gesellschaft zu beklagen, so fühlen wir uns doch verpflichtet, gegen jeden Ausbruch Einzelner aus den moralischen Bindungen unseres Gemeinwesens einzuschreiten.« Dieser Satz könnte aus der Feder eines in der inneren Mission tätigen, bayerischen Mönchs im ausgehenden Mittelalter stammen, er

Die Kupplerin. Lithographie von Ernst Barlach, 1924

gehört aber zu den programmatischen Postulaten der erwähnten amerikanischen Female Reform Society.

Auch wenn es die frommen Eiferer nicht wahrhaben wollten, die Prostitution unterwarf sich immer deutlicher, meist unbewußt, den Gesetzen des Marktes. Und das war keineswegs eine neue Erscheinung. Warum zogen die Dirnen im späten Mittelalter in Scharen zu den Veranstaltungsorten der großen Kirchenkonzile, warum sind sie in den Trossen der Armeen stets zu finden gewesen? Doch nicht, weil sie Kirchenväter oder Soldaten besonders liebten, sondern weil große Männeransammlungen für die Prostitution einen idealen Markt bildeten. Und wenn das Angebot die Nachfrage quantitativ nicht befriedigen konnte, wurden die Mechanismen von Ex- und Import in Gang gesetzt. Solche Prostituiertenverschickungen praktizierte man schon seit Jahrhunderten vor allem unter den Ko-

143

Hatte sich in früheren Jahrzehnten die Prostitution den Marktgesetzen weitgehend naiv und spontan ausgesetzt, so wuchs im amerikanischen Dirnenmilieu nunmehr eine Generation heran, die die Regeln des Marktes bewußt für sich auszunutzen verstand. Der geradezu klassische Fall für diesen Typ sind die legendären Everleigh-Schwestern aus Kentucky.

Seitensprung mit Haarschnitt

Die Everleigh-Schwestern beanspruchen schon deshalb einen besonderen Platz in einer Sozialgeschichte der Prostitution, weil sie erstmals in dieses oft auf Zufällen, nicht selten auch auf Naivität aufgebautes Gewerbe marktstrategische und marktpsychologische Gesichtspunkte brachten. Die beiden Damen, Ada und Minna mit Vornamen, die eine 1876, die andere 1879 geboren, hatten es zunächst mit einer biederamerikanischen Ehe versucht, waren aber mit ihren farblos-einfältigen Männern sehr schnell gescheitert. Nachdem sie wieder Singles geworden waren, trafen sie eine für Frauen des USA-Mittelstandes außergewöhnliche Entscheidung: Sie beschlossen, ein Bordell zu gründen. Dergleichen hatten sich vor ihnen auch schon andere vorgenommen. Aber kaum jemand hatte bisher soviel Zeit darauf verwandt, einen möglichst profitablen Standort für das neue Etablissement zu finden. Schließlich kamen die Schwestern auf eine geniale Idee. 1898 fand in Ohama die große Transmississippi-Schau statt.

In den Urlaub, dachten sich die schlauen Füchsinnen, reist man (»Mann«) mit Familie, zu einer gewaltigen Ausstellung wie dieser, mit ihrem Gedränge, ihrem penetranten Gemenge aus Herrenparfüm, Pomade und Schweiß, dem Termindschungel und dem Straßenstaub, fährt man als Firmenchef allein.

lonialländern. Frankreich versorgte Louisiana mit französischen, England Virginia, Australien und den halben afrikanischen Kontinent mit englischen Huren. Die Vereinigten Staaten hatten Hunderttausende Arbeitssklaven importiert, da fielen die wenigen Schiffe mit Liebessklavinnen, die in San Francisco vor Anker gingen, wohl kaum ins Gewicht. Und dennoch sorgten sie – dank der Rührigkeit der Anti-Prostitutionsvereine – für erhebliches öffentliches Aufsehen. Man sprach, noch lange bevor der Begriff ins völkerrechtliche Bewußtsein einging – von Menschenhandel und nannte ihn zu Recht verbrecherisch. Doch seiner lediglich mit moralischen Instrumentarien Herr werden zu wollen, war ein aussichtsloses Unterfangen. Da hätte es schon einer internationalen sozialen Kooperation bedurft, die von den USA der Jahrhundertwende nach dem damaligen Stand der Dinge nicht abverlangt werden konnte. (Noch fast 100 Jahre später steht die internationale Völkergemeinschaft ähnlichen Erscheinungen hilflos gegenüber.)

144

Ohama war damals eine regelrechte Männerstadt. Nirgendwo sonst in der Neuen Welt würde die Gründung eines neuen Bordells soviel Geld einbringen, wie gerade hier, zumal man heute genau weiß, was damals schon zutraf, daß nämlich echte Junggesellen viel seltener eine Hure aufsuchen als verheiratete Junggesellen auf Zeit. Ohama war damals voller solcher Kurzzeit-Junggesellen.

Die Umsätze der Everleigh-Schwestern waren entsprechend. Als die Transmississippi-Schau nach mehreren Monaten ihre Tore schloß, hatte sich die kleine Erbschaftssumme, die Ada und Minna in ihren Sündenpfuhl investiert hatten, fast verhundertfacht.

Aber die Everleigh-Schwestern wußten auch: Nun würde, nachdem alles vorbei war, Ohama wieder in das bürgerliche Mittelmaß zurücksinken. Und so schauten sie sich nach einer Stadt um, die ständig jene unkontrollierbare Geschäftigkeit bot, denn der Trubel vieler Menschen war schon immer der beste Nährboden für die Prostitution. Sie entschieden sich – wieder ein Volltreffer marktstrategischen Nachdenkens – für Chicago.

Am 1. Februar 1900 wurde dort der sogenannte Everleigh-Club eröffnet. Ada zählte damals 24, Minna gar erst 21 Jahre. Die beiden investierten allein 55 000 Dollar in die Ausstattung des Etablissements. Das ist eine Riesensumme, wenn man bedenkt, daß damals nur billige Absteigen existierten und der Dollar besser stand als heute. Das Bordell war – zumindest an der Ostküste – neuartig und sensationell, die Eintrittspreise entsprechend gestaffelt. Man konnte, wenn man nicht zu hohe Ansprüche stellte, bereits für zehn Dollar sein Vergnügen haben, der Durchschnitt lag bei 50. Je mehr man auf den Kassenteller legte, desto exklusiver gestaltete sich die sexuelle Bedienung.

Die Everleigh-Schwestern versuchten, die Prostitution vom Stallgeruch des Mittle-

ren Westens und von den Kloakenausdünstungen der New Yorker Armenviertel zu befreien. Ihnen schwebte eine Renaissance der prostitutionellen Kultur vor, wie sie in der Antike oder im Frankreich des 18. Jahrhunderts bestanden hatte.

Der Club bestand aus drei Etagen. Im Erdgeschoß wohnten die Liebesdienerinnen und das übrige Personal. Im ersten Stock befanden sich verschiedene Salons, ein Musikzimmer (!) und ein Ballsaal. Die Salons wurden nach Ländern oder nach der Grundfarbe ihrer Ausstattung benannt: Es gab ein Chinesisches, ein Japanisches, ein Maurisches und ein Orientalisches Zimmer, daneben das Goldene, Silberne, Rote, Grüne und Blaue Kabinett. Im Goldenen Kabinett zum Beispiel stand ein kleines goldenes Piano und alle Möbel waren vergoldet. Jedes Zimmer war mit teueren Gemälden und Büchern ausgestattet.

Die dritte Etage stellte das eigentliche Terrain der Lust dar. Die Messingbetten waren mit teueren Marmorintarsien versehen, die Wände zeigten kunstvolle Dekorationen, bildliche Animationen für das, was sich in den vier Wänden vollziehen sollte, und manche Räume hatten Spiegel an der Zimmerdecke, die dem Kunden den Genuß aus einer zweiten Perspektive darboten.

Herrengesellschaft in einem gehobenen Etablissement mit Animierdame. Nicht mehr die Spelunken und schmuddligen Hinterzimmer, sondern die vornehmen Häuser waren es, die im Geschäft mit der Prostitution das große Geld brachten. Fotografie, England, um 1910

145

Wie sehr die Everleigh-Schwestern auch marktpsychologisch zu Werke zu gehen verstanden, beweist die Tatsache, daß sie in ihrem Hause zwei Herrenfriseure beschäftigten. Wenn der Kunde am Abend zu seiner Ehefrau nach Hause kam, konnte er ruhigen Gewissens behaupten, er habe sich die Haare stutzen lassen. Die Freuden im Messingbett wurden vor diesem Hintergrund zur nicht erwähnenswerten Nebensächlichkeit.

Um die Freier vor unliebsamen Tatzeugen zu schützen, gab es strenge Einlaßbestimmungen. Man brauchte eine Geschäftskarte mit Gravur, einen Luxus, den sich damals nur die Reichen leisten konnten, oder ein Empfehlungsschreiben eines Stammkunden, nötigenfalls genügte auch dessen persönliche Einführung.

Als der »Everleigh-Club« nach reichlich einem Jahrzehnt wieder schloß, hatten Minna und Ada einen Reingewinn von weit über einer Million Dollar erzielt. Das Geld war günstig angelegt, die beiden hätten sich mit 35 beziehungsweise 32 Jahren zur Ruhe setzen und von den Zinsen ein gutes Leben führen können. Aber wie wollten sie das in einer Stadt bewerkstelligen, deren gesamte männliche Prominenz sie im Laufe der Zeit zu außerehelichen Stunden der Lust empfangen hatten? Deshalb sagten die beiden Chicago ade und gingen nach New York. Dort kannte sie keiner. Befragt, ob sie nach den gescheiterten Ehen in jungen Jahren später nie wieder auf die Idee gekommen sind, ein zweites Mal zu heiraten, gaben die Everleigh-Sisters dem Interviewer folgenden Bescheid: »Niemals, ich bitte Sie, nie! Wir tranken jeden Tag Champagner, wie hätten wir da auf die Idee kommen sollen, daß Wasser auch trinkbar ist!« – Gemessen an diesen Managerinnen der Lust, nahmen sich ihre europäischen Pendants geradezu altmodisch aus.

Die Fleischbeschaffer

Zwar längst noch nicht öffentlich und unumwunden geduldet, hatte sich die Alte Welt mit der Prostitution am Anfang des 20. Jahrhunderts doch arrangiert. Man fand sie zwar nicht moralisch, aber man fand sie praktisch. Die in den katholischen Ländern strikt geforderte »Keuschheit vor der Ehe« und der Kult um die Jungfräulichkeit der Braut trieben die jungen, geschlechtsreifen Männer geradezu ins Bordell. Die harte Beurteilung des Ehebruchs und seine gesellschaftliche Verurteilung, ließen den geheimen Seitensprung mit einer Hure zu einer vor sich selbst vertretbaren Angelegenheit werden. Und mancher karrierebewußte Student fand es durchaus vorteilhaft, den Fortlauf seiner Ausbildung nicht mit langwierigen, romantischen Liebesgeschichten zu belasten. Der Gang in den Puff sorgte für seine »hormonelle Hygiene«. Zudem bereiteten sich die Regierungen Europas mehr oder weniger offen auf den großen Waffengang des Ersten Weltkrieges vor. Hunderttausende junger Männer verbrachten ihre besten Mannesjahre im frustrierenden, sexverödeten Einerlei der Kasernen. In Soldatenbordellen wurde die unfreiwillige Enthaltsamkeit kompensiert. In Frankreich mußten in diesen »Stoßhäusern« die Mädchen pro Schicht bis zu 90 Soldaten abfertigen.

Daß die Prostitution auch ihre guten Seiten hat, sahen die europäischen Regierungen nicht nur von pragmatischen Gesichtspunkten aus, sondern auch von finanziellen. Die französischen Steuerbehörden kassierten 50 bis 67 Prozent des über die Prostitution »erwirtschafteten« Reingewinns. Hinzu kam, daß viele Bordellvorsteherinnen ihr christliches Gewissen damit zu beruhigen suchten, daß sie eifrig für alle möglichen Wohltätigkeitsvereine namhafte Beträge spendeten. Die Geschäfte mit der Lust liefen um so besser, je näher sich die europäischen Völker den kriegerischen

Auseinandersetzungen wähnten. Der Tanz auf dem Vulkan war in Wahrheit ein Taumelgang in die Bordelle, deren Nachfrage nach immer jüngeren und immer mehr Mädchen einen neuen »Berufsstand« kreierte: die sogenannten Fleischbeschaffer.

Das waren Leute, die den traditionellen Stand und den Profit des Zuhälters ins Große kommerzialisierten, Mädchen- und damit Menschenhändler mit rigorosem Geschäftssinn, oft genug in der Nähe des kriminellen Milieus beheimatet, Männer mit geringer Bildung, aber mit jener Rücksichtslosigkeit, deren Unentbehrlichkeit sie sich gegenseitig immer wieder beteuerten.

Die Öffentlichkeit sah diesem Treiben der Sexual-Mafiosi mit angekitzeltem Interesse zu. Berichte über sie in den Zeitungen konnten ihrer Leser sicher sein. So erregten die Bekenntnisse eines solchen »Fleischbeschaffers«, die die Wochenzeitung »Détective« veröffentlichte, beachtliches Aufsehen. Dort gesteht ein Branchen-Insider: »Ich, René Pierre Léon B..., genannt ›Petit René‹, eins-achtzig groß, habe 914 Frauen plaziert, keine mehr und keine weniger. Alle sind dank meiner Vermittlung ins Bordell gegangen: Anfängerinnen und Fortgeschrittene. Wir sind in einer besonderen sozialen Situation, die uns über den Luden [einfachen Zuhälter] stellt. Wir versorgen Bordelle mit Frauen und Frauen mit Bordellen. Wir sind die Retter der ambulanten Schwestern [Mädchen vom Straßenstrich], denen die Füße wehtun, und der Bordellwirte, die an Personalmangel leiden. Nach zehnjähriger Berufserfahrung habe ich festgestellt, daß die Gören, die man an die Angel bekommt, zu 100 Prozent seit mindestens einem Tag nichts mehr zwischen die Zähne bekommen haben und wie Vater und Mutter aus einfachsten Verhältnissen und in vielen Fällen aus der Gosse stammen: Köchinnen, Dienstmädchen, Putzfrauen, Kellnerinnen in einfachen Kneipen, Zimmermädchen und Verkäuferinnen. Manchmal auch Tippsen. Un-`

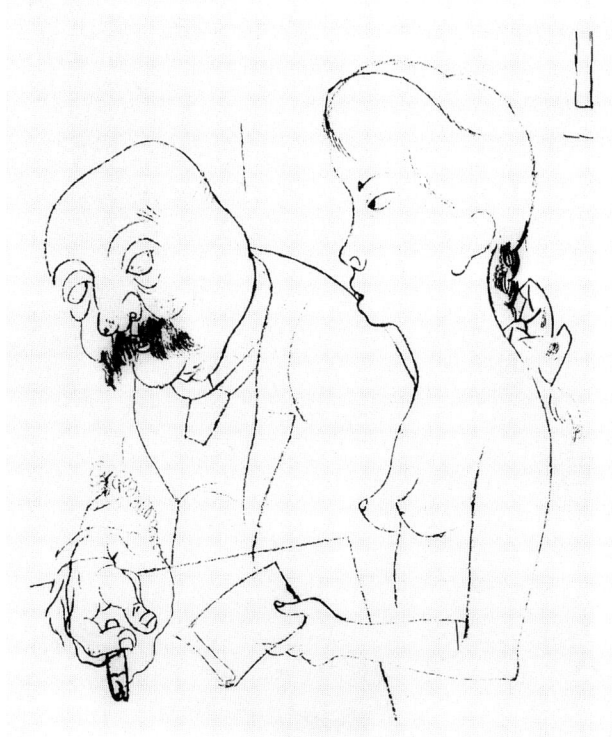

Frühlings Erwachen. Der Kriegsgewinnler mit einem sich prostituierenden Mädchen, daß sich den Unterhalt zum Überleben verdienen muß. Zeichnung von George Grosz, 1922

glückliche, die mit ihrem Leben nicht mehr fertig werden, und etliche sind auch nicht mehr ganz klar im Kopf.«

Die Schlachthäuser

Jene, die »nicht mehr ganz klar im Kopf« waren, werden vermutlich aus jenen Bordellen gekommen sein, die zu Beginn des Jahrhunderts in vielen europäischen Hafenstädten, in den Industriezentren und in der Nähe großer Garnisonen entstanden, die sogenannten Schlachthäuser.

Ein Schlachthaus war ein Bordell, in dem nicht eben zahlungsfähige Kunden empfangen wurden. Dort kamen sie für wenig Geld auf ihre Kosten, sie durften natürlich keine besonderen Ansprüche stellen, denn es ging allein um möglichst schnelle Lustbefriedigung. Das Fließband in den großen Fabriken fand hier seine Entsprechung im Sexuellen.

147

Im »Fourcy«, dem berühmtesten und berüchtigsten Pariser Schlachthaus, verlangte man »pro Dame und Zimmer« 5,50 Francs. Die 50 Centimes hinter den 5 Francs waren nicht für den Sex, sondern für die Hygiene, nämlich für die Handtuchbenutzung. Besonders an den arbeitsfreien Tagen war hier der Kundenandrang so groß, daß die Mädchen – wie es im Berufsjargon hieß – bis zu 70 »Durchgänge« zu verkraften hatten. 1910 veröffentlichte der »Mercure de France« eine soziologische Studie, in der es heißt: »Die Frauen, die dort arbeiten, sind nichts anderes als freudenspendende Tiere. Die Gewohnheit, jeden zu empfangen, der das Haus besucht und bezahlt, läßt sie dem Äußeren der Kunden gegenüber völlig gleichgültig werden. Sie streiten sich untereinander, rauchen, lesen sentimentale oder obszöne Romane und trinken Alkohol; sie tragen flatternde, durchsichtige Morgenmäntel. Die

kleine Welt vegetiert unter den aufmerksamen Augen der Sous-Maîtresse, die das Vertrauen der Chefin genießt, und die, falls notwendig, hart durchgreift, eine wahre Zuchtmeisterin in diesen Häusern der Unzucht.«

In den Schlachthäusern ging es allein ums schnelle Geld. Deshalb wurde in ihnen an allem gespart: an Hygiene, an Ausstattung – und an Menschenwürde. »Wenn man sich einige Monate lang jeden Tag zwischen dreißig und achtzig Freier geleistet hat, ist man reif fürs Krankenhaus. Und da man seinen Körper nicht pflegen kann, ist man schnell angesteckt. Wir dürfen uns nicht setzen. Es sind nicht einmal Bänke da! Den ganzen Tag, von morgens neun bis abends halb zwölf müssen wir stehen...« So beschrieb eine »Angestellte« aus dem Schlachthaus die unmenschlichen Bedingungen.

In der »Grünen Laterne«, einem anderen Pariser Schlachthaus, »ersparte« man sich sogar die jämmerlichen Verschläge, in denen der Schnellakt der Lust vollzogen wurde, und die die Bordellwirtin phantasievoll »Zimmer« zu nennen pflegte. Hier gab es einen als Café eingerichteten großen Saal. Nackte Billighuren bedienten die Gäste. Wenn diese zwischen zwei Schoppen Weißwein ein Gelüst verspürten, zahlten sie der Kellnerin 40 Sous. Das »Geschäft« wurde an Ort und Stelle und vor den Augen der anderen, auf dem Stuhl oder auf einer Holzbank, erledigt. Jede Kellnerin »bediente« pro Schicht etwa 30 Freier.

Die Mädchen verdienten in der »Grünen Laterne« 1913 pro Schicht 60 Francs, wovon sie 15 Francs der Bordellwirtin abgeben mußten. Die »Kellnerin« nahm also für sich täglich 45 Francs ein. Der Tagesverdienst eines Arbeiters betrug damals etwa 10 Francs. Doch bald sollten weder die eine noch der andere auf ihr noch so entwürdigend verdientes Geld kommen. Der Erste Weltkrieg begann.

Zwei Kriege überlebt, den Frieden nicht

Sicherlich wird der Mann, von dem nun die Rede ist, Marcel Jamet, die Everleigh-Sisters im fernen Chicago nicht gekannt haben, er hatte vermutlich von ihrer Existenz nicht einmal von Hören-Sagen her Kenntnis. Und dennoch gab es eine Art kommerzieller Seelenverwandtschaft zwischen diesem Franzosen und seinen beiden amerikanischen »Kolleginnen«. Er hatte gleichfalls begriffen, daß das große Geld nicht mit dem Tempo-Sex in den Schlachthaus-Absteigen zu verdienen war. Nicht das Billige brachte Profit, sondern das Teuere. Er wollte kein Zuhälter auf dem Straßenstrich, sondern ein Lude der Extraklasse sein.

Nur danach sah es am Anfang nicht aus. Jamet ließ für sich ein Mädchen auf dem Pariser Boulevard Sebastopol auf den Strich gehen. Die beiden hatten ihr Auskommen, aber von dem großen Coup war dies alles noch weit entfernt. 1914 wurde Marcel von der Hurenfront an die Kriegsfront abkommandiert. In all den vier Jahren, die das Gemetzel dauerte, lag er im Dreck. Sein Mädchen ging derweil weiter anschaffen.

Als der Schlachtenlärm wieder den Friedensglocken wich, fanden beide, daß eine Französin im fernen Südamerika sicher sehr geschätzt würde. Deshalb ging das Pärchen nach Argentinien, wo das Mädchen so viel Geld verdiente, daß Marcel nebst Begleiterin nach einigen Jahren mit beachtlich gefüllter Brieftasche nach Frankreich heimkehrte. Kurz danach brannte ihm zwar seine Hure, die ihm während des Krieges so liebevoll Schnaps an die Front geschickt hatte, durch, aber sein Traum vom Luxus-Bordell blieb.

Marcel tröstete sich schnell mit einer dem Gewerbe nahestehenden Dame namens Doriane, die er sogar standesamtlich ehelichte. Das war auch nötig, denn nach der damaligen Gesetzeslage war die Leitung eines Bordells nur einer Frau gestattet. Jamet kaufte daraufhin das Haus Rue de Provence 122. Die Hausnummer sollte später Europas berühmtestem Bordell seinen Namen geben, auf Englisch natürlich: »One Two Two«.

Marcel krempelte den alten Bau völlig um. Salons von exotischer Pracht entstanden, 30 der schönsten Mädchen des Gewerbes wurden engagiert. Alles mußte ausgezeichnet und perfekt sein. Ehefrau Doriane führte ein hartes Regiment. Unentschuldigtes Fernbleiben am Nachmittag kostete 200 Francs Strafgeld. Im Wiederholungsfalle wurden die Mädchen gnadenlos vor die Tür gesetzt. Innerhalb von drei Jahren avancierte das »One Two Two« zum erotischen Treffpunkt der feinsten Pariser Gesellschaft.

Marcel Jamet schuf mit diesem Etablissement sozusagen das Wagnersche Ge-

Der Engländer im Moulin Rouge. Steindruck. Henri Toulouse-Lautrec, 1895

149

samtkunstwerk der Prostitution. Die zehn Salons und die 22 Zimmer erhielten ein sexstimulierendes, unverwechselbares Gepräge. Jeder konnte sich nach seinem Geschmack ergötzen. Da gab es ein Venedig-Zimmer mit einer echten Gondel, einen Raum als Iglu mit Eisbärenfellen. Ein anderes Kabinett imitierte ein Erste-Klasse-Schlafwagenabteil. Selbst die Fahrtgeräusche waren dort zu hören, und ein Projektor simulierte die »vorbeifliegende« Landschaft. Ein Salon glich einem Luxus-Appartement auf einem Transatlantik-Liner mit Bullaugen und Rettungsringen an der Wand. Andere Räume stellten die ägyptische Welt Kleopatras oder das römische Triklinium dar. Natürlich gab es auch Folterkammern mit spanischen Stiefeln, Peitschen, Halseisen und Handschellen. Man konnte sich in ein Loire-Schloß unter Franz I. versetzen lassen und wurde dort von einer »Gräfin« empfangen. Hatte man mehr auf ländliches Milieu Appetit, stand ein Landmädchen in Strohschuhen bereit, den Gast zu verwöhnen, wobei Vogelgezwitscher und Entengeschnatter die agrikulturelle Sexstimmung verstärkten. Die Auswahl der Damen erfolgte in einem mit dorischen Säulen geschmückten Tempel. Danach entführte man eines der Mädchen in einen Raum im englischen Stil, der nur mit Möbeln aus Akazienholz ausgestattet war, oder in den Salon »Miami«, in dem man sich in Strandkörben und auf Dünensand lümmeln konnte. Prostitution als aufwendige Theaterinszenierung – so etwas hatte es noch nie gegeben.

Das besondere am »One Two Two« lag darin, daß hier kein Gast zum Sex mehr oder weniger unsanft animiert wurde. Wer nur auf ein Glas Wein oder Champagner vorbeikam oder die Hausspezialität Boeuf à la ficelle verzehren wollte, war ein ebenso gern gesehener Gast.

Das hatte zur Folge, daß sich hier Leute ungehemmt sehen ließen, die sich in einer anderen Absteige blitzschnell ins Inkognito geflüchtet hätten. Berühmte Namen standen auf der Gästeliste: Sascha Guitry, Fernandel, Jean Gabin, Marlene Dietrich, Humphrey Bogart, Charlie Chaplin und Katharine Hepburn. Dem ehemaligen Kuppler Marcel Jamet war das Ungewöhnliche gelungen: Er hatte ein Bordell geschaffen, dessen Niveau so hoch war, daß sich selbst Prominente in ihm fotografieren ließen.

Privat hatte der Mann weniger Glück. Auch Doriane brannte ihm durch. Er heiratete erneut, diesmal Fabienne, die Chefmätresse seines Hauses, eine hübsche, intelligente und hinreißend schöne Frau. 65 Gäste feierten auf der Hochzeit und tranken dabei 176 Flaschen besten Champagners.

Dann kam der Zweite Weltkrieg, an dessen Ende Marcel Jamet verhaftet wurde. Die Anklage warf ihm vor, er habe französische Mädchen zum Beischlaf mit deutschen Besatzungsoffizieren genötigt. Der Prozeß nahm eine sensationelle Wende, als der Nachweis gelang, daß Marcel ein wichtiges Mitglied der Résistance war, und daß er, wie es in der Freispruchsbegründung hieß, »dem alliierten Anliegen bedeutende Dienste erwiesen hat«. Rehabilitiert hätte Jamet nun das »One Two Two« wieder zu neuer Blüte führen können, doch da erließ im April 1946 das französische Parlament ein Gesetz, das die Schließung aller Bordelle verfügte.

Marcel, davon völlig aus der Bahn geworfen, verpraßte mit Ehefrau Fabienne und einer großen Schar von Freunden und Gespielinnen sein Geld und landete schließlich als Küchenchef bei einer Fluggesellschaft. Fabienne verkaufte sich in einem Stundenhotel in der Provinz und schob ihrem Gatten gelegentlich eine Flasche zu, wenn der besonderen Durst hatte. Die Geschichte endete, wie sie begonnen hatte. 1964 starb Jamet.

»Du mußt dich sanieren lassen!«

Die sensationelle Schließungskampagne der französischen Bordelle ging auf den Parlamentsbeschluß Nr. 46 658 zurück. Einer, der damals diesen umstrittenen Erlaß im Sittendezernat der Pariser Polizei mit durchzusetzen hatte, beurteilte noch 1990 in der kriminalistischen Wochenzeitung »Détective« das Dekret so: »Das absolutistische System, für das wir mit dem Verbot der Bordelle optiert haben und das den völligen Verzicht auf die Kontrolle der Prostituierten durch Gesundheitsämter und Polizei beinhaltet, führt zu einer mehr als scheinheiligen Gesetzgebung, die dem selbstgefälligen Bürgertum das Wort redet, indem sie, juristisch gesehen, die Prostitution erlaubt und gleichzeitig vorgibt, die Kommerzialisierung der Prostitution zu unterbinden. Mit anderen Worten: Wir haben anderen Zuhältern den Weg geebnet oder, im Jargon, das Bett gemacht. Falsche Arbeitsverträge, junge Au-pair-Mädchen aus allen Ländern der Welt, Scheinehen auf dem Papier und Mißbrauch des Asylrechts sind an der Tagesordnung, denn auch diese Art von Gewerbe wird weiterhin von den Gesetzen des Angebots und der Nachfrage beherrscht.«

Fast sonderbarer als der seit Jahrhunderten untaugliche Versuch, auf administrativem Weg die Domestikation der Prostitution zu verbieten, war die Begründung des Gesetzes: Die reklamierte nämlich nicht, wie man hätte erwarten können, Moral und Gesittung als Pfeiler einer christlich orientierten Gesellschaft, wie das bei ähnlichen Verordnungen an anderen Orten und zu anderen Zeiten immer wieder geschehen war, sie erklärte vielmehr die Bordelle nicht als unsittlich, sondern als unpatriotisch, weil sie allzu unverschämt mit den faschistischen Okkupanten kollaboriert hätten.

Das war zwar nur die Hälfte der Wahrheit, aber selbst das ist nicht sonderlich

verwunderlich. Besatzerheere bestehen nun einmal fast ausschließlich aus Männern, und die wollen auf ihre Kosten kommen (sei es in Frankreich, in Polen oder in anderen okkupierten Gebieten), zumal wenn die Soldaten zu einem großen Teil aus Kleinbürgern bestehen, deren erotische Träume vom sündhaften Paris auf eine unerwartete Weise in Erfüllung gingen. (Noch heute fabulieren Teilnehmer am deutschen Frankreichfeldzug an ihren Stammtischen davon, wie sie damals in Frankreich »die Sau rausgelassen« haben.) Diesen Umständen folgend, förderte die nazitreue französische Regierung während der Besatzungszeit sogar die Eröffnung neuer Etablissements, besonders Häuser für sexuelle Schnellbedienung.

Doch selbst die französische Sünde unterlag preußischer Verwaltung. Jeder Soldat bekam am Bordelleingang eine Karte, auf der zunächst die Adresse der Vergnügungsstätte eingetragen war. Darunter mußte der Name des Freudenmädchens und das Datum der sexuellen Kontaktaufnahme eingetragen werden. Danach folgten die mahnenden Sätze: »Du mußt dich nach dem Geschlechtsverkehr sanieren

Straßenbild von Lowitsch (Lowicz, westlich von Warschau). Das Foto mit Prostituierten wurde während der deutschen Besatzung Polens im ersten Weltkrieg aufgenommen. Fotografie, um 1915/16

151

lassen! Die nächste Sanierstelle findest Du auf dem Plakat am Ausgang. Bewahre diese Karte mindestens 5 Wochen gut auf!«

Für die Offiziere der deutschen Wehrmacht wurde natürlich etwas besser gesorgt. Aber auch sie bekamen schriftliche Orientierungshilfen. »Absteigehotels für durchreisende Offiziere, die unter deutscher sanitärer Überwachung stehen« heißt die Überschrift eines entsprechenden Handzettels. Aber auch hier wurden neben den Bordellen gleich die entsprechenden Sanierungsstellen aufgeführt. Die Heeresführung hatte offensichtlich weniger Angst vor dem Verfall der Moral als davor, daß durch Geschlechtskrankheiten die Wehrkraft zersetzt würde.

Es steht außer Frage, daß unter diesen Umständen die Bordellwirte unverschämte Summen verdienten, und der eine oder andere wird auch der Gestapo entsprechende Liebesdienste erwiesen haben. Ebenso unbestritten und in akribischen Dokumentationen nachgewiesen ist aber auch, daß die französischen Bordelle der Résistance unschätzbare Dienste erwiesen haben. In den Kellern dieser Etablissements wurden abgeschossene alliierte Flieger, Widerstandskämpfer und Juden versteckt. Manche Prostituierte wurde zur unentbehrlichen Nachrichtenübermittlerin im antifaschistischen Kampf. Das anonyme, mehr verdunkelnde als erhellende Rotlicht der freizügigen Nachtklubs war ein vorzüglicher Treffpunkt der Konspiration gegen Hitler.

Die Jungfrau von Orleans gegen das Laster

Die amerikanischen und britischen Befreier nahmen die Sache weniger ernst als kurz danach die französische Regierung. Die Sieger gingen nun ihrerseits zu den horizontalen Mädchen und fragten nicht

viel danach, ob diese wenige Wochen zuvor auch die Deutschen bedient hatten. Doch dann tauchte eine gewisse Madame Marthe Richard auf. Sie war Mitglied des Pariser Stadtrats und empfand sich wohl selber als eine Art Jungfrau von Orleans im Kampf gegen das Laster. Dabei sagten böse Zungen ihr nach, sie sei in jungen Jahren in Nancy selber auf den Strich gegangen, was erneut die These bewiese, daß Renegaten die schlimmeren Fanatiker sind.

Wie auch immer, Madame Richard brachte in der Nationalversammlung ihren Anti-Bordell-Gesetzentwurf ein und war offenbar selbst erstaunt, wie schnell und komplikationslos er angenommen wurde. Nicht nur die Christdemokraten stimmten dafür, sondern auch die Kommunisten. Frankreich, das legendäre Terrain der schönen Sünde, sollte ein bordellfreies Sauberland werden.

Natürlich nahm sich die Sache auf dem Papier viel schöner aus als in der Praxis. Das Gesetz bewirkte nichts. Es gab weiter Bordelle; sie hießen nur anders. Es gab weiter Zuhälter, sie zeigten sich nur bedeckter. Es gab weiter Huren, sie mußten sich nur nicht mehr registrieren lassen. Stadträtin Marthe, die Namensvetterin der goetheschen Faust-Kupplerin, fühlte sich als Schwertführerin der christlichen Moral und Generalpächterin der Wahrheit. In deren Besitz war allerdings schon eher der Metzer Sexuologe Dr. Saint Paul, der bereits 1931 geschrieben hatte: »Man wird die Prostitution nicht verhindern können, sie ist ein wesentlicher Bestandteil der Städte, so wie der Mülleimer ein wesentlicher Bestandteil des Familienlebens ist. Wenn sie einen überwachten Ort schließen, werden zehn nicht überwachte aus dem Boden schießen. Also wird sich die Plage vervielfältigen.«

Während sich die Pariser Jungfrau von Orleans in ihrem letztlich wirkungslosen parlamentarischen Triumph sonnte, erblickte jenseits des Kanals ein Mädchen das Licht der Welt, das einst eine berühmte Prostituierte werden sollte und dem es gelang, was nur wenigen geglückt war: eine Regierung ins Wanken zu bringen.

Das Mädchen von der B 376

Die Sozialgeschichte der Prostitution wird immer wieder von Skandalen erhellt, bei denen die Beteiligten auf einer hohen gesellschaftlichen Ebene anzutreffen sind und in denen Huren – gewollt oder ungewollt – Dinge von großer öffentlicher Wichtigkeit bewegen. Doch solche Situationen, in denen durch die käufliche Liebe das staatliche Establishment ins Wanken gerät, sind natürlich vergleichsweise selten, und sie werden noch seltener, je mehr das »Gewerbe«, wenn auch widerwillig, allgemeine Akzeptanz erfährt. Die Geschichte von Fausts Gretchen entwickelt sich nur deshalb zur individuellen und sozialen Tragödie, weil die unverheiratete Mutter in der Gemeinschaft moralisch nicht akzeptiert wird. Mit den Huren ist es nicht anders. Die nachfolgende Geschichte, die vielleicht aus Gründen, die noch zu besprechen sein werden, die letzte große Dirnenstory gewesen sein wird, hätte beispielsweise in der Antike, wo es zum guten Ton gehörte, daß Senatoren Beziehungen zu Hetären unterhielten, die Gemüter nicht im geringsten erregt. So aber trug sie sich nicht in Rom, sondern in Großbritannien zu, und die Zeit der Handlung liegt auch nicht Jahrhunderte zurück, sondern sie spielt in der Gegenwart eines puritanisch gesitteten Königreichs.

Am Sonntag, dem 3. August 1963, verstarb Stephen Ward an einer Überdosis Schlaftabletten, die er vier Tage zuvor eingenommen hatte. Kurz darauf übergab der behandelnde Arzt dem Rechtsanwalt Wards dessen Abschiedsbrief. Darin heißt es: »Nachdem ich die Belehrungen gehört hatte, die Richter Marshall den Geschworenen erteilte, war mir bewußt geworden, daß mein Leben, wie ich es liebte, zu Ende war. So blieb mir keine andere Möglichkeit mehr, als mit allem Schluß zu machen.«

Die »Belehrungen« von Richter Marshall, auf die sich der Selbstmörder bezog, wurden am Ende eines Prozesses abgegeben, bei dem Ward auf der Anklagebank gesessen hatte. An die Geschworenen gewandt, hatte Marshall als Vorsitzender des Central Criminal Court Old Bailey biedermännisch, aber juristisch höchst heikel erklärt: »Sie werden jetzt zweifellos froh sein, daß dieser Fall sich seinem Ende nähert, und Erleichterung spüren, in die saubere Atmosphäre ihrer Wohnungen zurückzukehren. Hier sind Dinge aufgezeigt worden, die als ekelhafte Lüsternheit und tiefste Verworfenheit nur mit dem höchsten Strafmaß aufgerechnet werden können.«

So hätte Marshall eigentlich gar nicht reden dürfen. Nach dem britischen Recht ist es einem Gerichtsvorsitzenden strikt untersagt, die Geschworenen in irgendeiner Weise in ihrer Urteilsfindung zu beeinflussen. Dessen ungeachtet suggerierte der seit Jahren mit großen Prozessen beschäftigte Jurist den Laienrichtern, sie mögen für die Höchststrafe stimmen. Und die betrug im anstehenden Fall immerhin 35 Jahre.

Zur Zeit des Prozesses war Stephen Ward 51 Jahre. Er hatte also nicht übertrieben, wenn er in seinem Abschiedsbrief schrieb, daß seine Verurteilung das Ende seines Lebens in Freiheit bedeutete.

Stephen Thomas Ward wurde 1912 als zweiter Sohn des Pfarrers der Kathedrale von Rochester geboren. Obwohl streng religiös erzogen, zeigte der heranwachsende Jüngling weit größere Neigungen zum Weltlichen als zu demütiger Entsagung. Schon mit 17 Jahren ging er nach Amerika und arbeitete dort als Tellerwäscher, Zeitungsjunge, Hotelboy und Versicherungsagent. Schließlich wurde er Masseur und erwarb gar an einer New Yorker Privatschule einen mysteriösen Doktortitel. Danach kehrte er nach England zurück und empfahl sich, von kleinlichen Ängstlichkeiten längst nicht mehr geplagt, keinem geringeren als Sir Winston Churchill. Der berühmte Premierminister, Feldherr, Maler und Schriftsteller wurde in den letzten Jahren des Zweiten Weltkrieges zunehmend von seinen defekten Bandscheiben geplagt und konnte einen tüchtigen Masseur gut gebrauchen.

Die beiden müssen sich auf den ersten Blick sympathisch gewesen sein, zumal sich bald herausstellte, daß sie ein gemeinsames Hobby hatten: die Malerei. Der Masseur war in der Lage, Porträts schnell und perfekt zu zeichnen. Churchill saß ihm als erster Modell – und er empfahl seinen Schützling weiter. Ward-Bilder gab es bald von allen Mitgliedern der königlichen Familie, von den Spitzen der Regierung, des Hochadels, von Bühnen- und Filmstars.

Aber Churchill protegierte Ward auch als Masseur. Als der berühmte und reiche Lord Astor, Nachfahre des legendären Gründers von New York, 1959 einen Reitunfall hatte und sich dabei die Wirbelsäule verstauchte, kam für die Behandlung des Falles nur der Prominenten-Masseur Ward in Frage. Lord Astor bewohnte Schloß Cliveden, eine Prachtresidenz in unmittelbarer Nähe von Schloß Windsor, dem Sommersitz des englischen Königshauses, nicht unweit aber auch der Fernstraße B 376, wo das noch nicht volljährige Strichmädchen namens Christine Keeler durchaus keine Unbekannte war. In dieser kontrastreichen Gegend bearbeitete Stephen Ward ein halbes Jahr lang den lädierten Rücken des Lords.

Natürlich hatte der genußsüchtige Aristokrat längst herausgefunden, daß ihm sein Masseur noch zu ganz anderen Dingen nützlich sein konnte. Der Lord pflegte in seinem Schloß ausschweifende Feste zu geben. Berühmt waren seine Pyjama-Parties, bei denen jeweils zwei junge Mädchen in einem Pyjama erschienen, das eine mit dem Oberteil, das andere mit dem Unterteil bekleidet. Bei Astors Kinky-Parties mußte jeder ankommende Gast in ein Marmorbassin springen, das mit Champagner gefüllt war. Junge Mädchen halfen danach den Herren beim Ablegen ihrer sekttropfenden Gewandung, zeigten sich auch darüber hinaus zu allen anderen Liebesdiensten bereit.

Wards Aufgabe bestand nun darin, gegen ein stattliches Honorar für diese Feste die Mädchen zu beschaffen. Dank der Cleverness des Masseurs versammelten sich bald fast alle Spitzenschönheiten des Londoner Nachtlebens auf Schloß Cliveden. Unter ihnen befand sich auch das Mädchen von der B 376.

Die junge Keeler war auf dem Straßenstrich groß geworden. Sie hatte vorzugsweise amerikanischen Soldaten einer Bomberstaffel über die Ödnis ihres Sexuallebens hinweggeholfen, war dann nach London in eine Bierschänke von Soho übergewechselt, wo sie für zwei Pfund die Nacht die Preise des Gewerbes verdarb, um schließlich in einem etwas besseren Animierlokal zu landen und Ward kennenzulernen.

Was der Sexagent an Honoraren bot, muß Christine geradezu astronomisch vorgekommen sein, eine finanzielle Märchenstunde der Prostitution. Noch in derselben Nacht siedelte sie in Wards Wohnung über und unterzog sich dort einer mehrtägigen »Schulung« im Fach »Liebesgeschäfte für gehobene Ansprüche«. Wards amouröse Inszenierung sah vor, daß sich Christine bei der nächsten Kinky-Party des Lords nackt auf einer Luftmatratze im Swimmingpool (Baukosten 300 000 Pfund) präsentierte, natürlich mit einem Glas Champagner in der Hand. Die Gäste würden dann sozusagen an ihr vorbei defilieren.

Das taten sie dann auch. Die Herren blickten lüstern und schamlos auf die schamlose Präsentation. Einer unter ihnen stand sofort in Flammen: Es war der Kriegsminister Seiner Majestät, der Kommandeur über das britische Atombombenpotential, Geheimnisträger der obersten Kategorie, Minister John Dennis Profumo. Noch am selben Abend betrog der hohe Herr seine Frau, die bühnenuntauglich gewordene Schauspielerin Valerie Hobsen, mit dem ehemaligen Strichmädchen.

Der treuherzige Lügner

Aber das Hurendrama begann an einer ganz anderen Stelle. Als die nackte Christine mit dem Kriegsminister tanzte, spielte in der Band der farbige Saxophonist Johnny Edgekombe. Der verliebte sich so unsterblich in die grazile Schöne, daß er sie in ein von Ward gemietetes Appartement im vornehmen Londoner Westend verfolgte und sie dort mit Profumo in einer eindeutig-zweideutigen Situation überraschte. Das hat den Mann so entnervt, daß er – glücklicherweise nur ziellos – in die Gegend schoß, was in dem feinen, stillen Viertel natürlich sofort einen Auflauf verursachte. Der Saxophonist wurde festgenommen und erwies sich in den Vernehmungen als eine wahre Plaudertasche. Lord Astors Sexeskapaden wurden erstmals Gegenstand eines polizeilichen Protokolls. Die Presse spitzte die Ohren und die parlamentarische Opposition auch. Letztere brachte bei nächster Gelegenheit eine Anfrage ein: »Stimmt es, daß der sehr ehrenwerte Herr Kriegsminister an Parties auf Schloß Cliveden teilgenommen und daß er dabei die Bekanntschaft eines Mädchens mit zweifelhaftem Ruf gemacht hat, das jetzt in eine Mordaffäre verwickelt ist?« Profumo schritt zum Pult mit geradezu päpstlicher Indolenz, erklärte mit der Treuherzigkeit eines Kindes, er sei nie auf Cliveden gewesen, könne demnach auch

dort niemand kennengelernt haben. Die Opposition glaubte dem Lügner, schließlich stammte die Aussage von einem Neger. Auch die Presse hielt sich zurück, über die Sache wäre beinahe Gras gewachsen, doch der Flächenbrand kam aus einer völlig unerwarteten Richtung. Eine »Kollegin« von Christine, auch bei Lord Astor im Lustgeschäft tätig, wurde von der Polizei mit einem gefälschten Führerschein ertappt. Wie beiläufig fielen ihr einige Fotos aus dem Täschchen, eines zeigte Profumo im Nackt-Nah-Kampf mit Christine Keeler. Nun fauchten die Flammen über das geheiligte Terrain der britischen Demokratie. Der verliebte Saxophonist wurde unter Anklage gestellt, Christine sollte als Hauptzeugin aussagen. Um das zu verhindern, ließ Profumo das Mädchen mit einem gefälschten Paß an die Costa Brava entführen. Doch das alles half nichts. Wenige Tage später trat während einer tumultartigen Unterhaussitzung Kriegsminister Profumo zurück. Premier McMillan versicherte, daß sein gesamtes Kabinett demissionieren werde, sollte eine unabhängige Untersuchungskommission herausfinden, daß auch andere Mitglieder seiner Administration in den Skandal verwickelt seien. Der dritthöchste Richter des Landes, ein gewisser Lord Denning, wurde mit diesem schmutzigen Job beauftragt. Der eifrige Beamte suchte und suchte, doch er fand nichts – außer den Zuhälter, den Liebesmanager Stephen Ward. Und der wurde im Juli 1963 dann auch unter Anklage gestellt.

Ward muß die Sache anfangs nicht sonderlich ernstgenommen haben, und er schien sich der Unterstützung seiner einflußreichen Freunde ziemlich sicher zu sein. Noch am zweiten Prozeßtag, inzwischen gegen eine hohe Kaution auf freien Fuß gesetzt, verkaufte er in einem angemieteten Laden in der Nähe des Gerichtsgebäudes seine Gemälde. Ein Beauftragter des Königshauses erstand umgehend alle Familienporträts Ihrer Majestät, und auch um die anderen Zeichnungen gab es ein wildes Gedränge. Innerhalb von zwei Stunden waren alle Bilder abgesetzt und Wards Kasse füllte sich um 200 000 Mark.

Zur gleichen Zeit bot eine Wochenzeitung für die Kupplermemoiren ein Honorar von 800 000 Mark, eine Filmgesellschaft für die Verwertungsrechte 100 000 Mark. Während einer Prozeßpause war der Angeklagte um über eine Million reicher geworden. Es schien alles nach Plan zu laufen.

Nur die Freunde ließen sich nicht blicken. Alle prominenten Entlastungszeugen erklärten dem Gericht schriftlich, daß sie zur Aufklärung der zur Verhandlung stehenden Sachverhalte nicht das Geringste beitragen könnten.

Schließlich wurde der Selbstmord des Kupplers bei den betroffenen Cliveden-Gästen mit einiger Erleichterung aufgenommen. Die Nachrufe auf seinen Tod schlugen sehr gemischte Töne an. Im angesehenen »Observer« war gar eine Lobeshymne auf ihn zu lesen: »Stephen Ward besaß bemerkenswerte Fähigkeiten als Heiler menschlicher Leiden. Jene, die so glücklich waren, von ihm behandelt zu werden, werden sich seiner mit großer Dankbarkeit erinnern. Seine Bereitschaft, jedermann bei seinen Schmerzen zu helfen, wird man nicht vergessen.«

Der Autor des Nekrologs war kein anderer als Lord Astor, und er setzte seinem Zynismus die Krone auf, indem er unter die Zeilen auch noch seinen vollen Namen schrieb. Christine Keeler stieg nach dem Freitod ihres Managers aus dem Gewerbe aus. Sie hatte an der Profumostory mehr verdient, als je im Swimmingpool oder auf den Prachtbetten von Cliveden möglich gewesen wäre. Der gestürzte Kriegsminister erholte sich von den Nervenstrapazen seines Liebeslebens und lebte zufrieden von den Zinsen seines Vermögens.

Die Geschichte, die damals weltweites Aufsehen erregte, weist zwei Besonderheiten auf. Zum einem handelt es sich hier um einen der wenigen Fälle, in denen nicht die Dirne, sondern ihr Zuhälter zur Rechenschaft gezogen wurde. Zum anderen aber wurde diese Affäre zu einem vorher nicht gekannten Medienereignis. Mit ihm trat die Prostitution aus dem Rot-Schummer-Licht, aus der sorgsam gehüteten Anonymität heraus. Sie wurde zu einem Stück Öffentlichkeit, hörte auf, Tabuzone zu sein. In der Vergangenheit zogen die Huren den Märkten nach, nun wurden sie selbst vermarktet und verdienten an den Geschichten über ihre »Geschichten« oftmals mehr als durch die »Geschichten« selbst. Die Keeler ist nicht reich geworden durch ihre sexuellen Eskapaden, sie wurde reich, weil sie über sie öffentlich sprach.

Etwa zur gleichen Zeit lief durch die europäische Presse eine zweite Sensation. Es lag inzwischen in Übersetzungen ein

Werk vor, das in seiner Methodik und seiner bewertungsfreien Sachlichkeit das Thema der Sexualität auf eine völlig neuartige Weise aufgriff. Die umfangreiche Studie erschien in den USA bereits in den fünfziger Jahren, erarbeitet von einem großen Team, dessen Leiter Dr. Alfred Kinsey von nun an eine internationale Berühmtheit wurde. Kinsey war kurioserweise, ehe er sich mit dem Thema beschäftigte, gar nicht auf sexualwissenschaftlichem Gebiet tätig gewesen. Er hatte sich vorher mit dem Artenreichtum der Schmetterlinge beschäftigt.

Und dennoch gelang ihm und seinen Mitarbeitern ein großer Wurf in der wissenschaftlichen Literatur über Sexualität. Der Erfolg beruhte darauf, daß erstmals viele tausend Menschen nach einer modernen Methodik über ihr Sexualverhalten befragt wurden. Die Klienten schützte ein raffiniertes System der Anonymitätssicherung vor jeder Indiskretion, was den Wahrheitsgehalt ihrer Aussagen wesentlich erhöhte. Das Resultat dieser Arbeit wurde auch hinsichtlich des Themas der Prostitution ein aufsehenerregendes Ereignis.

Der Kinsey-Report und das horizontale Gewerbe

Die Kinsey-Leute machten zunächst eine sonderbare Entdeckung. Die Prostitution beziehungsweise der Kampf gegen sie spielten in der Öffentlichkeit eine große Rolle. Gesetze wurden in dieser Sache nach heftigen Debatten erlassen, Bücher pro und contra Hurerei geschrieben, Kanzelpredigten gehalten, Demonstrationen veranstaltet. Aber keiner kannte genaue Zahlen. Wie oft, so stellte sich die Frage, sucht der amerikanische Durchschnittsmann eine Dirne auf? Erhebungen zu diesem Problem gab es so gut wie keine. Man

kannte zwar die Qualität der »Triebbefriedigung« durch Dirnenkontakt, aber nicht ihre Quantität. Dem sollte die Kinsey-Befragung abhelfen.

Das Ergebnis war einigermaßen erstaunlich: »69 Prozent der gesamten weißen Bevölkerung haben zu irgendeinem Zeitpunkt Erlebnisse mit Prostituierten. Eine große Zahl dieser Männer haben jedoch nur ein oder zwei Erlebnisse dieser Art, und nicht mehr als 15 oder 20 Prozent haben solche Erlebnisse häufiger als einige wenige Male im Jahr...«

Schließlich stellte der Report fest, daß insgesamt 68 Prozent der männlichen Bevölkerung mindestens einmal eine Hure besucht haben. Da in diesem Anteil Einmal-Kontakter und Mehrfach-Kontakter gleichgestellt sind, dürften bei einer entsprechenden Hochrechnung mehrere Millionen solcher »Triebbefriedigungen« (ein Ausdruck, der den Zoologen Kinsey verrät) zustandegekommen sein.

Das ist immerhin eine gewaltige Zahl, und es ist verwunderlich, wieso die statistische Analyse des Zahlenmaterials zu der sonderbaren Schlußfolgerung kam: »Polizeiorgane, Berichte von Gesellschaften zur Bekämpfung von Lastern, populäre Sexualbücher und Schriften, Romane und sogar die beste Literatur dieses Landes haben die Prostitution in Amerika wesentlich bedeutsamer erscheinen lassen, als sie tatsächlich im gesamten Sexualleben des amerikanischen Mannes ist.«

Die Sozialhygieniker und all jene, die gegen die Verbreitung von sexuell übertragbaren Krankheiten kämpfen, werden diese Beurteilung sicher nicht teilen, vor allem wenn man bedenkt, daß das Buch zu einem Zeitpunkt erschien, als Aids im gesellschaftlichen Bewußtsein noch so gut wie keine Rolle spielte.

Die von Kinsey vorgelegten Zahlen belegen eine Reihe anderer interessanter Fakten. So zeigt zum Beispiel die Statistik, daß im Alter von 36 Jahren die Männer am häufigsten zu Dirnen gehen. Das scheint offenbar die Zeit zu sein, in der sich die ehelichen Sexualpraktiken auf eine stets wiederkehrende Norm eingespielt haben und der Mann das Recht zu haben meint, »etwas nach Abwechslung zu suchen«.

Es gibt außerdem einen eindeutigen Zusammenhang zwischen dem Bildungsstand des Mannes und der Zahl seiner Prostitutionskontakte. Es ergeben sich folgende Prozentsätze:

Anteil der sexuellen Dirnenkontakte
nach dem Ausbildungsstand
bei Männern zwischen 25 und 30 Jahren

Männer mit Volksschulbildung	74 Prozent
Männer mit Mittelschulbildung	54 Prozent
Männer mit Collegebildung	28 Prozent

Das Verhältnis blieb auch in höheren Altersstufen einigermaßen konstant. Es scheint fast so, als ob Bildung vor der Sünde schützt.

Die von der amerinkanischen Administration verfügte Schließung der öffentlichen Häuser hat die Prostitution in den USA zu einem unter jämmerlichen Umständen vollzogenen Schnellgeschäft werden lassen. Die Nation des Fast Food ist nur noch auf Fast Sex angewiesen, was natürlich gebildetere Männer stärker abstößt als einen Hilfsarbeiter auf der Werft. War die Prostitution im Pariser »One Two Two« noch so eine Art kulturelles Ereignis, so ist sie in den USA nichts weiter als – Triebbefriedigung.

Viele der befragten Männer äußerten eine verwunderliche These. Sie behaupteten, der Umgang mit einer Prostituierten sei billiger als der Verkehr mit einem anderen Mädchen. Sie machten dabei folgende, typisch amerikanische Rechnung auf: »Die Kosten für das Ausführen eines Mädchens, besonders in den höheren so-

zialen Schichten, können sich im Laufe der Wochen und Monate und sogar Jahre, die dem ersten Geschlechtsverkehr vorangehen, auf erhebliche Beträge belaufen. Unter den einzelnen Kostenpunkten finden sich Süßigkeiten, Coca-Cola-Rendezvous, Dinner-Einladungen, Parties, Abendveranstaltungen, längere Reisen und viele andere kostspielige Dinge. Vor dem letzten Krieg lag der Durchschnittspreis für sexuelle Beziehungen mit einer Prostituierten zwischen ein und fünf Dollar. Er kostete also weniger als ein einziges Abendessen mit einem Mädchen, das keine Prostituierte ist.« So dicht beieinander können Sex und buchhalterisches Denken liegen.

Im Geleitwort des Kinsey-Reports findet sich ein kluger Satz: »Von den vier Himmelsrichtungen aus betrachtet, kann ein großer Berg ganz verschiedenartige Anblicke bieten – so verschieden, daß bitterer Streit zwischen denen entstehen kann, die ihn beobachtet haben.« Auf kaum eine andere Erscheinung der menschlichen Sexualität trifft diese Erkenntnis so sehr zu wie auf die Prostitution.

Die Zeit der Aufklärungsfilme

Seit Mitte der sechziger Jahre erhielten die Prostituierten auf der Straße und in den Bordellen eine ernsthafte Konkurrenz. Wie so oft in diesem Gewerbe stand am Anfang auch dieser neuen Entwicklung eine Veränderung im Rechtsbereich. Aber diesmal hatten die neuen Paragraphen keine repressive Tendenz, nicht einmal eine restriktive. Im Gegenteil: Der Gesetzgeber versuchte, nicht das Leben den Verordnungen anzupassen, sondern umgekehrt die Verordnungen dem Leben.

Das war auch höchste Zeit. Längst hatte sich – sozusagen im Windschatten des wirtschaftlichen Aufschwungs nach dem Zweiten Weltkrieg – ein Erotikmarkt entwickelt, der von pornographischen Magazinen über Sexfilme bis hin zur offenen oder verdeckten Prostitution reichte. Aber all dies war, betrachtete man es ganz genau, illegal. Die Versuche, die geltenden Bestimmungen zu unterlaufen, nahmen nicht selten groteske Formen an.

Beate Uhse, die Seniorin des deutschen »Sündenhandels«, eröffnete ihren ersten Erotikladen als »Fachgeschäft für Ehehygiene«. In den Kinos liefen mehr »Aufklärungsfilme«, als es überhaupt junge Leute gab, die aufzuklären gewesen wären. Im Publikum saßen mehr lüsterne ältere Herren als der erotischen »Erleuchtung« bedürftige Knaben und Mädchen. Die Bordelle tarnten sich als Massagesalons, die Huren maskierten sich als Hostessen, worunter man so ziemlich alles oder auch nichts verstehen konnte.

Um ihre Stadtkerne von Prostituierten freizuhalten, kamen viele kommunale Verwaltungen auf die reichlich abgegriffene Idee, »Bannmeilen« (oder auch Sperrzonen) um ihre urbanen Zentren zu legen. Nun standen bei Wind und Wetter die leichten Mädchen an den Ausfallstraßen, was weder für die Freier noch für die Objekte ihrer Begierde sonderlich angenehm war.

Veränderung gab es auch im technisch-kommunikativen Bereich. Schmalfilmprojektoren waren längst nicht mehr so teuer wie früher, was die Nachfrage nach »offenherzigen« Liebesfilmen für den Hausgebrauch spürbar anhob. In diesem 8mm-Streifen konnte es dann auch ungehemmter zugehen als in den öffentlichen Kinos; denn was der einzelne sich innerhalb seiner vier Wände zumutete, ging keinen etwas an.

Als dann auch noch der Videorekorder erfunden wurde, der gestattete, das traute Heim in ein Sündenbabel zu verwandeln, boomte der Markt für elektronisch aufgezeichnete Liebesspiele dermaßen, daß

Zeitungs-Kiosk von heute. Die Anfänge einer offenherzigeren und animierenden Illustriertenproduktion sind hier satirisch umgesetzt. Eine Entwicklung nimmt ihren Lauf, die heute in pornographischer Videoproduktion sicher noch nicht ihr Ende gefunden hat. Zeichnung von Paul Simmel aus »Lustige Blätter« (1920)

ganze Industriezweige zur Vermittlung der niederen, durch keine Schamgrenze gebremsten Minne entstanden.

Das große Ereignis

Das heißt, gebremst wurde die Entwicklung nur durch das Gesetz. Es stellte sich immer deutlicher heraus, daß die mit der diesbezüglichen Materie befaßten Paragraphen praktisch nicht mehr durchzusetzen waren. Der Gesetzgeber stand vor der Wahl, sich entweder lächerlich zu machen oder die Verordnungen zu ändern. Die meisten europäischen Parlamente entschlossen sich für den zweiten Weg – in der Regel gegen den heftigen Widerstand christlich-konservativer Kreise. Im Gefolge dieser juristischen Evolution wurde die Prostitution – im Grunde genommen, be-

159

denkt man die Flut juristischer Obsessionen, ein Jahrtausendereignis – außer Strafe gestellt, nur die Zuhälterei blieb ahndungswürdig. Wo diese freilich begann, war und ist richterliche Auslegungssache. Dann wurde – fast noch entscheidender – die Pornographie »freigegeben«, das heißt, sie durfte im Fachhandel vertrieben werden.

Einschränkungen gab es nur in drei Punkten, die eine zumindest in Deutschland breite gesellschaftliche Akzeptanz fanden:

1. Pornographische Erzeugnisse durften Jugendlichen unter 18 Jahren weder gezeigt, verkauft, noch auf eine andere Art zugänglich gemacht werden.

2. Darstellungen der Unzucht mit Kindern sowie die Ablichtung sodomistischer Triebbefriedigung blieben verboten.

3. Alle Entäußerungen sexueller Gewalt standen weiter unter Strafe.

(Die Rechtsprechung in der Europäischen Gemeinschaft ist allerdings in allen drei Punkten keineswegs einheitlich.)

Es gibt keine seriösen europäischen Erhebungen über den Konsum von Pornographie. Er muß dennoch ziemlich groß gewesen sein, sonst hätte sich nicht binnen kurzer Zeit eine weitverzweigte Industrie auf dem Gebiet der verbalen und abgelichteten »Unzucht« entwickeln können.

Aus den USA liegen entsprechende Zahlen jedoch vor. Die Statistik besagt:

		Zahl der Befragten	oft	manchmal	niemals
Betrachten Sie gerne nackte Menschen?	männlich	4191	18%	36%	46%
	weiblich	5698	3%	9%	88%
Sehen Sie sich kommerzielle Porno-Filme an?	männlich	3231	6%	30%	64%
	weiblich	5411	9%	39%	52%
Besuchen Sie Sex-Shows?	männlich	3377	28%	34%	38%
	weiblich	2550	4%	10%	86%
Schauen Sie sich Darstellungen des Geschlechtsaktes an?	männlich	3868	42%	35%	23%
	weiblich	2242	14%	18%	68%

Die Tabelle belegt: Die höchsten Quoten erreichen die Darstellungen des Geschlechtsaktes, wobei die männlichen Interessenten den weiblichen bei weitem überlegen sind. Daraus haben die europäischen Produzenten des Nackten offenbar diese Schlußfolgerung gezogen: Man muß dem menschlichen Körper die Kleider vom Leibe reißen. Nun erscheinen selbst harmlose Illustrierte mit exhibitionistischen Damen auf den Titelseiten. Das Nackte

wurde sozusagen normaler als das Angezogene, jedenfalls scheinbar. Die Pornohersteller lasen die Statistik offenbar etwas anders. Weil die Zahlen in der Rubrik »Darstellung des Geschlechtsaktes« die Frauen weit abgeschlagen zeigen, produzierten sie (übrigens bis zum heutigen Tage) ihre koitalen Serienstreifen vorzugsweise für Männer. Die Herren vor allem sollten mit diesen Filmen auf ihre Kosten kommen. Frauenbewegungen hielten diese

Sichtweise für infam sexistisch. Sexistisch war sie auch, wollte sie auch sein. Doch was die Infamie anlangt, so beweisen die Umsatzzahlen, daß die Hersteller durchaus ins Schwarze getroffen hatten. Porno-erzeugnisse wurden in den europäischen Ländern nach deren Freigabe zu den großen Verkaufsrennern. Der noch so aus-schweifende Koitus war kein gesellschaftli-ches Tabu mehr. Die Alte Welt mit ihrer hohen Kultur, auf die sie immer so stolz war, erwies sich als ein Ensemble von Voyeuren.

Die sozialistischen Länder Europas aller-dings gaben sich in dieser Sache wesent-lich prüder. So stand zum Beispiel in der DDR der Besitz von pornographischen Er-zeugnissen nicht unter Strafe, aber ihre Weitergabe. Das war eine besonders un-sinnige Regelung, da ja jeder Besitz eine wie auch immer geartete Weitergabe vor-aussetzt.

Die Dunkelprostitution im Sozialismus

Doppelbödig wie im Bereich der Pornogra-phie war auch die Haltung der sozialisti-schen Staaten zur Prostitution. Offiziell als Ausdruck der Verworfenheit des faulenden, aber verlockend schillernden Kapitalismus bezeichnet und schon deshalb im Strafge-setzbuch expressis verbis verboten, schien sie den Offiziellen weder einer soziologi-schen noch einer gesellschaftlichen Be-trachtung wert. Man wähnte sich in dem Glauben, die Sache habe sich erledigt, das Phänomen der käuflichen Liebe habe sich dank der »neuen Moral« selbst zu den Akten gelegt, dem »neuen Menschen« gelü-ste es nicht mehr nach dem Koitus gegen Bargeld. »Liebe ist in der DDR nicht käuf-lich«, schreibt Friedrich Wolff, der Vorsit-zende des damaligen Ostberliner Rechts-anwaltskollegiums noch 1988. Dabei

waren in den großen Städten wie Leipzig, Ost-Berlin, Dresden und Rostock längst die sogenannten Devisenhotels entstanden, Nobelherbergen, in denen nur der ein Bett bekam, der über freikonvertierbare Wäh-rungen verfügte, zu denen die DDR-Mark bekanntlich nicht zählte. Wenn dann der Gast aus dem verworfenen Westen auch noch danach verlangte, nicht allzu einsam zu sein, dann hatten seine sozialistischen Gastgeber dafür schmunzelnd Verständnis. Auch die entsprechenden Damen, die natürlich in Westwährungen kassierten, waren schnell zur Hand. Daß vor allem während der Messewochen in Leipzig die Prostitution in gar nicht so unansehnlicher Blüte stand, galt für die meisten als offenes Geheimnis.

In den Metropolen der »Bruderländer« herrschten ganz ähnliche Verhältnisse. In Bukarest beispielsweise standen selbst in Mittelklassehotels dem liebeshungrigen Gast junge Mädchen zur Verfügung. Er hatte nicht einmal in bar zu zahlen; es reichte das Versprechen, die Schöne am nächsten Morgen zu einem kleinen Ein-kaufsbummel in den Devisenshop mitzu-nehmen. Daß in den sozialistischen Staa-ten die Prostitution dennoch eine gesell-schaftliche Randerscheinung blieb, lag weniger daran, daß dort eine neue, näm-lich sozialistische Moral an Wert gewon-nen, als vielmehr daran, daß die Binnen-währungen an Wert dramatisch verloren hatten.

Vor allem die östlichen Geheimdienste fanden an der Prostitution gegen Devisen schnell Interesse. Es dürfte in den kommu-nistisch beherrschten Ländern viele käufli-che Mädchen gegeben haben, die in irgendeiner Weise mit den Sicherheits-behörden in Verbindung standen. Mit Hilfe dieser »Devisen-Call-Girls« wurde bewußt immer wieder versucht, ein Erpressungs-potential gegenüber westlichen Geschäfts-leuten und Politikern aufzubauen. Die Dunkelmänner verstießen damit eindeutig

161

gegen die Strafrechtsbestimmungen ihrer eigenen Länder, denn Kuppelei war in der sozialistischen Gesetzgebung natürlich genauso verboten wie auch die Prostitution selbst unter Strafe stand.

Wie sehr sich auch DDR-Juristen dieses offenkundigen Widerspruchs bewußt waren, beweist der bereits zitierte Friedrich Wolff. Um das Wesen der Prostitution zu erklären, bemühte der ausgewiesene Atheist ausgerechnet den heiligen Thomas von Aquino. Er läßt den frommen Mann in seinem Buch mit den bereits erwähnten Sätzen zu Wort kommen: »Die Prostitution gehört zur Gesellschaft wie die Kloake zum herrlichsten Palast. Die Prostitution gleicht der Kloake des Palastes; wenn sie beseitigt wird, wird der Palast ein unreiner, stinkender Ort.«

Später kommt Wolff noch einmal auf Thomas zurück. Nachdem er die DDR für »prostitutionsfrei« erklärt hat, bemerkt er: »Bleibt nur die Frage, was der heilige Thomas von Aquino dazu sagen würde. Ich glaube, er wäre einverstanden.«

Einverstanden womit? Daß nur den herrlichsten Palästen in der Gestalt von Devisenhotels eine Kloake zugebilligt wurde? Oder daß, wenn man die Kloake entfernt, ein ganzes Land zum unreinen, stinkenden Ort werden kann. Wo Wirklichkeit und deren Interpretation sich in den Haaren liegen, hat die Unlogik ein gemütliches Zuhause.

Pornographie und Prostitution

Prostitution und Pornographie gehören wortgeschichtlich zusammen. *Porne* ist im altgriechischen die Hure, Pornographien sind demnach Beschreibungen über sie. Soweit sind die Dinge klar und zweifelsfrei. Auch daß sich die galanten Erotikromane gerne der Dirne wegen ihrer hohen Promiskuität als Hauptfigur bedienten, weil sich auf diese Weise möglichst viele Liebesabenteuer in einem Buch darstellen ließen, steht außer Frage. Aber diese Texthuren waren Phantasiekinder der Autoren. Nichts geschah wirklich, die Fleischeslüste waren letztlich Geisteslüste.

Das ist bei der modernen, optisch wahrnehmbaren Pornographie, also in Magazinen oder Filmen anders. Sind Pornodarsteller also weibliche beziehungsweise männliche Prostituierte? Sie sind es, auch wenn die unmittelbar an diesen Produktionen Beteiligten das nicht akzeptieren würden. Der Unterschied zur regulären Prostitution ist nur der, daß sich die Ware-Geld-Beziehung geändert hat. In der traditionellen Form des Gewerbes liegen die Dinge klar auf der Hand: der Kunde zahlt, das Mädchen gibt sich ihm hin. Wenn zwei in einem Bordell Geschlechtsverkehr treiben, kann man absolut sicher sein: der oder die eine hat Geld gegeben, die oder der hat Geld erhalten.

Das ist bei der kommerziellen Pornographie anders. Hier kauft ein dritter, nämlich der Produzent, alle am Liebesspiel beteiligte Partner, nicht im Interesse seines eigenen Lustgewinns, sondern im Interesse des Lustgewinns anderer, die seinen Film (oder sein Magazin) später einmal zur Stimulierung der eigenen Sexualität kaufen. In der konventionellen Prostitution macht sich die Frau zur Ware, indem sie sich an den Freier verkauft. Jetzt hilft sie, indem sie sich zur Ware macht, eine neue Ware herzustellen: der Geschlechtsverkehr als mehrwertbildendes Ereignis. Erst im elektronischen Zeitalter wird die Prostitution tatsächlich zum Gewerbe. Sie ist also keineswegs das älteste der Welt.

Zu Beginn der siebziger Jahre bekam eine noch nicht in der Branche bekannte Pornodarstellerin pro Drehtag 500 Mark, die Spitzengirls mindestens 1500 DM. Einer gewöhnlichen Prostituierten müßten dafür ungefähr acht bis zehn Freier an die Angel gehen. Bei Männern, denen die

Natur für dieses Geschäft einige Stolpersteine in den Weg gelegt hat, weil sie erektieren und ejakulieren müssen und ihnen kein »So-tun-als-ob« erlaubt ist, sieht die Gageneinteilung so aus:

Tag ohne Einsatz	150 Mark
Tag mit softem Einsatz	450 Mark
Tag mit hartem Einsatz	600 Mark.

Was da als eine Orgie der Lust und Geilheit über den Bildschirm flimmert, ist in Wahrheit das Produkt einer harten Kalkulation. Die Finanzplanung eines Pornofilms in Italien, das sich in diesem Genre als eines der aktivsten europäischen Länder präsentiert, sieht etwa so aus:

Regisseur	10 Millionen Lire
Hauptdarstellerin, wenn es sich um einen in der Branche bekannten Star handelt	10 Millionen Lire
Hauptdarsteller	5 Millionen Lire
Andere Darsteller	12 Millionen Lire
Mieten	10 Millionen Lire
Schnitt und Produktion	10 Millionen Lire
Werbung	4 Millionen Lire
Filmmaterial einschl. Kopien	12 Millionen Lire
Insgesamt	73 Millionen Lire
geplantes Einspielergebnis	0,5 Milliarden Lire

Angesichts dieser Summe kommt einem das Mädchen auf dem Straßenstrich wie eine romantische, etwas vereinsamte Märchenfee vor.

Georg Seeßlen teilt in »Der pornographische Film«, den er auch zu Recht als eine »medialisierte Prostitution« bezeichnet, die Pornodarstellerinnen in vier Gruppen ein:

1. Diejenigen, die nichts anderes als schnell viel Geld verdienen wollen und aus denen im besten Fall jene echten Profis des Gewerbes werden, die genau wissen, was sie wert sind und immer »bringen«, was man von ihnen erwartet.
2. Die ambitionierten und engagierten Frauen, die »eigentlich« zum richtigen Film wollen und entweder nur gerade keine Chance haben oder durch Auftritte in Pornofilmen hoffen, entdeckt zu werden.
3. Die »Besessenen«, die auch ohne Gage arbeiten möchten.
4. Die Angehörigen der erotischen Subkulturen, die versuchen, sich an dem vermeintlich leichteren Geschäft zu beteiligen.

Wer die Biografien der wichtigsten Pornodarstellerinnen in Europa und den USA kennt, wird gegenüber Seeßlens Kategorisierung einige Bedenken anmelden müssen. Unter den Stars in diesem Metier befinden sich nämlich sonderbarer und bezeichnender Weise keine, die sich der Gruppe 3 zurechnen ließen, keine jener nymphoman Besessenen nämlich, die auch ohne Gage arbeiten würden. Zwar versuchen sie in den Filmen den Eindruck eines unstillbaren Sexhungers zu erwecken. In Wahrheit aber wird es wohl eher der Geldhunger sein. Auch die Gruppe 2 trifft die Wirklichkeit kaum. Keine Pornodarstellerin hat bisher den Weg vom Koitusstreifen zum »eigentlichen« Film erfolgreich beschreiten können. Dagegen tritt eher der umgekehrte Fall ein. Darstellerinnen, die sich im »eigentlichen, richtigen Film« nicht haben behaupten können, verirren sich gelegentlich ins Reich der elektronischen Masturbationshilfen. Daß man auch auf diesem Gebiet eine beachtliche Karriere machen und gar zu einer Person öffentlichen Interesses werden kann, zeigt der Entwicklungsweg von Teresa Orlowski.

»Born for Love« – and Money

»Born for Love« ist der Titel eines zweiteiligen Pornoromans, den die Orlowski produziert und mit viel Aufwand vermarktet hat. Die hier angeblich »für die Liebe geboren sind«, sind in Wahrheit beziehungsweise vorgeblich für den Sex geboren. Aber diese Begriffsvermischung gehört sozusagen zu den psychologischen Verkaufsstrategien des Geschäfts. Wer schon an den pausenlosen Kohabitationen keinen Gefallen finden kann, gegen die Liebe wird er wohl nichts einwenden können.

Teresa Orlowski ist gebürtige Polin und wurde in der deutschen Pornoszene berühmt, als sie bereits die Vierzig überschritten hatte. Das allein ist schon eine Leistung in einer Branche, in der »Je-jünger-je-lieber« ein unausrottbares Credo zu sein scheint. Die Orlowski ist ein unverwechselbarer Typ, nicht nur als oft sich etwas divahaft gebende Frau, sondern auch als Sexdarstellerin und -produzentin. Hatten die Lustfilme der sechziger und siebziger Jahre immer etwas von verbotener Heimlichkeit, jenen Komplex »Ich schäme mich, weil ich so schmutzig bin« mit sich herumgeschleppt und damit den voyeuristischen Instinkt der Betrachter provoziert, so ist das bei Teresa Orlowski ganz anders. Sex ist hier etabliert und offiziell. Obwohl Pornoliebhaber jeden Quadratzentimeter am Körper dieser Dame kennen, wird sie als ernstzunehmende Gesprächspartnerin in Fernsehtalkshows durchaus akzeptiert.

Solche öffentlichen Auftritte liebt Teresa Orlowski besonders, und sie wird nicht müde, bei dieser Gelegenheit mitzuteilen, wieviele Steuern sie jährlich dem Staat zahlt. In der Tat ist es ihr gelungen, in Hannover ein großes Medienzentrum des kommerziellen Sex' aufzubauen. Sie verfügt nicht nur über moderne Studios zur Herstellung und Synchronisation von Pornovideos (VTO-Productions), sondern gibt auch noch zahlreiche Pornomagazine (vor allem »foxy lady«) heraus. Hier wird Geld gemacht, und Teresa Orlowski hütet sich, das zu verhehlen. Die Steuerprüfer können kommen, die arrivierte Polin braucht sie nicht zu fürchten.

Im Gegenteil: Bei Betrachtung ihrer Filme hat man sogar den Eindruck, daß sie Leute in der Art von Steuerprüfern liebt. Buchhalter, die verklemmte Sexwelt des Mittelständlers – das sind die Adressen, an die sich ihre Filme geschickterweise wenden. Da ist nichts mehr schmuddelig, alles präsentiert sich klinisch sauber. Teresa Orlowski hebt den Pornofilm von der anrüchigen Outsider-Subkultur in den Rang einer blankgeputzten Innenarchitektur nach dem gehobenen Geschmack des Kleinbürgers. Und der darf dann auch in ihren Filmen nach Herzenslust vom Unerreichbaren träumen. Er wird nie solche Superautos fahren, wie sie von Teresa Orlowski mit Vorliebe vorgeführt werden, er wird nie ein solch steril-modernes Chefbüro besitzen und vor allem: Er wird nie solche Exklusivweibchen beschlafen, wie sie in den VTO-Produktionen serienweise auftreten. Auch der Phalluskult der antiken Kulturen lebt hier in modernem Gewand wieder auf. Die Herren der Teresa Orlowski sind wahre Phänomene an Potenz und genitaler Monumentalität. Was der Prostitution schon immer inhärent war, Ersatztraum und Traumersatz für den eigenen sexuellen Alltag zu sein, das wird hier zur Perfektion getrieben.

Teresa Orlowski hat viele Kritiker, die ihr zum Teil Unrecht tun. Was immer man gegen sie, vor allem als »Sexualberaterin«, als die sie sich in ihren Magazinen auch betätigt, einwenden mag, eines steht außer Frage: In ihrer Person hat die Sexualität, auch die kommerzielle, ein geradezu narzistisches Selbstbewußtsein gewonnen. Die Huren früherer Zeiten haben sich oft und lange genug mit gesenkten Blicken auf die Matratze gelegt. Teresa Orlowski tut das sozusagen mit gehobenem Haupt und präsentiertem Anus. Sexualität wird, spiegeln die VTO-Videos vor, zum Alltagsvergnügen an jedem Ort und zu jeder Zeit. Der Beischlaf gedeiht zur frei verfügbaren Norm, beherrscht von dem gleichen Automatismus, mit dem der Raucher zur Zigarette greift. Letztendlich also erzählen die Videos sexuelle Märchen. Teresa Orlowski ist die Hexe, aus deren Mund sie kommen, eine schöne, selbstbewußte Hexe, der Hetärentyp des 20. Jahrhunderts, eine sich nymphoman gebende Managerin der Medien – für die Liebe geboren und fürs Geld.

Die »Freistellung« und der mediale Strich

In seiner Studie »Soziologie der Prostitution« weist Bernsdorf darauf hin, daß in der Gegenwart »die Lustkomponente ablösbar ist vom biologischen Gattungszweck«. Und er fährt fort: »Für das Problem der Prostitution ist vor allen Dingen wichtig, daß eine Akzentuierung des Genusses auch für das menschliche Sexualverhalten möglich ist, ein Vorgang, den man als *Freistellung* der Sexualität bezeichnen kann. Mit dieser Entwicklung kann eine Ablösung vom Sinnenreiz des anderen Leibes verbunden sein und eventuell eine Ausschaltung des Bedürfnisses nach Kommunikation in der sexuellen Betätigung. Das bedeutet, daß dem Partner eine reine *Sachfunktion* zufällt.«

Mit anderen Worten: Hatte die Prostitution in früheren Jahrhunderten wenigstens neben der sexuellen auch noch weitgehend eine erotische Komponente, wurden damals im prostitutiven Kontakt neben Lust auch noch Gespräche, Zärtlichkeiten oder gar Tänze ausgetauscht, so ist von alledem die käufliche Liebe heutzutage »freigestellt«. Es geht nur noch um den

schnellen Lustgewinn auf der einen und den schnellen Geldgewinn auf der anderen Seite.

Die Sexualforschung hat festgestellt, daß in der Gegenwart vor allem auf dem Straßenstrich von den männlichen Kunden weniger der Koitus als Fellatiopraktiken verlangt werden. Bei der Befriedigung dieses Wunsches zieht sich das Mädchen nicht einmal aus: Ablösung vom Sinnenreiz des anderen Körpers.

Die Medien tragen zu dieser Versachlichung, zur Enterotisierung des Sexus wesentlich bei. In den Anzeigenteilen bestimmter Zeitungen wird neben Autos, Möbeln, Versicherungen und menschlicher Arbeitskraft eben auch Lust angeboten. Da muß nicht mehr lange gesucht, da brauchen keine kundigen Taxichauffeure befragt werden, ein gezielter Blick in die Zeitung reicht aus, und der Sexsuchende findet im Handumdrehen die Sexverkäuferin:

»Erotische Massage – Cindy und Sunna verwöhnen Sie in gepflegter Atmosphäre von 9 – 22 Uhr«

»Auch feiertags, Ines, 43 J. [Telefonnummer], Strapsmodell, naturrot, vollbusig«

»Ein Besuch lohnt sich! Parkplätze sind bei uns kein Problem. Drei lustige Modelle verwöhnen. [Es folgt die Anschrift.] Auch Hausbesuche«

»Hot Kiss Film Bar. Charmante neue Modelle freuen sich auf gepflegte Herren. Mo.–Sa. von 20 bis 4 Uhr [Es folgt die Anschrift].«

»Zwei niveauvolle deutsche Modelle mit exotischer Freundin! [Es folgt die Anschrift.]«

Die zitierten Beispiele sind einer einzigen Ausgabe einer Berliner Tageszeitung entnommen. In den sogenannten Kontaktmagazinen, die teilweise als pornographische Schriften eingestuft sind, geht es noch eindeutiger zu:

165

»Attraktive, zeigefreudige Strapslady läßt sich von ihrem Partner auf privaten Partys u.ä. vorführen. Wir ›arbeiten‹ auf Wunsch bis zum spritzigen Höhepunkt. Suchen auch Kontakte zu Clubs und Leuten, die uns diskret weitervermitteln.«

»Wo kann junges, attraktives Paar einem älteren, spendablen Herrn seine exquisiten Sexvorführungen darbieten. Wir zeigen Dir, was Du möchtest. Auch Foto und Video möglich.«

»Rassige Nymphomanin, 26, bietet frivoles Ausgehen mit Sex im Freien! Auch Haus- und Hotelbesuche möglich!«

Eine neue Variante sind die Haus- und Hotelbesuche. Früher ging in der Regel der Freier zur Hure, heute kommt die Hure zum Freier. – Das ist in der Tat gar kein ungefährlicher Job. Eine Prostituierte aus Münster hat zu diesem Thema folgendes zu Protokoll gegeben:

»Ruft einer an und will einen Hausbesuch, dann bitten wir ihn um seine Adresse und seine Telefonnummer. Die Nummer wird überprüft, entweder über das Telefonbuch oder die Auskunft. Wichtig ist, daß zwei Zettel mit diesen Angaben angelegt werden, einer zum Mitnehmen, der andere blieb im Studio, damit wir immer informiert waren, wo sich das jeweilige Mädchen befand. Bei ihrer Ankunft, meist nachdem sie ihr Geld erhalten hatte, mußte sich das Mädchen noch einmal bei uns melden, damit wir wußten, daß alles o.k. war. Wenn nach einer halben Stunde kein Rückruf kam, war klar, daß irgend etwas nicht stimmte. Dann setzte sich mein Freund sofort in Bewegung. Die häufigste Komplikation war, daß der Mann nicht allein war, obwohl wir ihn danach gefragt hatten. Oft saßen drei oder vier Männer zusammen, tranken und wollten dann alle mit dem einen Mädchen. Das kam natürlich nicht in Frage. Man muß bedenken, ein einzelnes Mädchen unter drei stock-

166

fremden, geilen Kerlen! Das war viel zu gefährlich! Entweder waren die anderen Männer damit einverstanden, daß noch genauso viele Mädchen nachkamen oder die Sache platzte. Das betraf übrigens auch die Fälle, wo gefragt wurde, ob die Ehefrau zusehen dürfte. Das lief nur, wenn ein Mädchen auch für sie mitkam, ob sie nun mit ihr etwas anfing oder nicht.«

Alle Kontaktmagazine sind voller Anzeigen, die solche Haus- und Hotelbesuche anbieten. Die mediale Prostitution ist so differenziert ausgeprägt, daß Journale für alle sexuellen Spielarten auf dem Markt sind. Da gibt es in Deutschland unter anderem:

> »Happy Weekend«
> »Swinger Partnerkontakt. Neue heiße Sexkontaktanzeigen«
> »Scharfes Mädchen sucht! Expreß-Sofortkontaktmarkt«
> »Sado-, Straps- und Stiefelfreunde«
> »Domina- und Sklaven-Atlas. – Die schärfsten Kontakte auf einen Blick«
> »(S)EX DDR«
> »Sachsenexpreß«
> »Zuchtmeisterinnen – Dominas und Sklavinnen Gesamtdeutschlands«

Neuerdings erscheinen selbst Anzeigen wie diese: »Ruf die Party Line an! Non-Stop Live Unterhaltungen! Für ein privates Erlebnis und diskrete Fantasien und Spaß. Die Live Unterhaltung hört nie auf: 24 Stunden, 7 Tage in der Woche. Hör die Wunschträume von Männern und Frauen! Teil ihnen Deine Fantasien und Sehnsüchte mit. Für Gruppen bis zu 6 Teilnehmer. Wähle...« – Es folgt die Gebührenangabe: 1,56 DM pro 30 Sekunden und die Telefonnummer mit der Vorwahl von Dominica, einer kleinen Insel in der Karibik.

Die Sache würde natürlich weder Sinn noch Gewinn machen, wenn die lüsternen Telefonistinnen wirklich dort säßen. Hier kann es sich also nur um eine Sonderschaltung handeln. Im elektronischen Zeitalter kehrt das alte Gebührenmuster der Bordelle wieder: die Puffmutter kassiert und gibt den Mädchen ihren Anteil. Nur daß es sich nunmehr nicht um eine Matrone, sondern um eine Telefongesellschaft handelt.

Das Eindringen der Elektronik in das Geschäft mit der Lust hat die Freisetzung der Sexualität, ihre unpersönliche Automatisierung, ihre unerotische Austauschbarkeit auf einen ausgesprochen dubiosen Höhepunkt getrieben.

Allerdings weist diese Entwicklung eine bemerkenswerte Gegentendenz auf. Die Freier vieler Jahrhunderte haben an Prostitution und Bordell nicht nur die dort mögliche Triebbefriedigung geschätzt, sondern vor allem, daß sie sich unter absoluter Anonymität vollzog. Die Mädchen von Avignon wären nie auf die Idee gekommen, ihre Kunden nach Namen und Anschrift zu fragen. Aber schon bei den Haus- und Hotelbesuchen geschieht das, muß es auch unter den gegebenen Umständen geschehen.

Noch rigoroser wird die Anonymität des Kunden in einer Branche der medialen Prostitution abgebaut, die in den letzten zwanzig Jahren einen beachtlichen Boom erlebte: beim Telefonsex.

Die erotische Hot-Line mit Abmahnung

Der gängige Telefonsex hat mit den Praktiken der »Karibik«-Mädchen nicht viel zu tun. Hier wird der Kunde individuell behandelt, man geht auf seine sexuellen Vorlieben ein, stellt persönliche Fragen, provoziert in eine vom Kunden gewünschte Richtung. Bevor es allerdings soweit kommt, läuft das Procedere wie bei den Hausbesuchen ab: die Telefonnummer und die Anschrift werden überprüft, es wird zurückgerufen, wobei in der Regel dem Kunden eine »Schlafzimmer-Telefonnummer« gegeben wird. In Wahrheit soll die Leitung freigemacht werden für die nächsten liebeshungrigen Anrufer, denn in einer Telefonsex-Agentur arbeiten in der Regel mehrere Mädchen in Schichtarbeit rund um die Uhr.

Der Telefonsex wurde in den USA erfunden und erfuhr schnell in Westeuropa große Verbreitung. In ihrer klassischen Ausprägung verhüllt die Dirne ihre inneren Gefühle, verbirgt ihre Seele. Hier aber verhüllt sie auch noch ihr Gesicht, ihren ganzen Körper. Sie prostituiert sich nur mit der Stimme, macht sich zur akustischen Masturbationsvorlage des Mannes.

Im Gegensatz zu dem Karibiktrick, wo der Gewinn über die hohe Gebühr realisiert wird, muß beim Telefonsex direkt bezahlt werden – per Überweisung an eine Adresse oder auf ein Konto. Das erfolgt in der Regel nachträglich, was für das prostitutive Geschäft untypisch ist. Bezahlt der Kunde nicht, kann er über seine preisgegebene Adresse natürlich belangt werden. Es kommen Mahnschreiben, deren Ton weit von dem süßen Geflüster beim Erstkontakt entfernt ist. Da heißt es:

»Sie haben bei mir ein Telefongespräch geführt und das vereinbarte Honorar nicht bezahlt. Wir haben einen Gesprächsaufzeichnungscomputer ... Somit können wir beweisen, daß von Ihrem Telefon mit uns gesprochen wurde.

BGB S. 136.1 besagt: ›Telefonsex ist nicht sittenwidrig.‹ Das Honorar ist berechtigt und einklagbar. Ich setze Ihnen eine letzte Zahlungsfrist bis zum [Datum]. Ansonsten werde ich die Unterlagen an mein Inkassobüro geben. Im Hoffen auf eine gütliche Einigung verbleibe ich ...«

(Originalschreiben eines Telefonsex-Studios in Au am Rhein)

167

Wer sich solche Unannehmlichkeiten ersparen will, zahlt entweder sofort, oder er macht sich die neueste Erfindung des medialen Strichgeschäfts zunutze.

Mitte 1993 erschien im Kontaktmagazin »Happy Weekend« folgende Anzeige:

»Die geilsten Telefon-Sex-Karten der Welt

Nach 7jähriger technischer Entwicklung sind jetzt endlich im Telefon-Sex folgende Fortschritte möglich:

Die Telefongebühren übernehmen wir. Außer dem Kaufpreis für die Karte (10 min. 70 DM, 15 min. 100 DM, 20 min. 150 DM) entstehen keine weiteren Kosten.

Keine Ehefrau braucht sich mehr über unerklärlich hohe Telefonrechnungen und Anmahnungen über nicht bezahlte ›Telefondienstleistungen‹ zu wundern.

Jederzeit anrufen, wann immer Sie gerade Lust und Laune dazu haben. Keine Wartezeiten, keine nervenden Überprüfungen der Anschrift, kein Rückruf – und dies 24 Stunden pro Tag.

Ganz wie Sie wünschen. Live-Gespräche mit absolut geilen Mädchen, die auf Ihre Wünsche eingehen oder die heiße Stimme vom Band.

Auf Tastendruck an Ihrem Telefon wechseln Sie von Mädchen zu Mädchen. Sie hören den härtesten Telefon-Sex oder einfach nur softe Unterhaltung. Dies alles funktioniert von jedem Telefon mit dem von uns mitgelieferten Signalgeber (Piepser) für Ihren Geheimcode.

Die Gesprächsdauer bestimmen Sie selbst, die verbleibenden Restminuten können Sie jederzeit zu einem späteren Zeitpunkt abtelefonieren. Danach haben Sie eine ausgefallene Telefon-Sex-Karte mit steigendem Sammlerwert, da pro Mädchen nur eine limitierte Stückzahl hergestellt wird.«

Sex wird jederzeit verfügbar, nötigenfalls von der Kartentelefon-Zelle aus. Bei solch

einem Überangebot sexueller Reize kann es gar nicht verwundern, daß die »Ansprechschwelle«, der Moment also, in dem das »Blut in Wallung« gerät, immer niedriger wird. Nun genügt nicht mehr der heimatliche Strich, das Sexkino »mit neuen Platzanweiserinnen« um die Ecke, das Kontaktmagazin mit den aufreizenden Telefonnummern – nun muß etwas ganz Exotisches her: Thailand, die Philippinen, Ghana neuerdings und Kenia, Brasilien oder Mexiko.

Der Sextourismus

Der Sextourismus ist eine Erfindung unseres Jahrhunderts. Er wurde erst möglich durch die immens gestiegenen Möglichkeiten des Flugverkehrs, des hohen Angebots an Billigflügen. Seit Beginn der siebziger Jahre reisen begüterte Sexabenteurer, meist hetero- oder homosexuelle Männer, aber auch Frauen, aus Europa, Amerika, aus Japan und Australien Tausende von Kilometern, um die asiatischen, afrikanischen oder amerikanischen »Sexwunder« kennenzulernen.

Eine intensive Werbung unterstützt das Geschäft in dieser Branche. »Keine falsche Scham, der deutsche Mann ist die Nr. 1 in der Welt. Denken Sie daran, der deutsche Mann ist bekannt für Strebsamkeit, Fleiß, Zuverlässigkeit, Mut, Ehrlichkeit und Treue. Diese Eigenschaften prägen das hohe Ansehen des deutschen Mannes in der Welt. Auf diesem Ansehen beruhen Ihre Chancen.« Man kann sich vorstellen, wie jemand, der auf diese chauvinistische Reklame hereinfällt, in Südostasien aus dem Flugzeug steigt und dessen deutschnationale Brust noch stärker anschwellt, wenn er dann noch in der Stadt als erstes auf ein »Original Bayerisches Bierlokal« mit Lederhose, Dirndl und Leberkäs stößt. Andere Sextouristen lassen sich von der

COCAIN

Mondaine u. demimondaine Skizzen von

F.W. KOEBNER

GROTILGO VERLAG BERLIN

DER WEG INS Glück

Mutter Kuppelpresse: „Siehste, Kleines, das ist meine Praxis zur Entlastung des Arbeitsmarktes"

Eine Ecke im »Moulin
de la Galette«.
Zeichnung von
Henri Toulouse-Lautrec,
Ende 19. Jh.
National Gallery,
Washington

171

Prostituierte aus dem
Großstadt-Tryptichon
von Otto Dix, 1927/28
Galerie der Stadt
Stuttgart

Der wählerische Busen-
liebhaber. Die Prosti-
tuierte wird wie eine
Ware auf Tauglichkeit
geprüft. Teilkolorierte
Fotografie, Paris, um
1900. Sammlung Archiv
für Kunst und Geschichte,
Berlin

5154

173

174

Pierre Louÿs posiert mit
einer Prostituierten in
einer pornographischen
Szene. Fotografie,
um 1900.

175

Blick in die Herbert-
straße in Hamburg

Eingangszone eines
Privatclubs

Straßenprostituierte warten auf Kundschaft

Animierende Eingangs-zone in ein Sex-Center

Prostituierte und ihr Zuhälter

Teresa Orlowski auf einer Titelseite ihres eigenen Sex-Magazins

Werbung vormachen, die Asiatinnen seien von ebenso unterwürfiger wie unstillbarer Sexbereitschaft: »Neue, süße Thaifrüchtchen, 45 Kilo, Kätzchen fürs Leben, Rund-um-die-Uhr-Liebe von anschmiegsamen Kätzchen...«

Die Wahrheit liegt woanders. Thailand und die Philippinen haben sehr strenge Moralvorstellungen. Der Sexualverkehr mit dem Ehemann wird als Erfüllung einer ehelichen Pflicht angesehen, die der Frau kaum einen Lustgewinn zubilligt. Diese über Jahrhunderte geprägte Einstellung spielt sogar in den Dirnenalltag hinein. Einer asiatischen Prostituierten ist es in der Regel sehr unangenehm, wenn von ihr die Stellung »Frau auf Mann« abverlangt wird. Sie empfindet es anstößig und als eine Tabuverletzung, daß eine Frau den Kopf über den Mann erhebt.

In der Regel haben all diese »exotischen« Huren genausowenig Spaß am bezahlten Geschlechtsverkehr, an der Geilheit auf Kommando mit einem wahllos daherkommenden Mann wie all ihre europäischen oder amerikanischen Kolleginnen. Sie können vielleicht eine Spur besser Theater spielen. Sie sind aufmerksamer auch in Kleinigkeiten, versuchen eine Art emotionale Beziehung zwischen sich und dem Kunden aufzubauen, sind weniger direkt auf die »Sache selbst« aus, schauen weniger auf die Zeit, können auch zärtlich sein – aber letzten Endes geht es auch ihnen nur einzig darum, möglichst viel Geld aus dem Kontakt herauszuschlagen. Ganz gewiß gehört zu ihrem Gefühlsrepertoire auch der gelegentlich von Tränen begleitete Hinweis auf die arme, hungernde Familie, den kranken Vater, die darbenden Geschwister. Das Fatale ist nur, daß die Mädchen in der Regel in diesem Punkt die Wahrheit sagen. Im Unterschied zu den europäischen Prostituierten, die meist in ihre eigene Tasche wirtschaften, ernährt eine asiatische mit dem Geld vom Freier eine ganze Großfamilie, die sie auch noch im Unklaren lassen muß, woher ihre Fähigkeit zur Unterstützung stammt. Diese finanzielle Solidarität üben die Prostituierten auch untereinander.

In der Regel sind die asiatischen Prostituierten am Umsatz der Bar, in der sie arbeiten, beteiligt; das heißt, sie erhalten einen bescheidenen Anteil vom Umsatz an den Getränken, die sie selbst verzehren oder zu denen sie ihren Gast überreden. Die Folge ist, daß viele der Mädchen stark alkoholgefährdet sind. Das ist um so gefährlicher, weil jede Dirne, die auf der Straße aufgegriffen wird oder die gar betrunken ist, mit sofortiger Verhaftung, mit hoher Geldstrafe und – wenn es ganz schlimm kommt – mit Vergewaltigung durch die Polizisten zu rechnen hat.

Verbreitet ist auch die Rauschgiftabhängigkeit unter den »exotischen« Prostituierten. Sie rauchen Marihuana, viele sind tablettensüchtig: Sie nehmen Aufputschmittel für die Arbeit und Schlaftabletten für die kurze Ruhezeit. LSD und Heroin sind zu teuer und deshalb weniger verbreitet.

Fragt man thailändische Offizielle, so werden sie mit treuherziger Miene versichern, daß in ihrem Land niemand zur Prostitution gezwungen wird. Eine Serviererin in einer Bar verdient am Tag zwischen zwei und fünf Mark. Sie muß sich prostituieren, wenn sie nicht verhungern will.

In Thailand und auf den Philippinen ist es üblich, eine Prostituierte, mit der man die Nacht in seinem Hotel verbringen will, beim Barbesitzer »auszulösen«. Der Kunde zahlt zweimal, einmal dafür, daß das Mädchen vom Dienst »suspendiert« wird, obwohl sie gar kein festes Angestelltenverhältnis hat, und dafür, daß sie im Hotel »ganz lieb zu ihm« ist.

Die großen Hotels reagieren auf diese Situation in diskriminierender Weise. Auf der einen Seite wollen sie sich die Gewinne, die durch den Sextourismus erzielt werden, nicht entgehen lassen, auf der an-

178

deren Seite fürchten sie um ihren guten Ruf. Auf diese Weise kommen geradezu rassistische »Hausordnungen« zustande. Nach 17 Uhr dürfen einheimische Frauen das Hotel nur noch durch den Dienstboteneingang betreten. Der Aufenthalt in den Restaurants ist ihnen abends nicht gestattet. Verköstigung kann nur über den Zimmerservice erfolgen. Auch am Morgen haben die Liebesdienerinnen durch den Hinterausgang zu verschwinden.

Die asiatischen Prostituierten nehmen diese Demütigungen meist gelassen hin. Vor allem drei Dinge sind es, die ihnen Mut geben: einmal, daß sie vergleichsweise gut verdienen, zweitens, daß sie dadurch in der Lage sind, ihre Familie zu unterstützen, und drittens die Hoffnung, daß sich doch noch ein reicher Freier findet, der sie heiratet und mit zu sich nach Amerika oder Europa nimmt.

Das Leben und der Wohlstand des Westens wird von den Prostituierten in geradezu unerträglicher Weise idealisiert. Deutschland kommt den meisten wie ein Vorgarten zum Paradies vor. Wenn es einigen ganz wenigen gelingt, doch ihr Traumziel zu erreichen und nach Europa zu heiraten, dann beginnen in der Regel erst die Schwierigkeiten: Mangelnde Sprachkenntnisse behindern den Sozialisierungsprozeß, die für Asien typische enge Familienbindung ist abgeschnitten, alles projeziert sich auf jenen »Göttergatten«, der im Alltag oft genug sehr profane, wenig faszinierende Seiten zeigt.

Den meisten Prostituierten bleiben diese Probleme erspart, weil ihnen gar nicht erst der Sprung ins »Eheglück« gelingt. Dann freilich drohen Gefahren gleich aus verschiedenen Richtungen. Da in Asien Empfängnisverhütungsmittel verpönt sind, besteht die Gefahr zahlreicher ungewollter Schwangerschaften, die die Chancen im Geschäft natürlich enorm verschlechtern. Mit 30 Jahren ist eine asiatische Hure ohnehin am Ende ihrer Karriere. Sie ist dann meist gesundheitlich dermaßen ruiniert, daß sie keinen einheimischen Mann mehr findet. Sind dann Alkohol- und Drogenkonsum noch übermäßig groß, bleibt ihr nur der Weg zu einer besonders widerwärtigen Einrichtung der asiatischen Prostitution, den Live-Sexshows.

Die Kellerkinder des Sexgeschäfts

Will man beispielsweise in Singapur eine solche Sexshow besuchen, braucht man nur in ein Taxi zu steigen. Die Fahrer wissen unzählige Adressen, wo man das dubiose Vergnügen »genießen« kann. Die Vorführungen finden meist in baufälligen, schmutzigen Buden und hinter verschlossenen Türen statt. Die Akteure sind gealterte Huren, schwangere Drogensüchtige, abgemagerte Alkoholikerinnen. Das Publikum besteht aus nur wenigen Leuten, die zu Beginn meist gefragt werden, welche Art von Show sie zu sehen wünschen: eine Homosexuellen-Show, eine Mann-Frau-Show, eine Frau-Frau-Show, eine Frau-Hund-Show, eine Frau-Schlange-Show oder (nun weiß man, warum die Türen immer verschlossen werden) eine Kinder-Show.

In ihrem Buch »Sextourismus in Südostasien« beschreibt Berit Latza eine Sexshow in Bangkok: »Die Vorführungen finden in großen, öffentlichen, teuer eingerichteten Nachtclubs statt, wo man es sich in einem Ledersessel mit einem Drink gemütlich machen kann, während sich die Frauen 15 aneinandergereihte Rasierklingen aus der Vagina ziehen ... Luftballons werden durch Pfeile aus einem in die Vagina gesteckten Blasrohr abgeschossen ... geschälte Bananen durch vaginale Muskelkontraktionen in das kreischende Publikum geschleudert ... Das Publikum amüsiert sich, als sei es in einer Zirkusvorstellung. Ganze Busladungen von Touristen, auch viele mittelalter-

179

liche Ehepaare, werden abends zu den Sexshows gekarrt, da sie offensichtlich ebenso ein absolutes Urlaubs-Muß sind wie vormittags der kulturelle Tempelbesuch ...«

Nun wird der Asienkenner sicher beklagen, wie sehr die Liebeskunst, die auf diesem Kontinent dereinst in hoher künstlerischer und zivilisatorischer Blüte stand, in die Gosse abgesunken ist. Für den Sozialhistoriker stellt sich jedoch auch eine andere Frage, nämlich: Welche erotische Verarmung muß bei diesen Besuchern aus den reichen Industrieländern eingetreten sein, daß sie Vergnügen daran finden, wie Frauen hier eines jämmerlichen Verdienstes wegen ihrer Menschenwürde verlustig gehen? – Doch es wird noch schlimmer kommen.

Die geschändeten Kinder von Pagsanjan

Pagsanjan liegt in der Nähe von Manila, eine bedeutungslose, arme Stadt, ohne touristische Attraktion, kaum ein Ausländer käme normalerweise hierher. Und dennoch lebt die Gemeinde seit einigen Jahren in bescheidenem Wohlstand. Diesen dankt sie einem besonders schändlichen Umstand: Pagsanjan ist das Zentrum der asiatischen Kinderprostitution, hier leben die meisten der schätzungsweise 20 000 Kinderprostituierten, die es in Thailand und auf den Philippinen gibt. Es handelt sich um Jungen und Mädchen im Alter zwischen vier und dreizehn Jahren.

Im Gegensatz zur asiatischen Erwachsenenprostitution, die weitgehend ohne »Huren-Betreuer« auskommt, spielen bei den Kindern, die sich verkaufen oder besser: die verkauft werden, Zuhälter eine große Rolle. Das hängt vor allem damit zusammen, daß Pädophilie auch in Asien streng verboten ist, die Kinder also nicht in

den Bars »feilgeboten« werden können. Meist knüpft der Zuhälter den Kontakt auf der Straße und fährt dann das Mädchen (oder auch den Knaben) mit dem Motorrad in das Hotel des Kunden.

Oft jedoch sind vor allem reiche Pädophile an längeren Kontakten mit mehreren Kindern interessiert. Sie machen sich deshalb bei den (meist kinderreichen) Familien gut Freund, überreichen kostbare Geschenke (Möbel, Autos, ja ganze Häuser) und nehmen dafür die Kinder der Familien in Anspruch. Es soll Orgien mit bis zu 24 Kindern gegeben haben. Oft erscheinen Videofilmer aus Amerika und Europa und drehen mit den Halbwüchsigen Pornofilme, die zwar illegal sind, aber dennoch weltweit vertrieben werden.

Solche Zustände können sich nicht ohne zumindest stillschweigende Duldung der Eltern entwickeln. Dieses Verhalten scheint durch nichts entschuldbar, auch durch bitterste Armut und schlimmsten Hunger nicht.

Die Kinder selbst sind mit dem dreckigen Job, dem sie nachgehen, psychisch und vor allem auch physisch total überfordert. Sie erdulden oft entsetzliche Schmerzen, die sie mit Alkohol und Drogen zu betäuben suchen. Viele der Minderjährigen sind bereits geschlechtskrank oder leiden unter anderen schweren körperlichen Schäden.

Unsere Welt gibt sich allzugern so stolz, wie gut in allen Lebensbereichen die internationale Zusammenarbeit funktioniert. Hier wäre sie dringend vonnöten, um die Zukunft unschuldiger Kinder zu retten.

Während sich die Kinder von Pagsanjan mit Drogen betäuben, um sich prostituieren zu können, prostituieren sich in Europa viele junge Menschen, um sich Drogen beschaffen zu können.

Viele Soziologen gehen davon aus, daß die Prostitution nur in einer von Männern dominierten Gesellschaft bestehen kann, und sie deuten sie in diesem Zusammenhang als Ausbeutungsverhältnis. Bezogen auf alle Erscheinungen des Sextourismus, in dem die Grenzen zum Kriminellen oft überschritten werden, kann und muß man davon sprechen, daß hier auf besonders infame Weise die Dritte Welt durch die Erste ausgebeutet wird.

Vielfalt und Variationsreichtum

Das Ende des 20. Jahrhunderts wird gekennzeichnet von einer Vielfalt der Prostitutionsszene, wie sie in der Sozialgeschichte der Menschheit vorher nicht anzutreffen war. Es sind praktisch alle Formen der käuflichen Lust, wie sie sich im Laufe der Zeit herausgebildet haben, gleichzeitig anzutreffen. Sex gegen bar gibt es für jeden Geldbeutel. Der reiche Lüstling kann sich bei einem einschlägigen Eskort-Service eine elegante (und in vielen Fällen sogar hochgebildete) junge Dame »mieten«. Diese Edelprostitution kann die sonderbarsten Formen annehmen. In einem heute noch existierenden Luxushotel in Singapur, das meist von betuchten Europäern, Japanern und Amerikanern frequentiert wird, tauchte in den letzten Jahren fast allabendlich eine bildschöne junge Lady auf, sie brillierte mit einer blendenden Bildung, ihr Benehmen war von höchster Eleganz und sie beherrschte fünf Sprachen. Ging sie mit einem der Herren aufs Zimmer, ließ sie sich nicht etwa für ihre Liebesdienste bezahlen, nein, sie bat den Kavalier am nächsten Morgen zu einem Einkaufsbummel in die superteuren Hotel-Shopping-Passagen. Dort erstand sie Garderobe und Kosmetik für mehrere tausend Dollar, die der Gentleman natürlich bezahlte. Am Nachmittag brachte sie die Waren heimlich zurück und ließ sich ihre »Umsatzbeteiligung« in Höhe von sage und schreibe 75 Prozent auszahlen.

Aber auch für den weniger gut ausgestatteten Geldbeutel ist Sex vor allem in den großen Städten wohlfeil zu haben. In den sogenannten Eros-Centern bieten Mädchen sich schon für 50 DM an. Im Straßenstrich geht es etwa um die gleichen Preise, in den Salons muß schon mindestens das Dreifache auf den Tisch gelegt werden, wobei hier die Getränke extrem teuer sind, an deren Verzehr die Mädchen eine prozentuale Beteiligung haben.

Kurzum: der Markt der Liebe floriert wie in allen Zeiten, nur seine Angebote sind vielfältiger und raffinierter. Geändert hat sich auch nicht die innere Motivation der Prostitution. Es geht wie seit eh und je um die schnelle, steuerlich nicht kontrollierte Geldbeschaffung.

Eine andere Frage ist schon, wozu das Geld so dringend gebraucht wird. Natürlich gibt es nach wie vor die »klassischen« Motivationen, etwa die finanzielle Versorgung der eigenen Person oder des Zuhälters, aber auch – vor allem in Asien und bei den osteuropäischen Prostituierten – der ganzen Familie, die Sicherung eines höheren Lebensstandards, der auf außerprostitutionellem Wege nicht gehalten werden könnte oder schnelle Geldbeschaffung für den Erwerb teurer Luxusartikel. So gut wie gar nicht mehr tritt eine Motivation auf, die noch zu Zeiten des europäischen Absolutismus eine wichtige Rolle gespielt hat: Prostitution zum Erwerb oder Erhalt von Macht und Einfluß. Dafür hat ein anderes Motiv in den letzten Jahren bedrohlich zugenommen: Prostitution zum Erwerb von Drogen. Dieser sogenannte Drogenstrich ist heute in allen Großstädten der Welt verbreitet, er ist extrem kriminalitätsgefährdet und birgt die höchsten gesundheitlichen Risiken.

Prostitution und Aids

Und hier nun muß von einer Krankheit die Rede sein, die die Prostitutionsszene in ähnlich dramatischer Weise beeinflußt hat wie seinerzeit die Syphilis: die noch tödliche Immunschwäche Aids. Dabei ist Aids keine Geschlechtskrankheit, aber zu den vier Übertragungsformen gehört (neben der Schwangerschaftsinfektion im Mutterleib und der Infektion beim Stillen) vor allem die Infektion durch intimen Sexualkontakt und die Infektion durch infizierte Injektionsnadeln. Die sich spritzende, drogensüchtige Prostituierte ist also in hohem Maße aidsgefährdet und stellt ihrerseits für ihre Kunden eine extreme Gefahr dar. Unverständlicherweise wird diese Bedrohung von vielen Männern, die Prostituierte aufsuchen, entweder unterschätzt oder schlechtweg ignoriert. Im Zusammenhang mit Aids-Tests berichteten zahlreiche Hamburger und Berliner Dirnen, daß sie es immer wieder mit Männern zu tun hätten, die auf Verkehr ohne Kondom drängen und dafür sogar mehr Geld zu zahlen bereit sind. Glücklicherweise sind in diesem Punkt die Prostituierten vernünftiger als einige ihrer Kunden. Die meisten Liebesmädchen bestehen auf Benutzung von Kondomen – übrigens auch bei Oralsex, der sich in diesem Milieu zunehmender Beliebtheit erfreut. Die kollektive Gefährdung durch die Immunschwächekrankheit hat überhaupt eine Art »berufsständisches Verhalten« unter den Prostituierten erzeugt. Das ist um so bemerkenswerter, weil der Verkauf von Lust früher nur ganz selten einen »solidarischen Effekt« unter den »Verkäuferinnen« gezeitigt hatte.

Beruf Hure?

Anfang der neunziger Jahre brachte die Berliner Prostituiertenselbsthilfe-Gruppe »Hydra« eine Publikation heraus, die allenthalben öffentliche Beachtung fand: »Beruf Hure«.

Schon der Titel brachte die Ketzer auf die Barrikaden, »Beruf«, meinten sie, könne und dürfe sich nur eine Tätigkeit nennen, die in einer mehrjährigen Ausbildung erlernt worden sei. Ein Dirnenazubi wäre wohl schlecht vorstellbar, außerdem wisse man nicht, was da eigentlich zu unterrichten wäre.

Die Opponenten hatten den Titel offenbar allzu wörtlich genommen. In Wirklichkeit ging es »Hydra« darum, anhand von Dokumenten und Interviews nachzuweisen, daß die Tätigkeit der Prostituierten ein Job ist, der sich von jeder anderen körperlichen Arbeit nur dadurch unterscheidet, daß er gelegentlich viel härter ist, viel Selbstüberwindung, viel »Seelendürre«, viel Ausdauer und viel körperliche Kondition fordert und dazu noch gesellschaftlich diskriminiert ist.

Gerade um die Beseitigung der öffentlichen und juristischen Diskriminierung geht es »Hydra«. Eine Gesellschaft, die – wie sich gezeigt hat und immer wieder zeigt – die Prostitution als eine Art soziosubkulturelles Ventil braucht, sollte sich auch zu ihr bekennen. Denn unbestritten ist: Auf keinem anderen Gebiet steckt der Staat so permanent und penetrant den Kopf in den Sand wie auf diesem. Deshalb spricht auch die sexualwissenschaftliche Fachliteratur in diesem Zusammenhang von einer »Doppelmoral der Gesellschaft«.

Und gegen die will »Hydra« vor allem angehen. Hier sind die wichtigsten Forderungen der Gruppe:

Anpassung der Moralvorstellungen an die gesellschaftliche Realität, das heißt Überprüfung des rechtlichen Begriffs der

Sittenwidrigkeit und gewerblichen Un-
zucht im Zusammenhang mit Prostitution
Anerkennung der Prostitution als Dienst-
leistung
Aufnahme in die gesetzliche Krankenver-
sicherung
Schaffung von kostenlosen und freiwilligen
Untersuchungs-, Beratungs- und Be-
handlungsmöglichkeiten
Kostenlose, anonyme und freiwillige HIV-
Tests auch für Prostituierte
Staatliche Förderungsmaßnahmen für
Frauen, die aussteigen wollen
Keine Diskriminierung von Ex-Prosti-
tuierten im Geschäfts-, Berufs- und Pri-
vatleben

Die Forderungen klingen vernünftig, obwohl ihrer Durchsetzung erhebliche Hin-
dernisse im Wege stehen. Auch ist manches, was »Hydra« fordert, von einer er-
schreckenden Naivität. So kann man nicht
darüber hinwegsehen, daß sich Moralvorstellungen oft erst in Jahrhunderten wandeln. Ihre »Anpassung« kann also genauso
wenig im Rahmen eines Forderungskata-
logs postuliert werden wie die Aufhebung
der Diskriminierung von Ex-Prostituierten,
die ja nicht nur öffentlich, sondern auch
von Privatpersonen betrieben wird. Wenn
man Prostitution als »Dienstleistung« aner-
kennen will, muß im Lustgeschäft der gleiche buchhalterische Mechanismus funktionieren wie in anderen Dienstleistungs-
branchen, das heißt: Es muß namentlich
belegt werden, wem die Dienstleistung erbracht, welcher Preis erzielt und wieviel
Mehrwertsteuer berechnet wurde. Das
stelle man sich einmal praktisch vor! Der
Freier gibt zunächst einmal seinen Namen
und seine Adresse an, dann wird ihm ein
Beleg ausgestellt, auf dem der Preis zuzüg-
lich Mehrwertsteuer verzeichnet ist. Den
hat er mit Unterschrift zu sanktionieren,
ein Durchschlag geht dann an den Steuer-
berater und später ans Finanzamt. Und
nun kann die Lust beginnen!

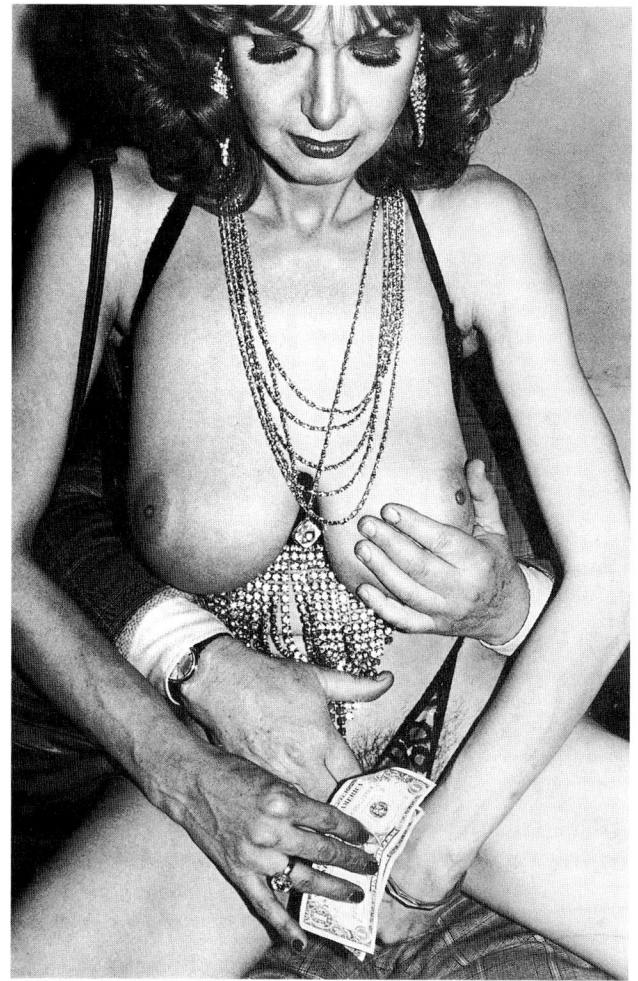

Prostituierte in einer Sex-Live-Show am Times Square. Die Fotografin hält mit der Kamera die Macht des Geldes über die Akteure vor und auf der Bühne des Sex-Theaters fest. Fotografie von Vivienne Maricevic, New York, 80er Jahre

Wer seine Oberhemden reinigen läßt,
gibt seine Anonymität problemlos auf, wer
sich aber mit einer Hure vergnügt, hat mit
»Belegen« nicht viel im Sinn. Die aber
wären erforderlich, will man Prostitution
als Dienstleistung – auch hinsichtlich der
gesetzlichen Krankenversicherung – aner-
kennen.

Prostitution hat stets vom Schummerlicht
der Heimlichkeit gelebt. Das hat den Kunden vor Preisgabe der Identität geschützt,
und der Hure gestattet, schnell, unbüro-
kratisch und unversteuert gutes Geld zu
verdienen. Daraus haben beide – also auch
die Prostituierten! – ihren Vorteil gezogen.
Die Vorstellung, eine Prostituierte fülle mit
Beifügung einer durch Unterschriften belegten Kundenliste ihre Steuererklärung
aus, gehört mehr ins Reich der Satire als

183

ins Feld der praktikablen Durchsetzbarkeit. »Gleichstellung« hat nicht nur Konsequenzen in den Rechten, sondern auch in den Pflichten. Bei aller Sympathie, die das Engagement von »Hydra« erwecken mag, den Beruf Hure auch hinsichtlich seiner öffentlichen und sozialen Sicherungen wird es vermutlich nie geben.

Noch einmal: der »bedungene Genuß« – oder: Tötet die freie Liebe die Prostitution?

Am Ende dieses langen Weges durch die Jahrhunderte angelangt, soll die Frage des Anfangs noch einmal aufgegriffen werden: Was ist Prostitution? Bestimmungen der Prostitution gibt es viele, aber das ganze Phänomen erfassende Definitionen wenige. Am plausibelsten erscheint jene bereits zitierte, aber nach diesem Exkurs noch einleuchtender erscheinende von Bernsdorf zu sein: »Die Prostitution ist eine geregelte und sozial gebilligte oder geduldete Einrichtung in herrschaftlich organisierten Gesellschaften, die dem Manne und der Frau neben- oder außerhalb monogamer oder polygamer Eheformen in historisch wechselnder Gestalt neben- und außerehelichen Geschlechtsverkehr ermöglicht, wobei der eine Partner seinen Körper gewerbsmäßig oder gelegentlich preisgibt, wenn ihm materielle Vorteile dafür gewährt werden.«

Die Definition ist kompliziert, aber sie trifft zu auf alle sozialen und historischen Erscheinungen, denen wir in diesem Buch unsere Aufmerksamkeit gewidmet haben. Sie impliziert sowohl jenen »bedungenen Genuß« von dem am Anfang die Rede war, wie auch die Tatsache, daß hier zwei Dinge untrennbar zusammengehören, die im öffentlichen Bewußtsein sehr weit auseinander liegen, nämlich Ehe und Prostitution.

Gäbe es die eine nicht, würde die andere nicht fortbestehen können. Solange die Ehe an die Wertvorstellungen der nicht sonderlich lustfreudigen christlichen Kultur gebunden ist, solange der Frau ein ausgeprägtes Geschlechtsleben vor der Ehe gesellschaftlich nicht zugebilligt wird oder man ihr gar Jungfräulichkeit abverlangt, solange von den Ehepartnern unbedingte Treue gefordert wird – solange muß die Prostitution am Leben bleiben. Dabei wird nur dem Mann ein Ausleben seiner Triebhaftigkeit zugebilligt. Deshalb wird mit Recht darauf hingewiesen, daß die Prostitution nur in patriarchalisch oder patristisch strukturierten Gesellschaften existieren kann.

Der Zusammenhang zwischen Ehe und Prostitution ist schon seit der Antike eine außer jeder Frage stehende Tatsache. Solon richtete bekanntermaßen die ersten Staatsbordelle ein. Ihm zum Andenken schrieb der Komödiendichter Philemon folgende Lobpreisung:

> »Du warst es, der von allen Sterblichen zuerst
> dies wahrhaft nützlich und *soziale* Werk getan.
> Du sahst die ganze Stadt erfüllt von Manneskraft,
> Du sahst des Jünglings kraftgeschwollnes Glied!
> Damit nun dieser Manneskräfte Überschuß
> Gefahr nicht bringe *rechtlich ehelichem* Bett,
> erschufst du Frauenhäuser, wo nun jedermann
> ein Mädchen findet, opferwillig und bereit.
> Ganz nackend steht sie da, und alles kannst du sehn.
> Nimm an, dir stört der Mannestrieb die Seelenruh,
> dann zahlst du einen Groschen Eintritt, und ohn Ziererei

184

und Ausflucht, daß dies und das an dir
ihr nicht gefällt,
macht sie's dir prompt, was du auch
willst – und wie du's willst!«

Hier übernimmt Philemon einen Gedanken, den Solon selbst geäußert hat, daß
nämlich eine Prostituierte eine Person sei,
die ihren Körper *jedermann* gegen Geld
hingebe. Diese sogenannte Wahllosigkeit
hat in der Begriffsgeschichte der Prostitution immer wieder eine große Rolle gespielt. Da in der christlichen Partnerwahl
vor der ehelichen Bindung ein gewisses
Auswahlverfahren vor sich ging, in dem
zwar Aussehen, Charakter, Religions- und
Rassenzugehörigkeit, Vermögen und vieles
andere mehr, aber bezeichnenderweise
nicht die sexuelle Übereinstimmung, von
Bedeutung sind, war moralisierenden Kritikern gerade diese »Wahllosigkeit« der
Hure immer wieder ein Stein des Anstoßes
gewesen. Sie erregten sich weniger darüber, daß bei dem Geschäft Geld im Spiel
war, als vor allem darüber, daß es die Hure
mit jedem trieb, daß sie also das in der
christlichen Gemeinschaft übliche Selek-
tionsverfahren außer acht ließ. Gerade
weil das »zivilisierte« Selektionsprinzip
Männer auch »übrig läßt«, Personen, die
aus welchem Grund auch immer keinen
Partner finden, schafft die Wahllosigkeit
der Prostitution diesen die Möglichkeit des
Sexualerlebnisses. Bezeichnenderweise
hat unsere Gesellschaft ein solches »hor-
monelles Ventil« in vergleichbarem Ausmaß nicht auch für sitzengebliebene
Mädchen. Von welcher Seite man die Prostitution auch betrachtet, sie bleibt ein
Kind des Patriarchats.

Daß das Phänomen der Wahllosigkeit in
den modernen Definitionen fehlt, hängt
mit der Tatsache zusammen, daß es auch
nymphoman veranlagte Frauen gibt, die
sich wahllos zur Befriedigung ihres
Sexualhungers Partnern hingeben, ohne
dafür Geld zu nehmen. Neuzeitliche Be-
griffserklärungen vermeiden es auch, Prostitution auf eine pure Geld-Körper-Bezie-
hung zu reduzieren. In der Mehrheit aller
prostitutiven Beziehungen wird die sexuelle Preisgabe (das Wort impliziert zutreffend das emotionale Nichtbeteiligtsein der
Dirne) von der Übergabe von Geld abhängig gemacht, es gibt auch andere materielle Vorteile wie etwa Karriere und teurere
Geschenke, die vor allem in der sogenannten Luxusprostitution eine Rolle spielen.

Prostitution ist trotz ihres materiellen
Hintergrunds eine Zweierbeziehung. Die
soziologische Analyse dieses Komplexes
bezieht sich allerdings in der Regel auf nur
den einen Teil, den der Prostituierten. Der
»Kunde« wird in der Regel keiner persön-
lichkeitsstrukturellen, keiner sozialen, keiner motivatorischen Betrachtung für würdig befunden. Das hat nichts mit wissen-
schaftlichem Desinteresse zu tun, sondern
hängt ebenfalls mit dem patristisch orientierten Grundmodell der Prostitution zusammen. Die sich prostituierende Frau
darf untersucht, der sie »benutzende«
Mann muß geschützt werden. Insofern
steht auch dieses Buch in dieser Tradition,
ein Umstand, der nicht allein der Tatsache
geschuldet ist, daß es von einem Mann geschrieben wurde, sondern auch der Tatsache, daß Huren nun einmal eine größere
Faszination ausüben als ihre durchschnittlichen Freier. Der unsterbliche Ruhm der
griechisch antiken Plastiker, die fast ausschließlich Dirnen als weibliche Modelle
benutzten, gründet sich auf diese Faszination. Man stelle sich vor, sie hätten auch
noch die Kunden der Damen modelliert.
Vermutlich wäre daraufhin die Geschichte
der plastischen Karikatur früher anzuset-
zen gewesen.

Erich Honnecker, der sich wie auch andere Mitglieder seines SED-Politbüros
gerne einmal einen Pornofilm aus dem
verderbten Westen ansah, hat auf die
Frage, wie lange die »Mauer« noch bestehen bleibe, geantwortet: Sie bleibe solange

Dirnen-Wohnwagen in Leipzigs Innenstadt. Die Einhaltung der sogenannten Bannmeile, die immer wieder in der Geschichte der Prostitution eine Rolle spielt, ist mittlerweile auch in Leipzig realisiert. Die Prostituierten mußten mit ihren Wagen in ein Randgebiet von Leipzig. Fotografie von Martin Jehnichen, Leipzig 1991

stehen, wie die Umstände weiterexistieren, die zu ihrer Errichtung geführt haben. Als die Antwort in den sechziger Jahren gegeben wurde, erschien sie zynisch. Heute erweist sie sich als ungewollt realistisch. Weil es die DDR war, die die Umstände zur Errichtung der Mauer schuf. Als die eine unterging, verschwand die andere auch. Eine ähnliche Antwort müßte auch auf die Frage gegeben werden, wann die Prostitution aus dem sozialen Miteinander der Menschheit getilgt werden kann. Dann nämlich, wenn die Umstände nicht mehr existieren, die ihre Schaffung provoziert haben.

Diese Umstände sind eine patristisch orientierte Gesellschaft, innerhalb derer soziale Ungleichheit etabliert ist. Zur Prostitution gehört untrennbar die Institution Ehe und das christliche Wertspektrum der Familie. Wie also müßte eine Gesellschaft aussehen, die Prostitution unmöglich macht, weil sie überflüssig ist. Alice Frohnert beschreibt in ihrem maniristisch mit Fremdwörtern überladenen Buch »Ansichten der Prostitution« eine solche Welt: »Eine Gesellschaft, die ihre Kinder zum wahren Leben, zur Liebe, Freude und Wahrheit erzieht, wird Prostitution und Re-

pression des weiblichen Geschlechts nicht kennen.«

Dieser Satz gleicht einem dichten Nebel. Was heißt »Erziehung zum wahren Leben«? Das wahre Leben, wie es heute erfahren wird, besteht aus einer weitestgehend monogam fixierten Gesellschaftsstruktur. Ihre Aufhebung oder auch nur partielle Außerkraftsetzung scheint gegenwärtig keinem Realisten durchführbar, ja vielleicht nicht einmal wünschenswert. Das Land der freien Liebe wird es so schnell nicht geben. Auch nicht den Zustand, den das Buch »Die Heilige und die Hure« so beschreibt: »Mit dem ersten Mann, den du liebst und dem du nicht verhehlen mußt, daß du auch einen anderen oder zwei andere liebst, könnte die Heilung des Herzens beginnen.«

»Heilung des Herzens« – das klingt wie aus einer protestantischen Pfingstpredigt. Sonderbarerweise fallen alle Protagonisten der sexuellen Humanität und der humanen Sexualität zurück in die Begriffswelt jenes geschichtlichen Bodens, aus dem sie erwachsen sind und von dem sie sich so emanzipiert glauben. Auch die Prostituierten tun das. Wird eine Straßenhure zur Bordellbesitzerin, dann übt sie die gleichen Pressionen gegen ihre Liebesangestellten aus wie jene »Puffmutter«, über die sie sich so erregt hat. Fragt man eine Hure, wie sie zu ihrem Zuhälter steht, wird man in sehr vielen Fällen zur Antwort bekommen: Ich liebe ihn, ich möchte für ihn sorgen, ihm schöne Anzüge und teuere Autos kaufen, und das schönste wäre, wenn wir heiraten könnten und ich ein Kind von ihm bekäme.

Solange selbst die unmittelbar Betroffenen sogar freiwillig in die Strukturen zurückfallen, die sie in ihrem prostitutiven Leben scheinbar verachtet haben, solange wird die »Heilung des Herzens«, das Land der freien Liebe wohl Utopia bleiben. Und die Prostitution wird bleiben, was sie immer war. Der gierige Biß Adams in den schönen Apfel der Sünde.

Anhang

Die Sprache des Strichs

Ein kleines etymologisches Wörterbuch
(Auswahl)

(der oder die Prostituierte/n sind mit P. ab-
gekürzt)

abfertigen einen Kunden bedienen

abfetzen u. a. einen Kunden bedienen, im
engeren Sinn einen masochistischen Kunden durch Hieb-, Stich- oder Schnittwunden
befriedigen

abgemustert (auch *abgemeldet, abgestoßen*)
Ausdruck für alternde und verwahrloste P.:
sie/er ist abgemustert

abgrasen (auch *abklappern*) entsprechende
Gebiete oder Lokale nach Kunden absuchen; der Begriff wird auch angewandt, wenn
der Kunde übervorteilt, finanziell ausge-
nutzt wird

abkochen im engeren Sinn einen Kunden
betrügen und finanziell ausnutzen; in ähnlicher Bedeutung auch *absahnen, abstau-
ben, ausnehmen* weit verbreitet

abrammen (auch *sich abrammen*) Ausdruck
für den Geschlechtsverkehr des Mannes
bis zur Ejakulation

abrebeln (auch *abrebbeln*) u. a. einen Kunden erpressen

abringeln Ausdruck für sadistisch-masochistische Praktiken; damit kann sowohl die
Befriedigung sadistischer Kunden gemeint
sein, von denen sich die P. schlagen lassen,
als auch von Masochisten, denen Schmerzen zugefügt werden

Abschleppschuppen ein Lokal, wo P. Kunden
suchen und mitnehmen *(abschleppen)* oder
homosexuelle Männer und Frauen flüchtige Bekanntschaften machen oder sich
Heterosexuelle treffen, die unentgeltlich
einen Sexualpartner suchen

abschwarten einen masochistischen Kunden besonders durch Schläge befriedigen;
von dem mhd. Wort *swarte* für behaarte
Menschen- und Tierhaut abgeleitet

Abstauber im engeren Sinn ein P. für
homosexuelle und masochistische Kunden; seltener *Abstauberin:* eine Frau oder
eine P., die Fellatio oder Flagellation ausübt

Absteige volkstümliche Bezeichnung für
Stundenhotel oder Zimmer, in dem die P.
ihr Gewerbe ausüben

Abzupfer u. a. ein auf Partnermasturbation
spezialisierter P.

Acht unter Sadisten und Masochisten be-
liebte Doppelhandschellen, die zum Werk-
zeug der sie bedienenden P. gehören

Achtgroschenjunge eigentlich Polizeispitzel,
Zuträger; vermutlich aus den Rotwelsch-
formen *Aschbrosch* für Gauner gebildet;
nach anderen Quellen soll früher die Tages-
entlohnung für Polizeispitzel acht Groschen
betragen haben; heute im wesentlichen auf
billigen männlichen P. bezogen; (*Drei-
groschenjunge* ist eine umgangssprachliche
Abwandlung)

Aftermiete Preis für Analverkehr in aktiver
(Aftermieter) oder passiver *(Aftervermieter)*
Form, letzteres sind meistens die P.

Afterschmalz u. a. das zum Analverkehr notwendige Gleitmittel

Aftzger Rotwelschausdruck für eine triebhafte Frau oder Halbprostituierte

Alleinunterhalter gelegentliche Bezeichnung für eine Hure ohne Zuhälter

Alphons einer der zahlreichen Namen für Zuhälter, Beschützer, Kuppler

Amateuse von Amateur abgeleitete Bezeichnung für nicht registrierte P. oder für eine Halbprostituierte oder Gelegenheitshure

Amsel volkstümliche Umschreibung für eine P.

angeigen in einigen Gebieten Ausdruck für die Bedienung eines masochistischen Kunden

Angelplatz bestimmte Gebiete und Lokale, wo P. und Männer und Frauen mit besonderen sexuellen Neigungen Kunden bzw. geeignete Partner finden (*angeln*)

Angelsteg s. *Strich*

Animierbude (auch *Animierkeller, Animierschuppen* u. a. m.) Animierlokal, zweitklassige Nachtbar; das dazugehörige *Animiermädchen* (auch *Animierbiene, -motte* o. ä.) ist oft eine Halbprostituierte

Anklitscher u. a. Ausdruck für P., die masochistische Kunden mit Ketten und Fesseln bedienen

Anmache sich an eine P. heranmachen oder sich auch in sie verlieben

anmessen Ausdruck für sadistisch-masochistische Praktiken, z. B. Fesseln, Ketten, Handschellen anlegen

anreißen Kunden anlocken, ansprechen und mitnehmen

Anreißer Portier, sog. *Schlepper* (s. dort), der auf der Straße Kunden für Bordelle oder Vergnügungslokale mit Animiermädchen anlockt

ansandeln mit einer Geschlechtskrankheit anstecken

Anschaffe bedeutet heute meistens Kundensuche

anspritzen u. a. einen Masochisten durch Stichwunden befriedigen

anzapfen u. a. Kunden anlocken und finanziell ausbeuten

Apache nordamerikanischer Indianer, der etwa ab Mitte des 19. Jhs. in Europa als besonders wild und grausam verketzert wurde; als Bezeichnung für Zuhälter und gewalttätige Verbrecher kam der Begriff um 1908 über Paris nach Deutschland

arabische Fotze (auch *arabische Möse*) im übertragenen Sinn verächtliche Bezeichnung eines männlichen P.

Arbeit jede Form der sexuellen Kundenbefriedigung; das *Arbeitshaus* ist das Bordell, *Arbeitsbiene, -motte* o. ä. die P., *Arbeitslager* das Bett, *Arbeitsstube* oder *-zimmer* das Schlafzimmer

Arche Noah u. a. Bezeichnung für alte, ausgediente P.

Armeematratze im Soldatenvokabular die zur Armee gehörende P.

Asphaltantilope volkstümliche Bezeichnung für eine P. oder Halbprostituierte

Atelier das aus dem Französischen kommende Wort dient als ironische Umschreibung für Bordell oder Zimm, das zur Prostitution genutzt wird

Atze alte umgangssprachliche Bezeichnung für Zuhälter, für den Mann, der »geätzt« (Waidmannsprache), also ernährt wird

Aufgeilerin Animiermädchen, Stripteasetänzerin, auch P.

aufreißen (auch *auftun*) u. a. einen Kunden beschaffen; *Aufreißbude:* bei männlichen P. oder Halbprostituierten eine Toilette

ausfetzen auspeitschen

Autobahnsirene Anhalterin, die zum Sexualverkehr bereit ist, oder Autobahnprostituierte (auch *Kilometerschnecke*)

Autohure eine P. mit Auto oder eine, die Kunden in deren Autos bedient

Babystrich Straßen oder Gebiete, in denen sich junge, oft minderjährige P. anbieten

Bahnhofshure (auch *Bahnhofsmieze, -motte, -nutte, -pflanze*) heruntergekommene billige P.

Balkenvater Wirt einer Dirnenherberge, Bordellwirt

Ballonfahrer Rotwelschausdruck für männlichen P. oder Erpresser

Ballspieß Rotwelschbezeichnung für den Wirt einer Spelunke, Diebesherberge, im engeren Sinn Bordellwirt

Bannmeile Sperrbezirk, vor allem im Umkreis von Kirchen und Schulen

Bär Ausdruck für einen Kunden; dem altgermanischen *ber* für männliches Schwein, Zuchteber entlehnt

Bärenfänger (auch *Bärenführer, -treiber*) *Schlepper* (s. dort) eines Bordells oder einer P.; auch Zuhälter

Barfliege (auch *Barmieze, -motte, -nutte*) Animiermädchen, s. unter *Animierbude*

barmherzige Schwester P., die unentgeltlichen Geschlechtsverkehr ausübt

Basmeloches heruntergekommene, billige P.; aus dem jiddischen *bas* für Tochter und *melches* für Arbeit

Bauchfreund auf Schenkelverkehr spezialisierter männlicher P. oder Homosexueller

bedienen einen Kunden sexuell befriedigen

Beißer Rotwelschbezeichnung für Zuhälter

Beskarge Rotwelschbezeichnung für verrufenes Haus, Bordell; aus dem jiddischen *bes* für Haus und *korcha* für Zwang

Bestifle Rotwelschbezeichnung für Bordell

Bienenhaus (auch *Bienenkäfig, -korb, -stock*) Mädchenerziehungsanstalt, Frauengefängnis oder auch Bordell; der *Bienenvater* ist der Aufsichtsbeamte in einem Mädcheninternat oder Frauengefängnis bzw. der Wirt eines Bordells

Blaue P., deren Preis ein 100,-DM-Schein ist

Blechtute heruntergekommenes, verwahrlostes Mädchen; alte, abgenutzte P.; das mhd. *Tute, Tutte* ist ebenso wie *Titte* eine umgangssprachliche Nebenform von *Dutte* für Brustwarze und weibliche Brust

Blumen Geschlechtskrankheit; jemandem *Blumen schenken:* mit einer Geschlechtskrankheit anstecken

Bock u. a. Stuhl des Arztes im Gesundheitsamt; der *Bocktag* ist der Tag der amtsärztlichen Untersuchung

bolen u. a. das Geld mit P. durchbringen

Bolzen u. a. Ausdruck für P.; *Bolzenmeister:* im Rotwelschen der Wirt eines verrufenen Hauses oder Bordells

Bordsteinschwalbe (auch *Bordsteinschleiferin*) volkstümliche Bezeichnung für eine P.; *Bordsteinschleifer:* männlicher P.

Bräutigam Zuhälter

Brautschau das Anschauen, Appetitholen, ohne eine P. gegen Bezahlung in Anspruch zu nehmen

Bretzeln Handschellen im sadistisch-masochistischen Verkehr

Bubi u. a. abwertend für männlichen P.

Büchsengeld Preis für eine P.

Buko Abkürzung für **B**eischlaf**u**tensilien-**Ko**ffer, d. i. die Handtasche der P., in der sich alles für das Gewerbe Notwendige befindet

Bulle Sittenpolizist

Chauseeblume (auch *Chauseewanze*) P. mit Auto oder halbprostituierte Anhalterin

Chonte aus dem Jiddischen für P.

dackeln auf den Strich gehen

Damm Strich; *Dammcafé:* Dirnenlokal, *Dammkuh/-kalb:* P. bzw. sehr junge P., *Dammhirsch:* Zuhälter

Darmakrobatin eine auf Analverkehr spezialisierte P.

Deckgebühr Preis für P.

Dille (oder *Tille*) landschaftlich gebräuchlich für eine P.

Dockschwalbe weibliche Hafen-P.; *Dockkäfer, -schwanz, -vogel:* männlicher Hafen-P.

Dohle eine P. oder Halbprostituierte

Dompteuse u. a. Bezeichnung für eine P., die für männliche oder weibliche Masochisten arbeitet

Doppelverdiener P. mit homo- als auch heterosexuellen Kunden

Drei-Minuten-Nummer einfache, schnelle Kundenabfertigung

Drohne im übertragenen Sinn ein Mann, der sich von einer Frau aushalten läßt, oder Zuhälter

Edelhure (auch *Edelnymphe, -nutte*) P., die ihre Kunden zu Hause empfängt

Edelstrich Prostitution im homosexuellen Bereich mit indirekter Bezahlung durch Geschenke

Eintagsjungfer P., die einen Tag lang keinen Kunden hatte

Entsafterin Vulgärausdruck für P.

Eroskutsche Auto – oft der Ausübungsort – einer P.

Erosmieze (auch *Erosnutte, -pflanze, -wachtel*) P. in einem Eros-Center

Fallbeisel Wiener Ausdruck für ein Prostituiertenlokal

Fensterblume (auch *Fensterlilie, -motte, -pflanze, -schwalbe*) P., die vom Fenster oder Schaufenster aus Kunden anlockt

Fetze eine mit Vorliebe Selbstbefriedigung ausübende Frau oder eine P. oder Halbprostituierte für masochistische Kunden

Feuchttag Rotwelschausdruck u. a. für Zuhälterei

Fiesel ein P. oder Halbprostituierter; Rotwelschableitung von niederdeutsch *fieseln* (herumtreiben) für Herumtreiber

Fleischbank (auch *Fleischerei, Fleischhalle*) Bordell oder Prostituiertenlokal; *Fleischbeschau:* Suche nach sexuellen Kontakten in einem Animierlokal, Strichgebiet, aber auch an Badestränden z. B.; *Fleischhändler:* Zuhälter

Flitsche (auch *Flittchen*) P., Halbprostituierte oder sehr triebhaftes Mädchen

Fose u. a. Bezeichnung für eine P. oder Halbprostituierte; im Rotwelsch ist der *Fosenjunge* ein Zuhälter

Fraueneck Wiener Ausdruck für Bordell oder Strichgebiet

Freiberufliche (auch *Freischaffende, Freifrau*) eine P. ohne Gewerbeschein oder Zuhälter

Freier von *freien* abgeleiteter Ausdruck für die Kunden der P.

Freistoß (auch *freier Eintritt, Freifahrt*) kostenloser Geschlechtsverkehr mit P.

Freudenbunker (auch *Freudenhaus, -silo*) Bordell

garkochen einen Kunden erpressen, ausbeuten, bestehlen

Gastrolle für kürzere Zeit in einer fremden Stadt, einem fremden Gebiet auf den Strich gehen

Geige landschaftlich für P.

Gelbseidene Wiener Ausdruck für P.; geht auf gelbseidene Tücher zurück, die die Wiener P. im 18. Jh. als Kopfputz tragen mußten

Girlitz Rotwelschausdruck für die Scheide oder eine P.

Glid (oder *Glidd*) alter Rotwelschausdruck für P.

Goldamsel anspruchsvolle, teure P.

Gonokokkenbunker Vulgärausdruck für Bordell

Gummifreier (auch *Gummicasanova, -kunde, -onkel*) gummifetischistisch veranlagter Kunde

Gunstgewerbe Prostitution

Halbseidene Frau, die sich nur gelegentlich prostituiert und amtlich nicht registriert ist

Hanide menstruierende Frau oder P.; von *Hanne* für Dirne und vom jiddischen *nido* abgeleiteter Rotwelschausdruck

Hauptberufliche eine amtlich registrierte P.

Hübschlerin im Mittelalter amtliche Bezeichnung für P.

Hupfdohle P. oder auch Tänzerin

Hure das ahd. *huora* meinte zunächst die Ehebrecherin; erst später erhielt *Hure* ebenso wie *Dirne* die Bedeutung einer P.; in *Hurenbock* oder *herumhuren* klingt die ursprüngliche Bedeutung noch an, denn damit ist nicht der Sexualverkehr mit P. gemeint

Illegale s. *Freiberufliche*

Imbiß Sexualverkehr ohne Vor- und Nachspiele, auch schnelle Kundenbedienung; *Imbißstube:* Absteigequartier

Imker Zuhälter; hat seine Entsprechung in *Imme* für eine P. und *Imkerei* für Bordell

Inne aus dem Jiddischen *(inus, innes)* entlehnter Rotwelschausdruck für Leiden, Folter, Qual; gehört zum Vokabular der sadistisch-masochistischen Prostitution

Inoffizielle s. *Freiberufliche*

Jagdgebiet (auch *Jagdrevier*) das Strichgebiet; *Jagdschein:* Prostituiertenausweis, Kontrollkarte

Kalle aus dem Rotwelsch übernommenes Wort für Mädchen, Frau, Freundin, Braut oder auch P.

Kamel das weitverbreitete volkstümliche Schimpfwort meint im obszönen Sprachgebrauch eine P.; *Kamelkarawane:* Gruppe von zusammenstehenden oder auf- und abgehenden P., *Kamellager, Kamelstall:* Bordell oder Dirnenlokal, *Kameltreiber:* Zuhälter

Kappelbua (auch *Kappelbube, Kappler*) Wiener Rotwelschausdruck für Zuhälter; von den Kappen, die im 19. Jh. unter den Wiener Zuhältern Mode waren, abgeleitet

Kater Penis oder sexuell erregter Mann

Katze Scheide, Frau oder Prostituierte; *Katzenhaus:* Bordell

Kavalier vor allem Kunde homosexueller P.

Kdesche P.; vom jiddischen *kdesche* für Bordelldirne abgeleiteter Rotwelschausdruck

Kebe (oder *Kebsweib*) altdeutsches Wort für Beischläferin; im neueren Sprachgebrauch die Geliebte eines verheirateten Mannes

Kellerbursche ein auf Analverkehr spezialisierter P.

Klemse (auch *Klatte, Klonte, Klumse, Klunte*) mundartlich vor allem in Norddeutschland für P. oder auch Scheide

Klötenbubi ein homosexueller P. oder ein auf Selbstbefriedigung orientierter Mann

Kober ursprünglich Rotwelschausdruck für Wirt oder Zuhälter, dementsprechend *Koberin:* Wirtin, Kupplerin, *kobern:* Geschlechtsverkehr ausüben, sich prostituieren; im heutigen Sprachgebrauch der P. heißt z. B. *Kober:* Kunde, *Koberin:* eine P. oder Bordellbesitzerin, *Koberer:* Zuhälter, Passanten anlockender Portier zweifelhafter Lokale, *kobern:* Kunden anlocken, bedienen, *Koberpreis:* Preisangebot der P., über das verhandelt werden kann

Kontrollmädchen s. *Hauptberufliche*

Konzessionierte s. *Hauptberufliche*

kratzen (auch *auskratzen*) einen Kunden beim Sexualverkehr bestehlen

Laden Tarnwort für Scheide, aber auch für Bordell; *Ladenhüter:* u. a. eine alte Prostituierte, *Ladenmädchen, -tochter:* Bordell-P.

laufen auf den Strich gehen; *Läufer, Laufbursche, -junge:* männlicher P., *Läuferin:* weibliche P., *Laufbahn:* Strichgebiet, *Laufkatze:* eine Straßen-P. – u. ä. m.

Laura Rotwelsch- und Studentenausdruck für eine P. oder für ein williges Mädchen

Lederfreier auf Lederfetischismus fixierter Kunde

Legitimierte s. *Hauptberufliche*

Leine Rotwelschausdruck für das Strichgebiet; *Leine ziehen:* auf den Strich gehen

Lerche junge P.

Liebesamsel (auch *Liebesdienerin, -vogel*) eine P.

Liebeslaufbahn (auch *Liebesmarkt, -zentrum*) Strichgebiet oder Bordell

Liebhaberpreis Preis für einen P.

Lizensierte s. *Hauptberufliche*

Lochvogel (auch *Lochsuse*) eine P.

Loddel mundartlich für Zuhälter

Louis im 19. Jh. aus dem Französischen übernommener Vorname als Bezeichnung für Zuhälter

Lude von *Lud(e)wig*, der deutschen Entsprechung zu *Louis*, abgekürzte Form für Zuhälter, weit verbreitet

Lustbarkeitssteuer Honorar der P.

Lustknabe Strichjunge oder minderjähriger Homosexueller

Lustschnecke (auch *Lustschlampe, -vögelchen*) eine P.

Luxuskörper (auch *Luxusdampfer*, *-biene*, *-mädchen*) anspruchsvolle, kostspielige Geliebte oder teure P.

Madam(e) im Rotwelschen und im obszönen Sprachgebrauch die Bordellbesitzerin, Kupplerin oder P.

Mamsell im Rotwelschen eine P.; manchmal reden sich die Bordell-P. untereinander so an

Masseuse Sadistin oder P. für masochistische Kunden

Mastdarmakrobat(in) auf Analverkehr fixierter, passiver homosexueller Mann oder ein/e P.

Matratze u. a. Bezeichnung für eine P. oder Halbprostituierte

Maultier (auch *Maulbiene*, *-schwalbe*, *-hure*) eine auf orale Techniken spezialisierte Frau oder P.; *Maulhengst*, *-bock*, *-wurf*: entsprechend für den Mann oder den P.

Metze ursprünglich Koseform von Mechthild und Mathilde, später abwertend für leichtsinniges, liederliches Mädchen; heute P. oder Halbprostituierte

Mumie im obszönen Sprachgebrauch eine alte Frau oder eine heruntergekommene, verlebte P.

Mundarbeit Ausdruck für Cunnilingus oder Fellatio

Nachtamsel (auch *Nachteule*, *-falter*, *-frau*, *-schwalbe*, *Nachtigall*) eine P.; *Nachtarbeit*: Prostitution; *Nachtjäger*: Polizist im nächtlichen Streifendienst innerhalb des Strichgebiets; *nachtwandeln*: auf den Strich gehen

Nadelgeld Preis für die P.

Nafke (auch *Nefke*) vom jiddischen *naphko* abgeleiteter Rotwelschausdruck für die P.

Nagetier u. a. auf Mundtechniken spezialisierte P.

Nährmutter Zuhälterausdruck für eine P.

Nebenfrau eine P. oder Geliebte eines verheirateten Mannes

Neppe Rotwelschausdruck für eine P.; *neppen* auf den Strich gehen

192

Nummer, kurze bzw. lange schnelle, billige Kundenbedienung bzw. ausführlicher, teurer Sexualverkehr

Nutte ursprünglich Berliner Mundartbezeichnung für leichtsinniges Mädchen oder amtlich nicht registrierte P.; heute allgemein verbreitet für eine P.; *Nutter*: der P.

Ochsenschweif an Ochsenziemer angelehnte Bezeichnung für Peitsche; wird vor allem von P. gebraucht, die auf masochistische Kunden spezialisiert sind

Öffentliches Haus Bordell

Offizielle s. *Hauptberufliche*

Offizier Rotwelschausdruck für einen Zuhälter, der mehrere P. kontrolliert,

Offiziersfose (auch *Offiziersmatratze*, *-rutsche*) Soldatenausdruck für höheren Diensträngen vorbehaltene, kostspielige P. oder Halbprostituierte; im zweiten Weltkrieg verächtlich für Wehrmachtshelferin

Peitschkatze (auch *Peitschfose*, *-nutte*, *-mieze*) eine auf masochistische Kunden spezialisierte P.

Pemp mundartlich für Zuhälter

Pferd Zuhälterausdruck für P.

Pflänzchen sexuell leichtsinniges Mädchen oder P. oder Halbprostituierte

Pflaster Strich; *Pflastertreten*: auf den Strich gehen, *Pflastertreter/in*: der/die P.

Pflaumenallee Strichgebiet der weiblichen P.; *Pflaumenhandlung*: Bordell

Pißbudenlude Rotwelschbezeichnung für einen schäbigen Zuhälter oder für einen homosexuellen P., der sich auf öffentlichen Toiletten herumtreibt

Professionelle s. *Hauptberufliche*

Puff Lautmalerei für Stoß, Schlag; seit Ende 16. Jh. im übertragenen Sinn umgangssprachlich verbreitet für Bordell; *Puffhäschen*, *-mäuschen*, *-schnecke*: eine P., *Puffmutter*: Bordellbesitzerin

Pupenjunge Strichjunge

Reff vom ahd. *hripa* für Dirne abgeleiteter, volkstümlicher Ausdruck für eine sexuell reizlose, zänkische Frau; im Rotwelschen noch heute für heruntergekommene P. gebräuchlich

Regimentstochter Soldatenausdruck für Mannschaftsdirne

Registrierte s. *Hauptberufliche*

Revier Strichgebiet

Rinnsteinschnecke (auch *Rinnsteinblume, -schleiferin*) eine P.

Rückporto (auch *Rückvergütung, -zahlung*) Preis für hetero- oder homosexuellen Analverkehr

Säugling ein auf Fellatio spezialisierter Strichjunge

Schadchen vom jiddischen *schudschor* für Ehestifter und *schadchente* für Kupplerin abgeleitete Rotwelschbezeichnung für Kuppelvater, Heiratsvermittler oder auch Bordellbesitzer

Schicht Strich

Schlachtschiff leistungsfähige, erfahrene P.

Schlepper Hamburger Ausdruck für Kundenwerber für ein Bordell oder Nachtlokal

Schlurf Rotwelschausdruck für Zuhälter

Schlurre mundartlich für einen heruntergekommenen P.

Schnalle umgangssprachlich weit verbreitet für die Scheide oder für die P.; *Schnallenbunker; -laden, -silo:* Bordell, *Schnallentreiber:* Zuhälter, *Schnallenrennen, -ritt:* auf den Strich gehen

Schnur Rotwelschausdruck für Strich

Schottenheini billiger Strichjunge, der in öffentlichen Toiletten Kunden sucht

Schuhfreier Schuhfetischist

Schwarzarbeit geheime, amtlich nicht registrierte Prostitution; *schwarzer Freier:* Kunde, dessen Geld die P. dem Zuhälter unterschlagen

segeln auf den Strich gehen, sich prostituieren; *Segelboot, -schiff:* eine P., *Segeljacht:* teure P., *Segler:* ein P.

Sitte umgangssprachlich für Sittenpolizei; *Sittenbulle:* Sittenpolizist, *Sittenkuh:* Sittenpolizistin, *Sittenrudel:* Streife oder Razzia der Sittenpolizei

spanische Stiefel hohe, enge Schnürstiefel zur Bedienung masochistischer oder fetischistischer Kunden

Sparkasse (auch *Sparbüchse, -schwein*) Zuhälterausdruck für P.

Stiefelmädchen (auch *Stiefelfrau, -katze, -nutte*) eine P. für masochistische und fetischistische Kunden

Strich seit dem 17./18. Jh. das Gebiet, in dem die P. ihrem Gewerbe nachgehen sowie die Kundensuche selbst; *auf den Strich gehen:* das *Strichgebiet* nach Kunden absuchen oder auf festem Platz auf Kunden warten und die Kundenbedienung selbst, *Strichbiene, -mädchen, -vogel, Stricherin:* die P., *Strichjunge, -bubi, Stricher:* der P., *Strichkoffer:* s. *Buko*

Strizzi besonders in Wien mundartlich für Gauner, Zuhälter, vom italienischen *strizzare* für auspressen, erpressen abgeleitet

Stundenbraut (auch *Stundenfrau, -mädchen*) eine P.; *Stundenhotel:* Absteigequartier, das die P. mit ihren Kunden benutzen

Sumpfblüte (auch *Sumpfblume, -huhn*) ein leichtsinniges, heruntergekommenes Mädchen oder eine P.

Taubenhaus Bordell

Telefonmädchen (auch *Telefonbraut, -freundin, -nutte*) eine P., die gegen Bezahlung sexuell stimulierende Telefongespräche führt

Tille (oder *Tülle*) mundartlich für eine P. oder eine Sexualpartnerin

Tippelschickse (auch *Tippelkatze, -mädchen*) von *tippeln* für gehen und *tippen* für Geschlechtsverkehr ausüben abgeleiteter Rotwelschausdruck für eine obdachlose Landstraßen-P.; im weiteren Sinn eine P. allgemein

Topplude ein besonders übler Zuhälter

Tour Sexualverkehr oder die Art der Kundenbedienung

Trab Strich; *Traber/in:* der/die P.

Treiber Zuhälter; *Treibherde:* die P. eines Zuhälters, *Treibhaus:* Bordell

193

Venuspriesterin von der römischen Göttin der Liebe abgeleitete Bezeichnung für eine P.

Vettel vom lateinischen *vetula* für altes Weib abgeleitetes Schimpfwort für eine liederliche, verkommene, alte Frau oder Kupplerin oder heruntergekommene P.

Vigeline Rotwelschausdruck für eine P.

Wackelarsch der oder die P.; *Wackelbiene, -mädchen, -suse:* eine P., *Wackelpeter, -tante, -tunte, -bubi:* ein P.

Wanderratte Straßen-P.

Wetze mundartlich für P.

Wiesener im Wiener Rotwelsch ein nach »Wiese« – im 19. Jh. eine berüchtigte Wiener Vorstadtgegend – benannter Zuhälter

Wilde Rotwelsch- und Prostituiertenausdruck für eine amtlich nicht registrierte P.

Wippstert eigentlich niederdeutsch für Bachstelze, im obszön übertragenen Sinn eine P.

Zeisig von dem Finkenvogel abgeleitet für eine P.

Zuchtmeister Sadist oder ein P. für masochistische Kunden

Zugvogel P. oder auch Herumtreiber/in

Zuhälter der Geliebte, Beschützer und/oder Kuppler von P.

Zwitsche (auch *Zwitschermädchen*) ein sexuell leichtsinniges Mädchen oder eine P.

Zitierte Literatur

Beruf Hure / hrsg. vom Prostituiertenprojekt Hydra. – Frankfurt/M.; Berlin, 1991

Alkiphron: Aus Glykeras Garten. – Leipzig, 1972

Aretino, Pietro: Kurtisanengespräche. – Berlin, 1971

Altekar, A. S.: Kam Shilpa – A study on Indian sculptures depicting love in action. – Bombay, 1962

Bernsdorf, Werner: Soziologie der Prostitution. – In: Die Sexualität des Menschen / hrsg. v. Hans Giese. – Stuttgart, 1971

Bullough, Vern u. Bonnie: Prostitution – An Illustrated History. – New York, 1978

Catull, Gaius Valerius: Gedichte. – Leipzig, 1974

Dufour, Pierre (d. i. Paul Lacroix): Geschichte der Prostitution. – Leipzig, o. J. (vor 1925). – 6 Bde.

Feustel, Gotthard: Hurengespräche – Porträts aus zwei Jahrtausenden. – Berlin, 1992

Fronert, Alice: Ansichten der Prostitution. – Frankfurt/M., 1992

Herodotos: Werke / hrsg. v. C. Hude. – Oxford, 1955

Hirschfeld/Götz: Sexualgeschichte der Menschheit. – Berlin, 1929

Juvenal, Decimus Junius: Werke / hrsg. v. U. Knoche. – München, 1950

Kinsey, Alfred: Sexual Behavior in the Human Male. – Indiana, 1948

Kinsey, Alfred: Sexual Behavior in the Human Female. – Indiana, 1953

Latza, Berit: Sextourismus in Südostasien. – Frankfurt/M., 1987

Lessing, Gotthold Ephraim: Werke. – Leipzig; Wien o. J.

Livius, Titus: Werke / hrsg. v. W. Weissenborn, M. Müller, O. Rossbach. – Zürich; Berlin, 1962

Martial, Marcus Valerius: Werke / hrsg. v. L. Friedländer. – Leipzig 1886. – 2 Bde.

Möller, Beate (Hsg.): Die Heilige und die Hure. – Radolfzell, 1989

Ovidius Naso, Publius: Liebeskunst. – Aus dem Lateinischen übersetzt von W. Hertzberg. Bearbeitung und Nachdichtung nach E. Fabian. – Leipzig, 1966

Philemon: Fragments of Attic Commedy. – Leiden, 1961

Plutarch: Ethika. – Leipzig, 1925

Reinisch, June M.; Beasley, Ruth: Der neue Kinsey-Institut-Report. – München, 1991

Schneider, Camillo Karl: Die Prostituierte und die Gesellschaft. – Berlin, 1908

Seeßlen, Georg: Der pornographische Film. – Frankfurt/M., Berlin, 1990

Surieu, Robert: Saru-é nez – Ein Essay über die Liebe und die Darstellung erotischer Themen im alten Iran. – Genf, 1967

Villon, François: Sämtliche Werke. – Genf, 1967

Wolff, Friedrich: Liebe, Sex und Paragraphen. – Berlin, 1988